攻坚克难

——解决区域性整体贫困的菏泽实践

中国扶贫发展中心 指导

华中农业大学农村社会建设与管理研究中心

菏泽市扶贫开发办公室 组编

中国文联出版社

图书在版编目（CIP）数据

攻坚克难：解决区域性整体贫困的菏泽实践 / 华中
农业大学农村社会建设与管理研究中心，菏泽市扶贫开发
办公室编. -- 北京：中国文联出版社，2021.3
（同步小康案例（故事）丛书）
ISBN 978-7-5190-4576-0

Ⅰ. ①攻… Ⅱ. ①华… ②菏… Ⅲ. ①扶贫－研究－
菏泽 Ⅳ. ①F127.523

中国版本图书馆 CIP 数据核字(2021)第 064090 号

组　　编　华中农业大学农村社会建设与管理研究中心　菏泽市扶贫开发办公室
责任编辑　胡笋
责任校对　胡世勋
装帧设计　贾闪闪　杰瑞

出版发行　中国文联出版社有限公司
社　　址　北京农展馆南里 10 号　　　　邮编：　100125
电　　话　010-85923025（发行部）　010-85923091（总编室）
经　　销　全国新华书店等
印　　刷　天津旭丰源印刷有限公司

开　　本　787 毫米 x 1092 毫米　　　1/16
印　　张　17.75
字　　数　160 千字
版　　次　2023 年 4 月第 1 版第 1 次印刷
定　　价　65.00 元

编 委 会

目　录

第一章

历程与成就

　　"解决区域性整体贫困"是打赢脱贫攻坚战的基本目标，也是全面实施乡村振兴战略的重要前提。党的十八大以来，习近平总书记站在全面建成小康社会、实现中华民族伟大复兴中国梦的战略高度，把脱贫攻坚摆到治国理政突出位置，提出一系列新思想新观点，做出一系列新决策新部署，为解决区域性整体贫困做出了科学指引。脱贫攻坚以来，菏泽市牢记总书记关于菏泽市脱贫攻坚的嘱托，深入学习贯彻习近平总书记关于扶贫工作重要论述，着眼全市整体脱贫与整体发展，聚焦农村贫困人口稳定脱贫，探索形成了区域减贫与发展紧密衔接的菏泽样本。

一、样板显现：菏泽脱贫攻坚取得的突出成绩

　　菏泽位于山东省西南部，2016年初有省标以下建档立卡贫困人口91.4万人，占全省贫困人口总数的37.7%，贫困发生率达11.5%，贫困

人口多，扶贫任务重，是山东省脱贫攻坚的主战场和决战场之一。菏泽的脱贫攻坚工作具有一定的典型性和代表性，在某种程度上可以说是中国脱贫攻坚工作的一个缩影：一是菏泽在山东是东部沿海发达地区的欠发达地区，被称为山东的西藏，区域性整体贫困和相对贫困特征明显。山东是中国东部沿海经济发达的省份之一，其地区生产总值在 2019 年达到了 7.1 万亿元，居全国第 3 位。然而，山东省东中西部发展极不均衡，特别是以菏泽为代表的鲁西南与山东东部沿海市县相比发展水平差距极大。山东省委确定的 2 个扶贫工作重点市，其一就是菏泽。全省 20 个脱贫任务比较重的县（市、区）菏泽就占了 9 个；200 个重点扶持乡镇菏泽占了 135 个；2000 个省扶贫工作重点村菏泽占了 1480 个！菏泽打赢脱贫攻坚战、解决区域性整体贫困问题可以对全国解决中西部特别是西部区域性整体贫困问题提供借鉴。二是菏泽是传统的农业大市，地处华北平原，又是黄河入鲁第一市，一方面有发展工业、高效农业、服务业的交通区位条件，另一方面又有深度贫困的黄河滩区、黄河故道区、盐碱涝洼区。菏泽贫困的原因除了自然、地理先天因素之外，更多的还有历史、人文、社会、经济等"后天"的因素，在某种程度上呈现出复杂性、多样性。三是菏泽是山东经济发展的短板。根据木桶理论，菏泽经济社会发展如果不能提高到全省平均水平，将直接影响全省的整体发展水平。所以山东省特别是菏泽市始终将扶贫开发工作放在突出的位置推进，在脱贫攻坚工作中更多的是统筹兼顾，在解决生活型贫困的同时，更多地注重解决发展型贫困，推动区域协调发展。

2013 年 11 月 26 日，习近平总书记视察菏泽时指出"要坚决打好扶贫开发攻坚战，不断改善贫困人口生活"。菏泽市牢记嘱托，真抓实干，不断开拓脱贫攻坚事业新局面。脱贫攻坚以来，菏泽市累计有170万贫困人口实现了稳定脱贫。2016年3月6日，李克强总理参加十二届全国人大四次会议山东代表团审议时，听取了菏泽市扶贫开发工作汇报并翻看了《菏泽扶贫画册》；2015年10月22日至23日，张高丽副总理来菏专题调研扶贫工作；国务院扶贫办主任刘永富于2015年、2017年先后两次到菏泽调研指导，对菏泽市编制扶贫地图、建设扶贫车间、推行双向承诺、实施大病医疗商业补充保险等做法给予充分肯定。2017年菏泽市"扶贫车间"做法被纳入中央政治局第39次集体学习参阅案例。菏泽获选"全国十佳精准扶贫创新城市""第四届国家治理高峰论坛2017精准扶贫十佳典型"，市扶贫办入选2018年全国脱贫攻坚组织创新奖60个候选组织，获评省脱贫攻坚先进集体。全国产业精准扶贫现场会、全国扶贫车间现场会等在菏泽召开，全省脱贫攻坚现场会连续四年在菏泽召开。2019年，菏泽市扶贫办荣获"全国脱贫攻坚奖组织创新奖"，2021年，在全国脱贫攻坚总结表彰大会上，被表彰为"全国脱贫攻坚先进集体"。

（一）产业扶贫：做法与成效

大力开展产业扶贫，筑牢贫困群众稳定增收根基，为实现脱贫攻坚与乡村振兴有机衔接，构筑解决相对贫困长效机制，奠定坚实产业基础。总书记指出，产业扶贫是稳定脱贫的根本之策。菏泽立足产业传统、资源禀赋、市场需求和群众意愿，完善扶贫产业格局，优化乡村经济结构，将贫困村、贫困户嵌入产业链条，创增收促脱贫。

首先，突出特色选产业。菏泽市针对农业大市、人口大市的实际情况，围绕芦笋、山药、牡丹等种植业，鲁西南黄牛、青山羊等养殖业，纺织、条柳编等劳动密集型产业，电商、旅游、光伏等新兴产业，明确了产业布局，实现产业差异竞争、错位发展。2016年以来，投入资金53亿元，实施扶贫项目5282个，惠及贫困户139万人次。建成特色产业扶贫基地55个，农民合作社2.9万家，家庭农场8758家。建成市级"一村一品"示范村镇154个、省级16个、国家级17个。共有563个贫困村发展电商，受益贫困群众2.5万人，43个贫困村发展为淘宝村并实现整村脱贫。2020年，全市有淘宝村307个，持续保持全国地级市数量第一。

其次，突出融合拓路径。在脱贫攻坚过程中，菏泽市注重把产业基地、龙头企业、专业合作社、家庭农场、能人大户与贫困户、扶贫资金有机结合起来，把贫困群众纳入产业化发展链条，发挥农村一二三产业融合发展的乘数效应，推动农业发展价值倍增。目前，菏泽市已经实现从"一村一品"到"多村一品"，逐步实现"一镇一业"的产业集群式发展。东明获批全国一二三产业融合发展先导区试点，曹县被评为省"新六产"示范县，定陶茗嘉兴农合作社等9家经营主体入选省农业"新六产"示范主体。全市规模以上农副产品加工企业达820家，打造牡丹小镇、芦笋小镇、玫瑰小镇等生态旅游小镇30个。

最后，突出"四权"建机制。制定完善《菏泽市农村扶贫资产管理办法》，明晰所有权、放活经营权、落实监督权、确保收益权。截至2020年底，菏泽市实施产业扶贫项目5282个，项目总投资约53亿元，项目个数、资产额并居全省首位，累计实现产业扶贫项目收益约5.5亿元，惠及贫困人口139万人次。"四权分置"新举措，有效破解了涉农企业融资难、贫困户就业难、村集体增收难等诸多难题，不仅使有限的扶贫资金发挥了"四两拨千斤"作用，而且能够在后脱贫时代长期发挥效益、保值增值，为乡村振兴提供了产业基础和经济动力。

（二）就业扶贫：做法与成效

就业扶贫与人才培育相结合，挖掘贫困群众劳动脱贫潜力，为实现脱贫攻坚与乡村振兴有机衔接，构筑解决相对贫困长效机制，奠定坚实人才基础。

总书记指出，增加就业是最有效最直接的脱贫方式。菏泽创建扶贫车间，解决了贫困群众就地就近就业问题，成为中央政治局第39次集体学习参阅的精准扶贫案例。同时，不断规范扶贫车间运行模式，探索升级转型道路，建立了人才培育、支持和带动的有效模式，有效解决了农村发展中的人才短缺问题。

首先，规范扶贫车间运行，巩固贫困群众挣钱顾家两不误成效。加强对扶贫车间的政策引导与服务提升，在配套设施、劳动保护、安全环保等方面给予支持，实现了建设由随意化向标准化、服务由被动化向主动化、管理由无序化向规范化、加工由初级化向品牌化、就业由波动化向稳定化五个提升。贫困群众通过在扶贫车间打工，每天收入20至100元不等，有了稳定的收入来源，稳定脱贫有了保证，并且上能顾老、下能顾小。全市建成运营扶贫车间3107个，累计安置和带动38.1万名群众家门口就业，10.2万名群众稳定脱贫。

其次，探索扶贫车间转型，推进产业产村融合发展。抢抓"大众创业、万众创新"、加快推进农业"新六产"有利时机，鼓励各县区发展电商扶贫车间、创意策划扶贫车间，为扶贫车间提供品牌策划、平台运营、管理提升等服务，把扶贫车间打造成助推加工业进村下行和农产品进城上行的平台。曹县作为全国知名电商县，电商扶贫车间占曹县937个扶贫车间的1/5，直接带动2万余人就业脱贫。

最后，搭建创业培育平台，为乡村培育致富能人。将扶贫车间作为农村致富带头人培育基地，积极开展参观学习、集中培训等，增强能人返乡创业的吸引力、本地能人发展的推进力。扶贫车间培育的致富带头人、吸引的返乡创业能人，为本地贫困群众提供了更多就业机会。长期以来，由于缺少就近就业门路，菏泽市农村中青壮年劳动力不断流向城市，这种"惯性"单向流动，是造成"三留守"人员、空巢村的主要原因。随着扶贫车间的不断升级和良性运行，乡村能人逐渐增多，乡村社会凝聚了人气。目前，全市所有扶贫车间都由能人经营管理，60%以上为返乡创业者，新培育创业致富带头人4244名。

（三）保障性扶贫：做法与成效

助力保障性扶贫，促乡风文明，为实现脱贫攻坚与乡村振兴有机衔接，构筑解决相对贫困长效机制，提升治理能力和治理体系现代化水平，奠定坚实社会基础和文化基础。总书记指出，要发扬中华民族孝亲敬老的传统美德，强化家庭成员赡养、扶养老年人的责任意识，促进家庭老少和顺。菏泽通过构筑政府尽职能、社会尽责任、市场尽能力、邻里尽乡情、亲人尽义务、个人尽力量的"六尽"综合保障体系，不断提升贫困群众生活质量，培育文明乡风。

首先，建"养老周转房"，以孝善养老助推乡风文明。发源于菏泽的集生活居住、日间照料、休闲娱乐等于一体的养老周转房，破解了贫困老人养老安居难题。通过选址"六靠近"、签订赡养协议等方式，强化了子女尽孝，促进了邻里关系，凝聚了社区爱心，使养老周转房成为老人养老的温暖家园。全市已建成2279套，2848位贫困老人入住，该模式在全省大力推广。

其次，办博爱学校，以教养兼施带动乡风文明。拓展教育扶贫功能，开办博爱学校，为特困家庭儿童提供全面帮扶，帮助其养成良好的生活习惯，引导其心理和人格的健康发展，动员整合多方力量，实现对其健康成长的兜底保障，促进身心全面发展。2019年，省委省政府将推广博爱学校办学模式作为20项民生实事之一。

最后，破陈规陋习，以移风易俗引领乡风文明。针对农村红白事讲排场、比阔气、爱攀比，甚至因丧因婚致贫等陋习，把移风易俗作为撬动群众脱贫、孕育文明新风的杠杆。发挥新时代文明实践站和农村红白理事会宣传教育作用，议定移风易俗事项，完善村规民约，签订承诺书，让简办有依据、攀比无借口。各村普遍建立红白理事会，红事"一村一红娘"、白事"一碗菜"减轻了群众负担，得到了群众拥护。

（四）迁建扶贫：做法与成效

创新"就地就近筑村台"迁建扶贫模式，助力黄河滩区生态保护与高质量发展，为滩区实现脱贫攻坚与乡村振兴有机衔接，构筑解决相对贫困长效机制，奠定坚实生态基础。菏泽市是黄河入鲁第一市，境内共有黄河滩区面积504平方公里，滩区内居住14.7万人，自然条件艰苦，基础设施薄弱，发展能力受限，"三年攒钱、三年垫台、三年盖房、三年还账"是滩区群众生活的真实写照。菏泽市把黄河滩区作为脱贫攻坚的重点区域，在党中央坚强领导和省委大力支持下，创新迁建模式，解决滩区群众安居乐业问题。

首先，就地就近筑村台。2014年，菏泽市扶贫办联合九三学社中央调研组就黄河滩区扶贫开发进行专题调研，充分了解滩区群众基本生活需求，形成《关于黄河下游滩区扶贫开发的调研报告》，建议推广筑村台模式，实现滩区群众的"安居梦"，得到李克强总理、政协汪洋主席等多位中央领导批示。就地就近筑村台不影响行洪，不破坏生态，房台"小帆船"变成村台"大航母"，滩区群众不离土、不离乡，生产半径不拉大，生产生活两不误。

其次，一台一韵兴产业。结合黄河文化和乡村旅游业发展，统筹做好安置社区规划设计与实施方案编制，不搞一刀切，突破"兵营式""排排房"的老式传统，做到错落有致、特色各异、一台一韵，彰显黄河滩区文化内涵。坚持"赋新韵"与"创新业"并举，安置社区与产业园区共建，在规划建设安置社区时，同步科学规划适宜产业，建设特色优势产业园区，强化产业就业帮扶措施，解决群众发展问题，把昔日的黄河滩建设成"产业兴旺、生态宜居、乡风文明、治理有效、生活富裕"的"花果滩"，实现滩区群众"搬得出、稳得住、可发展、能致富"。

最后，黄河滩区脱贫迁建体现了以人民为中心的发展理念，体现了我们党集中力量办大事的政治优势，体现了习近平总书记要聚焦"特殊贫困群体，确保不漏一村不落一人"的重要指示要求。截至2020年底，完成投资95亿元；28个村台中，4个已搬迁入住，24个完成主体建设，正在进行室内外装修和配套建设，预计明年上半年全部完成建设；6个外迁社区全部建成，正在搬迁入住，有机粮食、高档果蔬和特色畜禽等生产基地正在稳步建设。

（五）组织帮扶：做法与成效

着力组织帮扶，提升贫困群众自主发展能力，为实现脱贫攻坚与乡村振兴有机衔接，构筑解决相对贫困长效机制，提升治理能力和治理体系现代化水平，奠定坚实组织基础。总书记指出，要做到摘帽不摘责任、摘帽不摘政策、摘帽不摘帮扶、摘帽不摘监管。菏泽将组织结构优化、干群关系改善以及贫困村、贫困群众内生动力提升有效结合，为巩固脱贫成果、促进农村可持续发展提供牢固组织基础。

首先，横到边、纵到底，优化脱贫攻坚组织帮扶体系。在市县单位全部成立扶贫办，建立协同推进工作机制，实现脱贫攻坚"横到边"；所有行政村配备扶贫联络员，打通扶贫工作"神经末梢"，实现由市到村"纵到底"。开展以"单位联村、干部联户，创先进基层党组织，创群众满意的扶贫业绩"为内容的"双联双创"活动，实现贫困村组织帮扶全覆盖。持续加强"两不愁三保障"动态监测，逐步完善遏制致贫返贫保险保障机制，真正做到脱贫攻坚"四摘四不摘"。

其次，创建"双向承诺"机制，激发主动发展主体意识。组织1267个单位与1576个贫困村签订到村"双向承诺书"，组织4.9万名干部与22万贫困户签订到户"双向承诺书"，强化帮扶对象主体意识。贫困村、贫困群众实现由"要我脱贫"向"我要脱贫"转变，乡村自主发展能力普遍提升，70%以上脱贫群众靠自身努力发展实现脱贫。

再次，谱写精神扶贫"五子曲"，唱好脱贫攻坚"励志歌"。在解决物质贫困同时，注重弹好消除乐贫观念"换脑子"、营造脱贫环境"搭台子"、研究脱贫路径"找路子"、选树脱贫典型"树样子"、倡树文明新风"破面子"的"五子曲"，推动形成光荣脱贫、脱贫光荣的良好氛围。贫困群众产生了脱贫致富的渴望，找到增收的门路，更有部分成为致富带头人。

总的来看，菏泽不仅高质量完成脱贫攻坚任务，还以此为契机，充分发挥脱贫攻坚工作成效的外溢效应，实现脱贫攻坚与乡村振兴战略的有效衔接、构筑解决相对贫困长效机制、提升治理体系和治理能力现代化水平，提供了扎实基础，从而为解决区域性整体贫困提供了菏泽样板。在此之前，需要对菏泽市农村发展存在的区域特点以及改革开放至脱贫攻坚战打响之前这一历史时段扶贫工作特点进行总结，为深入分析菏泽脱贫攻坚实践经验提供必要基础。

二、总体滞后：菏泽市农村区域发展的"艰"与"难"

1978 年到 2013 年的 35 年间，菏泽各级党委政府带领全市广大干部群众，坚定不移地贯彻落实党的十一届三中全会以来的各种路线、方针和政策，艰苦奋斗，奋力开拓，取得了显著成绩。但不可否认的是，相对于东部其他发达地区，菏泽农村发展总体滞后性逐渐凸显出来：一方面，改革开放后，作为一个农业大市，农村二三产业发展水平相对落后，严重制约了农村整体发展。另一方面，因受域内黄河滩区这一特殊生态条件和地理区位影响，加之由此而来的相对保守的社会文化心态，在缺少重大投入背景下，区域性整体贫困问题凸显。总的来看，菏泽地处经济发达地区，但因受特殊的生态条件、地理区位和社会文化心态影响，在经济社会发展取得显著成绩的同时，也受制于诸种客观环境因素影响，成为"发达地区中的欠发达地区"。

（一）产业发展的"艰"与"难"

农村产业发展相对滞后，产业结构相对单一，城乡产业发展不均衡。1978年以来，产业结构调整取得明显进展。1997年，菏泽第一产业增加值达98.9亿元，按可比价格计算，比1978年年均增长7.8%；第二产业增加值达58.2亿元，年均增长16.0%；第三产业增加值达45.3亿元，年均增长8.3%。三大产业在整个GDP中的结构比例由1978年的58：22：20调整为48.9：28.8：22.3。经济增长格局已由过去的第一产业单一推动转变为第一二三产业共同推动[1]。进入21世纪以来，菏泽产业结构进一步优化，到2012年，第一二三产业占地区生产总值的结构比例分别为13.5：54.5：32[2]。

改革开放以来，同全国广大农村类似，菏泽农村发展经历了改革初期的探索、改革持续深入的纵深发展、改革瓶颈的徘徊以及开放的农村社会主义市场经济发展等阶段。农村经济发展水平取得了显著提升。在其中，农村"一麦一棉"的传统产业结构被打破，高效经济作物种植面积逐步扩大。到2012年，林业总产值达到547亿元，各类

---

① 霍正气，《在改革开放中前进——山东菏泽地区20年发展回顾及展望》，《中国行政管理》，1999年第1期。

② 菏泽市统计局编，《菏泽统计年鉴——2013》，综合卷。

畜禽出栏量 2.18 亿只，全市牡丹种植面积达到 25 万亩 ①。但总体来看，相对于既有农村体量，高效经济作物发展水平仍然有限，农民在高效经济作物种植经营中抵御市场风险能力仍然欠缺，农村区域内加工业发展水平仍处于产业链初级阶段，区域内一二三产业内在衔接机制仍有待加强。改变了城乡产业分割格局，但比较优势更为突出的产业仍集中于城镇，农村外出务工、农村人财物大量外流现象普遍存在。通过劳务输出，农民收入持续增加，到 2012 年农民人均收入达到 8187元。但也带来农村经济发展动力的不足，"386199" 部队成为主力军在部分农村中成为普遍现象。

（二）公共品供给的"艰"与"难"

农村基础设施等公共品供给水平较之城市差距不断拉大。改革开放后，菏泽基础设施等公共品供给水平不断提高，取得了显著成效。但受制于城乡分割的建设模式，在基础设施和科教文卫方面，城乡之间的差距存在不断拉大的趋势。从历史阶段看，改革开放之后至 2006 年全面取消农业税费这一阶段，农村基础设施等公共品投入资金主要依靠从农民那里收上来的"三提五统"（"三提"即土地承包户交给集体的公益金、公积金和共同生产管理费；"五统"即土地承包户交给乡镇政府的农村教育事业费附加、计划生育、优抚费、民兵训练费、乡村公益事业费），投入的参与主体是乡镇政府和村级组织。而受制于农业产出有限、顾及农民负担等因素，依靠"三提五统"开展农村公共品供给的资金投入有限，

---

① 菏泽市统计局编，《菏泽统计年鉴——2013》，农业卷。

且供给水平多停留在满足生产生活基本需要的维持阶段。农业税费取消后至 2013 年，农村基础设施等公共品供给以专项转移支付（即项目制）形式展开，政府财政成为农村公共品供给的主要资金来源，各级政府及相应职能部门成为农村公共品供给的参与主体。相较于前一阶段，这一阶段无论从资金投入数量还是建设规模方面都有了实质性提高。仅 2012 年，菏泽全市农业综合开发完成各类项目投资 1.34 亿元，其中改造中低农田 5.99 万亩，建设高标准农田 5.03 万亩，建排灌站 47 个，打机电井 1055 眼，架输变电线路 193.8 公里，开挖疏浚沟渠 351 公里[①]。但不可否认的是，由于基础薄弱、欠账较多，加之项目制对于竞争机制的引入，农村公共品供给总体水平有限且不均衡现象仍然突出。以农村道路建设为例，相当一部分农村村组公路（60%），甚至入村公路没有得到硬化，制约了农业农村经济社会发展。据统计，截至 2014 年，全市农村学校改造资金缺口为 99.63 亿元，仍有 2 万余公里道路需要修建。

（三）思想革新的"艰"与"难"

长期以来形成的思想禁锢仍束缚着农民，农村发展的思想阻力仍然存在。改革开放 35 年中每前进一步，都伴随着菏泽广大干部群众的思想解放。早在 1978 年初，菏泽小井村在全国范围内较早实现了家庭联产承包责任制。竞争意识、创新意识和干事创业精神逐步扎根于广大人民群众心里，成为菏泽改革开放事业不断推向深入的强大精神动力。上个世纪八十年代，菏泽部分农民或从事假发加工、家具制造等产业，逐

---

① 菏泽市统计局，《菏泽统计年鉴——2013》，农业卷。

渐成为当地的传统产业，或通过乡情抱团走出家门到外地务工，如鄄城农民在北京从事馒头制作销售，成为务工地经济社会发展的重要组成部分。

但不可否认的是，受制于城乡发展不均衡、农村现代产业发展起步晚、水平有限等因素影响，传统思想文化尤其是其中限制发展的传统文化因子仍然能够在农民行为和文化心态中发挥作用。正如学者言明的，齐鲁文化是齐文化和鲁文化融会贯通形成的，且在内部不同文化中心地带，除了齐鲁文化强调的共性外，齐文化和鲁文化的差异化内核被保留下来。菏泽作为鲁文化腹地，鲁文化的某些特质得以保留下来。相对于齐文化讲究发展经济、因俗简礼、不拘一格等特点，鲁文化则以讲究人伦纲常、讲究宗法秩序、讲究稳定为基本特征[①]。在传统封建时期，具备上述特点的鲁文化因契合了统治者降低治理成本、注重保守稳定的治国特点，而受到当时统治者的褒扬，这也正是鲁文化得以长期完整保存的主要原因。改革开放之后，鲁文化在为农村秩序化社会生活提供重要文化支撑的同时，求稳怕险、小进则满、墨守成规的文化心态、"玩龙玩虎不如玩土"的恋土情结则成为农民改革创新的思想阻力。

从自然条件看，菏泽全境可以划分为条件优越的黄河滩区外地区和条件相对恶劣的黄河滩区内地区。在传统鲁文化影响下，条件优越的黄河滩区外地区，农民维持低水平生存比较容易，客观上限制了改革创新意识的生长。而在条件相对恶劣的黄河滩区内地区，"大水一来，寸草不生"，绝境中的农民并没有像江浙地区民众一样通过努力改变境遇，反而臣服于强

---

① 张达，《论齐鲁文化的形成及其根本特征》，《理论学刊》，2003 年第 6 期。

大自然灾害，固守田园，客观上亦限制了改革创新意识的生长。

（四）社会治理的"艰"与"难"

受诸种客观条件限制，农村社会治理水平仍然滞后于农村发展和农民需求实际。改革开放以来，农村基层组织在农村政治经济社会等各方面发展中起到重要的、不可替代的作用。但仍需要看到，作为全国范围内的普遍问题，受制于诸种客观条件的影响，农业型地区农村社会治理水平有待提升，而这一问题在菏泽亦存在。具体表现在：因人财物大量外流，农村基层组织中干部队伍老龄化、低学历化等情况较为突出，农村基层组织中后备干部队伍人才缺乏；因激励与约束制度不完善，事权与财权不匹配，农村基层组织治理责任和治理能力不断弱化，这一点尤其体现在农村税费改革以后至脱贫攻坚启动这一时间段；因土地等集体资产调整、经营能力的下降，与集体经济发展相关的制度安排和扶持力度有限等，农村集体经济实力在进入新世纪以来出现普遍降低，农村基层组织"无钱办事"问题较为突出；受制于上述因素的影响，农村基层党组织战斗堡垒作用未得到充分发挥。

与此同时，一方面随着经济社会发展，农村内部治理事务总量不断增加，大量新问题、新情况出现。另一方面，农民在收入增加、生产生活条件不断改善的同时，对精神文化生活的需求层次也在不断提高。在上述两方面影响下，农村基层治理能力和治理水平与农村社会发展实际、农民需求实际之间的张力日益凸显，这需要在新的历史时期，不断创新农村基层治理模式，切实提升治理能力和治理水平，以更好回应农村社会发展和农民需求的实际需要。

综上，菏泽不仅是一个市级行政区，还具备产业发展水平低、自然生态环境有限、基础设施薄弱、公共服务滞后、社会形态特殊等区域性整体贫困所具备的共同特征。在改革开放后至脱贫攻坚战打响这一历史时段中，菏泽农村发展总体滞后的客观实际，一方面进一步凸显菏泽在脱贫攻坚中攻坚克难取得成绩的重大意义，另一方面为厘定菏泽脱贫攻坚经验总结的分析框架，提供了现实基础。

三、砥砺前行：菏泽市农村扶贫工作发展阶段与特点（1978-2013）

总的来看，1978 年到 2013 年这一历史时段，中国扶贫工作经历了救济式扶贫（1978-1985）、开发式扶贫和八七扶贫攻坚计划（1986-2000）、"大扶贫"格局形成和发展（2001-2013）等三个阶段[①]。菏泽农村扶贫工作发展历程与国家扶贫工作发展阶段大致一致，并结合本市自身实际，在每个阶段表现出不同特点。

（一）扶贫工作的发展阶段

第一，救济式扶贫阶段。改革开放后，随着家庭联产承包责任制为基础的双层经营体制的确立，农产品价格和市场的逐渐放开，农村生产力获

---

① 相关研究参见杨宜勇、吴香雪，《中国扶贫问题的过去、现在和未来》，《中国人口科学》，2016 年第 5 期；申秋，《中国农村扶贫政策的历史演变和扶贫实践研究反思》，《江西财经大学学报》，2017 年第 1 期。

得极大解放和发展。而生产力的发展为缓解和解决农村贫困问题奠定了基础。从国家层面看，这一阶段的扶贫政策目标主要以区域瞄准为主，关注"老、少、边、穷"地区的贫困问题，并将其作为各级政府工作的重点[①]。具体到菏泽，尽管并不属于国家层面的集中连片贫困区，但也表现出明显的救济式扶贫特点。首先，加大对黄河滩区群众的重点扶持。菏泽市是黄河入鲁第一市，境内共有黄河滩区面积 504 平方公里，滩区内居住 14.7 万人。滩区自然条件艰苦，基础设施薄弱，发展能力受限，特别是滩区群众住房"三年攒钱、三年垫台、三年盖房、三年还账"，一直以来都是全市扶贫工作的重中之重、难中之难。为此，菏泽市通过农业税费减免、县市财政资金帮扶等方式，减轻滩区群众负担，帮助滩区群众灾后重建。在滩区，这种救济式扶贫一直延续到 2013 年。其次，强化社区性救济。即按照一定标准，依托包括村级集体资产收益、"三提五统"等费用征收，向村庄内鳏寡孤独等特困群众提供基本生产生活需要。社区性救济模式一直延续到 2006 年的农业税费取消。

第二，开发式扶贫阶段。20 世纪 80 年代中期以来，因农村体制改革边际效用降低，农村内部、城乡之间、地域之间发展差距逐渐拉大，收入不平等程度加剧。为提高减贫质量，中国开始有组织、有计划的开发式扶贫。菏泽市遵照党中央和山东省委省政府统一部署，于 1986 年左右成立市级扶贫开发领导小组。同时，按照中央规定，"以县为主"，即以县为单位使用扶贫资源、开展具体扶贫工作成为菏泽扶贫开发的基

---

① 申秋，《中国农村扶贫政策的历史演变和扶贫实践研究反思》，《江西财经大学学报》，2017 年第 1 期。

本特点。1994 年，国务院制定并颁布《国家八七扶贫攻坚计划》，贫困县数量调整为 592 个。1986–1998 年山东省有 10 个国家重点扶持和 5 个省重点扶持的贫困县，其中菏泽单县、鄄城、梁山（1990 年划归济宁）是省重点扶持贫困县。1999 年山东省有 28 个扶贫巩固县，其中菏泽有 6 个：鄄城、郓城、东明、单县、成武、巨野。此阶段中所要求的从救济式扶贫向开发式扶贫，并通过专项扶贫政策的方式将开发式扶贫制度化等工作机制，在菏泽得以较好贯彻下来。换言之，菏泽市在延续救济式扶贫某些工作内容的同时，将重点放在对市域内欠发达地区的基础设施建设、产业开发等工作上。

第三，"大扶贫"格局的形成和发展阶段。2001 年，国务院制定并颁布《中国农村扶贫开发纲要（2001–2010）》，作出将扶贫开发的重点从贫困县转向贫困村，并明确将劳动力培训、整村推进、产业扶贫等三项工作作为扶贫开发的重点内容。随后，《山东省农村扶贫开发纲要（2001–2010 年）》颁布实施。《纲要》实施以来，菏泽市各级党委、政府按照山东省确定的"村为基础，整乡推进，区域规划，产业开发"扶贫方针，先后分三期扶持了 58 个乡镇中的 669 个行政村。实施扶贫开发项目 58 个，总投资 78729.57 万元。项目区群众收入逐年增加，基本生产生活条件得到了明显改善。农民人均纯收入由 2000 年的 2067 元增加到 2010 年 5812 元；贫困人口由 2001 年初省定温饱线 1000 元以下的128.3 万人，减少到 54.09 万人。

2011 年起，我国扶贫开发转入巩固温饱成果、加快脱贫致富、改善生态环境、提高发展能力、缩小发展差距的新阶段。《山东省农村扶贫开发纲要（2011–2020 年）》确定的 3035 个贫困村，菏泽市有 668 个，占全省的 22%。2011-2013 年专项扶贫共涉及全市所有县区的 345 个贫困村，项目总投资 27174.23 万元。2012 年扶持的 174 个贫困村农民人均纯收入由 4564 元增至 2013 年的 7973 元，增长 20.4%，增幅比全市平均高 4 个百分点。菏泽市通过产业开发、"雨露计划"、互助资金等多种开发式扶贫方式，部分贫困村主导产业已初步形成，群众收入稳步提高，基本生产生活条件得到了明显改善。贫困人口由 2010 年底的 152.45 万人减少至 2013 年底的 80 万人，减少 47.5%（见图 1-1）。

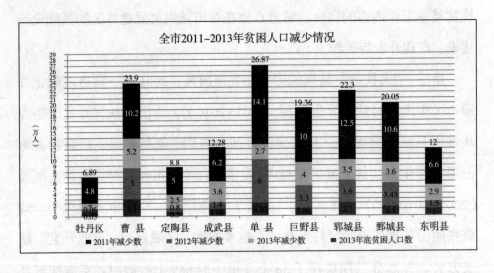

图 1-1

（二）农村扶贫工作的既有特点

综合上述分析可以看到，改革开放以来，菏泽市扶贫工作实现了从救济式扶贫向开发式扶贫、由点向面、由单一帮扶向综合性扶贫开发的转型，并取得了显著成绩。但在充分肯定成绩的同时，还需要看到，菏泽市扶贫开发工作仍有着极大的发展空间：

首先，农村基础设施建设水平有了实质性改善，但仍有很大提升空间。农村道路建设、学前教育、健身场所、卫生室、卫生保洁制度、生态环境卫生建设等方面的覆盖率分别为 56.4%、25%、35%、40%、42%、58.4%，距离贫困村全覆盖的目标仍有一定距离。

其次，开发式扶贫阶段多以贫困村为最低扶持单位，扶贫项目建设以村为单位推进。而随着 2007 年新型农村合作医疗以及 2009 年农村最低生活保障制度、农村社会养老保险制度等相继出台，奠定了保障性扶贫的制度基础。但总的来看，贫困户依靠保障性扶贫仅能获得最低生活保障，满足自身发展的针对性帮扶措施仍显单薄，且贫困户识别和动态管理制度不够完善。换言之，在"帮扶谁""谁来帮""怎么帮"等问题上，仍有大量工作需要推进。

再次，一直以来，强调从"输血"向"造血"转变都是各级党委政府扶贫开发工作的指导方针之一，但因受精准度、帮扶措施可操作性、帮扶力度等方面有待提升、资金使用等方面的制度监管有待完善等因素限制，贫困村、贫困户内生发展能力仍有极大提升空间。

最后，不可否认的是，任何阶段的扶贫开发工作都是聚焦于每一阶段中改革发展带来的经济社会问题的解决。这一方面能够及时化解及时性问题，为改革开放大局稳定和经济社会良性运行发挥不可替代的作用；另一方面又容易陷于"就扶贫论扶贫"的扶贫开发模式中，扶贫开发对农村甚至区域性总体经济社会发展水平提升的关注度不足，扶贫开发各项工作与农村整体可持续发展的融入度仍有待进一步提升。换言之，在缓解上述菏泽市经济发展中存在的城乡产业发展不均衡、基础设施建设中城乡距离拉大、传统落后思想束缚农村发展以及农村基层治理水平欠佳等方面问题上，扶贫开发仍有极大推进空间。

四、框架厘定：协调发展与解决区域性整体贫困的菏泽样板

2016年1月18日，习近平总书记在省部级主要领导干部学习贯彻党的十八届五中全会精神专题研讨班上发表重要讲话，结合当前我国经济社会发展重大议题，从理论上深刻阐释了创新、协调、绿色、开放、共享的发展理念。总书记强调，要着力增强发展的整体性协调性，并对协调发展理念进行了系统阐述，对菏泽脱贫攻坚经验总结有着根本性指导意义。

总书记强调，协调既是发展手段又是发展目标，同时还是评价发展的标准和尺度。协调是发展两点论和重点论的统一，一个国家、一个地区乃至一个行业在其特定发展时期既有发展优势、也存在制约因素，在发展思路上既要着力破解难题、补齐短板，又要考虑巩固和厚植原有优势，两方面相辅相成、相得益彰，才能实现高水平发展。协调是发展平衡和不平衡的统一，由平衡到不平衡再到新的平衡是事物发展的基本规律。平衡是相对的，不平衡是绝对的。强调协调发展不是搞平均主义，而是更注重发展机会公平、更注重资源配置均衡。还比如，协调是发展短板和潜力的统一，我国正处于由中等收入国家向高收入国家迈进的阶段，国际经验表明，这个阶段是各种矛盾集中爆发的时期，发展不协调、存在诸多短板也是难免的。协调发展，就要找出短板，在补齐短板上多用力，通过补齐短板挖掘发展潜力、增强发展后劲①。

菏泽脱贫攻坚实践以及上述成绩的取得，是对习近平总书记关于扶

---

① 习近平，《深入理解新发展理念》，《求是》，2019年第10期。

贫工作重要论述的根本遵循，是以协调发展理念助力解决区域性整体贫困问题的积极践行和生动体现。首先，从协调发展的具体方式方法上，菏泽充分认识到自身发展的不足与优势，克服不足、培植优势，实现高质量发展。不仅较好完成脱贫攻坚任务，还避免"就扶贫论扶贫"，将产业扶贫与乡村产业结构升级、组织帮扶与激发内生发展能力、就地就近就业与能人返乡创业、黄河滩区生态保护与高质量发展、助老扶幼与乡风文明建设有机统一起来。其次，从协调发展的实践机制上，通过"用好外力、激发内力""突出特色、多产融合""打造平台、完善机制""淤筑村台、创新发展""重塑体系、强化保障"等实践机制，实现脱贫攻坚与乡村振兴战略的有机衔接和平稳过渡，实现区域内诸种结构调整和要素优化，构筑解决相对贫困长效机制，探索一条符合区域发展实际的治理体系和治理能力现代化的实现路径。最后，从协调发展的目标上，在补齐经济社会发展短板的基础上，着力解决制约经济社会发展的区域性限制因素，将补短板与谋发展有机结合起来，为解决区域性整体贫困问题提供了菏泽样板。

　　进一步展开分析，菏泽将协调发展理念贯穿于解决区域性整体贫困、促进区域整体发展的各个层面。从学理上看，区域是一个多层面、多层次且相对性极强的概念。区域在社会科学中的实质，是以人地关系为核心的地域系统，是社会经济系统与自然系统相互交织、相互作用而形成的复合系统，由环境要素（自然环境、人文环境和区域空间位置）、资源要素（自然资源、经济资源和社会资源）和基础设施三大系统复合而成[1]。我国著名

---

① 韩渊丰、张治勋、赵汝植等，《区域地理理论与方法》，陕西师范大学出版社 1993 年版；刘长喜、罗鑫、刘豪兴《论费孝通的区域发展思想》，《社会》，2005 年第 2 期。

社会学家费孝通先生在系统比较西方区域发展理论基础上，结合中国发展实际，形成关于中国区域发展的系统性理论。从关注点上看，费孝通先生着重分析了区域经济、行政力量、自然生态和人文生态等方面对于区域发展的重要性①，而上述方面又构成菏泽解决区域性整体贫困的使力方向。

解决区域性整体贫困实现区域发展，区域经济实力的整体提升是关键。改革开放以来，随着社会主义市场经济的持续发展，生产要素在全国范围内流动，经济发展的"全国一盘棋"得以呈现。但与此同时，受区域性资源禀赋等条件影响，不同区域中经济业态又有着自身优势和短板。在脱贫攻坚中，菏泽将产业扶贫各项举措嵌入于区域性产业传统之中，巩固优势、补齐短板，通过产业扶贫与农村产业结构优化升级相统一，实现区域经济结构的优化升级，为解决区域性整体贫困提供了基础。

解决区域性整体贫困实现区域发展，需要依靠政府外力扶持。在区域发展中，政府行政力量的过度干预，会影响生产要素的自由流动进而限制区域发展，这也是费孝通先生关注的重点。而在区域性整体贫困中，区域内自身发展条件有限，发展阶段滞后于其他区域，又离不开政府在财政投入和组织帮扶等方面的大力支持。当然，区域性整体发展最终还是要靠自身内生能力的提升。在脱贫攻坚中，菏泽的组织帮扶注重问题导向，注重解决制约区域性发展的各种问题，同时又更为关注贫困村、贫困户自身发展能力的提升，将组织帮扶与激发内生发展能力相结合，"外力"与"内力"相结合。这些举措既提升了组织能力，解决了制约区域发展的组织问题，又实现了内生能力的提升，增强了发展后劲。

---

① 费孝通，《费孝通文集》（第1-14卷），群言出版社1999年版。

解决区域性整体贫困实现区域发展，自然生态改善起到重要基础性作用。在费孝通先生思想体系中，保持自然生态平衡是区域发展面临的重大问题。即一方面自然生态条件影响区域内生产要素的合理流动，制约经济发展水平的提升；另一方面，区域经济发展中不重视生态环境保护，导致区域内自然生态失调，又会限制区域发展的可持续性。一直以来，菏泽域内黄河滩区都是制约区域发展的重要因素。如何既能够充分利用既有资源，改善滩区贫困群众的生活条件，提高其生活水平，又能够解决制约区域发展的生态因素，彻底斩断穷根，成为菏泽脱贫攻坚工作的重中之重。在此，菏泽创造性实施"就近淤筑村台"迁建扶贫模式，实现资源高效集约利用与农村生态建设的有机统一，从自然生态改善层面解决了区域性整体贫困面临的难题。

解决区域性整体贫困实现区域发展，人文生态改善是关键支撑。人文生态是指一个社区的人口与社会生产结构各因素存在着适当的配合，以达到不断再生产的体系[①]。在脱贫攻坚中，菏泽将农村贫困人口就地就近就业与能人返乡创业有机统一起来，创新吸引人才和涵育人才的实践路径，为区域发展夯实了人才储备。同时，在针对农村贫困老人、儿童群体的脱贫攻坚中，菏泽实现助老扶幼与乡风文明建设有机统一起来，通过新时代乡村共同体的积极营造，净化社会风气，优化区域发展的人文生态。

区域经济发展是根本，政府行政帮扶是保障，自然生态改善是前提，人文生态改善是基础，四者相互促进、相互影响，共同构成解决区域性整体贫困、实现区域整体发展的核心要素。基于此，结合习近平总书记协调发展理

---

① 参见费孝通，《费孝通文集》（第1–14卷），群言出版社1999年版，第326页。

念和费孝通先生区域发展相关理念，构建本书研究的完整框架（见图1-2）。

党的十八大以来，以习近平同志为核心的党中央把扶贫开发纳入"五位一体"总体布局和"四个全面"战略布局进行部署，把贫困人口脱贫作为全面建成小康社会的底线任务和标志性指标，在全国范围全面打响了脱贫攻坚战，我国扶贫开发进入新时代脱贫攻坚阶段。新时代脱贫攻坚力度之大、规模之广，前所未有，并且取得决定性进展，显著改善了贫困地区和贫困群众生产生活条件，产生了多重深远意义和影响[1]。本项研究拟通过对菏泽脱贫攻坚实践经验的系统总结和梳理，为政策决策者和学术界审视解决区域性整体贫困议题提供理论思考和经验借鉴。

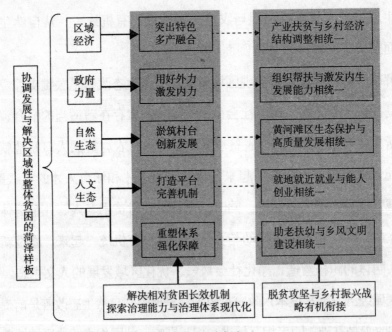

图1-2 研究框架

---

[1] 黄承伟，《论习近平新时代中国特色社会主义扶贫思想》，《南京农业大学学报（社会科学版）》，2018年第3期。

第二章

菏泽市脱贫攻坚的政策体系与改革创新

習近平总书记关于落实脱贫攻坚责任的论述中要求，"市（地、州、盟）党委和政府要做好上下衔接、域内协调、督促检查工作，把精力集中在贫困县如期摘帽上[①]"。2013 年以来，习近平总书记就山东及菏泽的脱贫攻坚多次做出指示，对菏泽的扶贫工作与乡村发展提出了殷切期望与科学指引。菏泽市委、市政府牢记总书记嘱托，坚持精准扶贫、精准脱贫基本方略，找准路子、突出特色，不断创新发展方式，以高质量减贫与农村经济社会全面发展的目标，探索形成了解决区域性整体贫困的菏泽模式，取得了良好的农村减贫与发展成效。菏泽市高质量的减贫成效首先源于菏泽市委、市政府在党中央决策部署与山东省委省政府工作安排下，进行了科学的政策体系设计，明确市域扶贫开发定位，压实主

---

① 习近平，《在中央扶贫开发工作会议上的讲话》(2015 年 11 月 27 日)，《十八大以来重要文献选编》(下)，中央文献出版社 2018 年版，第 40 页。

体责任、激活县域脱贫内生动力，实现了区域贫困治理的集群创新，形成了解决区域性整体贫困的菏泽模式，不仅为菏泽市打赢脱贫攻坚战构建了完善的政策体系，也为深化脱贫攻坚探索形成了多项有益经验。

一、上下衔接：贯彻落实好中央和山东省脱贫攻坚的决定和意见

党中央有关脱贫攻坚的整体布局中，市、县扮演着重要的枢纽作用。具体到市县，又存在"市"和"县"两个层级的分别，由于脱贫工作地区差异性大，目前并没有对二者的角色定位做出统一的安排。在《脱贫攻坚责任制实施办法》中，关于县的责任做出了详细的规定，而对市则提出了"市级党委和政府负责协调域内跨县扶贫项目，对项目实施、资金使用和管理、脱贫目标任务完成等工作进行督促、检查和监督"的要求。山东省在此基础上，进一步提出建立"市抓推进、县乡抓落实的工作机制"，这为菏泽市的改革创新提供了创新的空间。基于"区域整体贫困"的特点，菏泽市的脱贫攻坚不仅充分落实了党中央和省有关决定和意见，还发挥市域贫困治理的优势进一步压实脱贫攻坚主体责任，激活县域脱贫内生动力，实现了贫困治理的"集群创新"。

（一）学习习近平总书记对于菏泽市脱贫攻坚的重要指示

2013年11月26日，是菏泽历史上一个具有里程碑意义的重要时刻。习近平总书记来到菏泽调研，考察了尧舜牡丹产业园，对菏泽发展牡丹产业、探索牡丹加工增值、带动农民增收致富的情况进行了具体

了解。随后，总书记同菏泽市及其县区的主要负责同志座谈，共同探讨扶贫开发和加快发展的良策。在听取市委书记、市长和所有县区委书记的发言后，总书记指出，一个地方的发展，关键在于找准路子、突出特色。欠发达地区抓发展，更要立足资源禀赋和产业基础，做好特色文章，实现差异竞争、错位发展。欠发达地区和发达地区一样，都要努力转变发展方式，着力提高发展质量和效益，不能"捡进篮子都是菜"。[①]

关于菏泽的扶贫工作，总书记指出，抓扶贫开发要紧紧扭住增加农民收入这个中心任务、健全农村基本公共服务体系这个基本保障、提高农村义务教育水平这个治本之策，突出重点，上下联动，综合施策。一是要紧紧扭住发展这个促使贫困地区脱贫致富的第一要务，立足资源、市场、人文旅游等优势，因地制宜找准发展路子，既不能一味等靠、无所作为，也不能"捡进篮子都是菜"，因发展心切而违背规律、盲目蛮干，甚至搞劳民伤财的"形象工程""政绩工程"。二是要紧紧扭住包括就业、教育、医疗、文化、住房在内的农村公共服务体系建设这个基本保障，编织一张兜住困难群众基本生活的安全网，坚决守住底线。三是要紧紧扭住教育这个脱贫致富的根本之策，再穷不能穷教育，再穷不能穷孩子，务必把义务教育搞好，确保贫困家庭的孩子也能受到良好的教育，不要让孩子们输在起跑线上。

总书记的上述指示，是精准扶贫精准脱贫要义的重要体现，与菏泽经济社会发展的阶段性高度匹配。对于菏泽而言，解决"两不愁三保

---

① 《认真贯彻党的十八届三中全会精神 汇聚起全面深化改革的强大正能量》，《人民日报》，2013 年 11 月 29 日，第 1 版。

障"突出问题是菏泽脱贫攻坚的基本要求，但对于地处东部地区，经济社会发展条件和区域优势相对较好的地区而言，脱贫攻坚应在解决基本问题之上，更加强调脱贫的质量与发展的后劲。"尊重规律"与"因地制宜"的要求是精准方略在区域发展方面的延伸，既是对菏泽脱贫攻坚的科学指引，也是菏泽实施乡村振兴战略的必然要求。"公共服务体系建设"与"教育扶贫"则体现了总书记关于实现稳定脱贫的深入思考，这两个方面，不仅是脱贫攻坚战重要的战场，也是 2020 年后中国减贫战略转型重要的发力点。因此，菏泽市脱贫攻坚实践，对于 2020 年后农村的减贫与发展具有典型的探索意义。

2018 年 6 月 12 日至 14 日，习近平总书记在山东视察期间，对新时代山东工作作出全方位重要指示，指出要把粮食生产抓紧抓好，把农业结构调好调优，把农民增收夯实夯牢，把脱贫攻坚打好打赢，扎实实施乡村振兴战略，打造乡村振兴齐鲁样板。总书记的上述指示是在全国脱贫攻坚进入冲刺期做出，既包含了对高质量脱贫攻坚战的要求，也体现了对下一步全面实施乡村战略的部署。对于菏泽市而言，在这一阶段，不仅要持续巩固脱贫成果，还要进一步筹划推进乡村振兴战略。

习近平总书记的重要论述和有关指示为菏泽市的脱贫攻坚以及经济社会发展提出了要求，指明了方向。菏泽市委、市政府以此为根本遵循，不断推进有关工作，不仅充分落实总书记的部署和要求，高质量地打赢脱贫攻坚战，也为全省乃至全国脱贫工作贡献若干重要创新经验。

（二）明确"扶持谁"：绘制"扶贫地图"精准

习近平总书记指出，"扶贫必先识贫。建档立卡在一定程度上摸清了贫困人口底数，但这项工作要进一步做实做细，确保把真正的贫困人口弄清楚"。为扣好精准扶贫的"第一颗扣子"，菏泽市两万多名干部于 2014 年按照"县不漏乡、乡不漏村、村不漏户、户不漏人、实事求是"的原则，历时 3 个月，发放申请书、调查表 260 万份，汇总分析数据一亿多组，共梳理出贫困户 437075 户、贫困人口 1237575 人，为全市扶贫开发工作做到"真扶贫、扶真贫"提供了科学依据。围绕解决"扶持谁、由谁扶、怎么扶"，对贫困人口建档立卡，实施动态管理，逐户建立精准扶贫手册，实现了"一户一案"全覆盖。

围绕"对扶贫对象实行精细化扶持、对扶贫资源实行精确化配置、对扶贫目标实行精准化管理"的目标，菏泽市历时近两个月，对 87 项指标、1387 万条数据进行了梳理标注，在全国第一个绘制了三张"扶贫地图"，彻底弄清了"贫困人口在哪里，贫困村在哪里，哪里贫困人口多，哪里贫困人口少，归谁管，由谁扶，怎么扶，如何退"。"全市贫困人口分布地图"对识别出的贫困人口，对所有乡镇（办）的贫困人口构成状况进行详实标注，清晰地展现出全市贫困人口点状分布和局部密集的特点；"全市扶贫工作重点村分布地图"显示了扶贫工作重点村各项基本情况及扶贫工作进展情况、成效及本年度扶贫计划等；"全市产业扶贫分布地图"分产业用不同颜色和图像标记对项目的投资、规模以及扶持企业进行详细标示。三张"扶贫地图"的制作，为扶贫项目布局、调度和监管提供了重要参考，实现了贫困村、贫困人口在哪里，扶贫项目资金就安排在哪里，行业扶贫就跟随在哪里，社会扶贫就对接在哪里。目前，县、乡、村都编制了各级扶贫地图，实现了精准挂图作战。

完善以大数据为基础、全领域覆盖、全过程监督的扶贫信息管理平台，开发移动终端应用，实现精准扶贫智能化。主要功能：一是信息汇集。把农村贫困户、贫困人口的基本情况、脱贫需求等信息，专项扶贫、行业扶贫、社会扶贫等资源，统一纳入平台数据库，全面反映扶贫供需情况。二是政策发布。把各级各类扶贫政策、脱贫措施纳入平台，向社会提供政策服务。三是调度监督。对扶贫重点工作任务推进情况，进行全过程跟踪调度、动态分析、督导落实，利用移动终端录影功能，实现扶贫项目实时进度可视。四是供需对接。开发贫困户身份识别卡，对需求信息和供给资源进行合理配置，搭建供需对接桥梁，实现政府、爱心企业、爱心组织、爱心人士"点对点"精准帮扶。

．．．专栏 2-1．．．

曹县：精准扶贫标靶到人 一人一策

电商扶贫是曹县扶贫开发的一大亮点，但是并不适用于全部贫困户。据统计，2014 年通过精准识别，曹县共有 579 个贫困村、13.5 万户、44.2 万贫困人口，贫困发生率为 32.14%。"贫困人口大都分布在黄河故道、太行堤水库等盐碱低洼区和位置偏远、交通不便的乡村。主要原因是劳动力密集型企业少，没有大的支柱产业。农民收入低，有劳动力的主要靠外出打工挣钱，没劳动力的老弱病残户只能靠平均 1 亩地收入或社会救助。"县扶贫办主任说。

针对这些情况，曹县采取多种方式进行扶贫开发，标靶到人，一人一策，一竿子扎到"靶心"。鼓励支持贫困群众发展特色种植业、特色养殖业、小型农产品加工业等特色农业。在标靶到人方面，曹县充分运用省市县乡四级干部，让干部领着贫困群众干，围着贫困群众转。

青菏街道办事处利用辖区内企业众多的优势，组织企业参与扶贫工作成为另一个亮点。青菏办事处鼓励企业积极承担社会责任，积极开展帮扶困难群众工作。有的企业直接吸收贫困家庭中有劳动能力的进厂务工；有的企业通过带动贫困户家庭从事企业周边产业，大大提高了困难家庭的收入水平。曹普公司不仅吸纳办事处1300多名贫困职工就业，还带动周边乡镇农民创收。倪集街道办事处刘桥村村民刘德山，全家5口人，家庭收入以种植农作物为主，通过为曹普公司提供实木橱柜框架，利用家庭作坊进行生产，仅此一项每年可增收10万余元。

"扶贫第一件事就是要把扶贫对象搞清楚，通过建立一个综合平台，专职负责对基础信息进行统计，并严格按照精准识别'六步工作法'，确保县、乡、村三级贫困户信息一致。"曹县县长说。

底子拉清了，各项扶贫措施便能扎到"靶心"。"曹县虽然扶贫基础薄弱，但各乡镇都有自己的扶贫优势，经过归类制定了十项脱贫措施。"曹县扶贫办主任介绍说。据了解，这十项措施有依托芦笋加工、麦冬种植、木制品加工等农业产业化经营脱贫，有互联网＋现代农业的电商扶贫，有"一户一站"的光伏脱贫，有"农家乐"食宿、果蔬采摘、农耕体验的乡村旅游脱贫，有资本运作的财政金融脱贫……对于这些措施，曹县可谓送到百姓"炕头"，推出了产业扶贫、结对帮扶、扶贫开发资金等八个到村到户，贫困群众可以根据自己实际情况"选择性"脱贫。

（三）落实"谁来扶"："横到边，纵到底"脱贫攻坚体系

关于精准扶贫"谁来扶"，习近平总书记指出，"推进脱贫攻坚，关键是责任落实到人。要加快形成中央统筹、省（自治区、直辖市）负总

责、市（地）县抓落实的扶贫开发工作机制，做到分工明确、责任清晰、任务到人、考核到位，既各司其职、各尽其责，又协调运转、协同发力"。菏泽市委、市政府高度重视扶贫开发工作，把脱贫攻坚作为全面建成小康社会的刚性目标、底线任务和标志性指标，作为一项必须完成的政治任务，牢牢扛起脱贫攻坚的政治责任，把领导干部精力用到进村入户抓落实上，全方位、多层次强力推进脱贫攻坚。

2015年底，成立由市委书记、市长任双组长的扶贫开发领导小组，先后召开全市扶贫开发工作会议、扶贫开发领导小组会议等70余次，对扶贫开发工作进行安排部署；组织有关部门单位召开黄河滩区脱贫迁建、扶贫车间建设、扶贫协作、驻村帮扶、电商扶贫、社会扶贫、金融扶贫等专项会议，磋商解决扶贫开发工作重大问题，持续推动脱贫攻坚向纵深开展。各级主要负责同志主动带头研究工作、包村联户、一线调研、解决问题，组长多次听汇报、作指示、抓部署、搞调研；各副组长及其他市领导同志带头走访扶贫工作重点村、贫困户。四大班子成员积极参与结对帮扶工作，每人帮扶1个省扶贫工作重点村，指导驻村扶贫工作队和村"两委"开展脱贫攻坚工作，协调解决扶贫中的困难和问题。广泛开展扶贫专题调研，市级领导干部每月到所联系县区的2个扶贫工作重点村走访调研；市直部门主要负责人及班子成员每月到派驻第一书记村及"双联双创"村开展调研2次；县区领导干部每月到4个扶贫工作重点村走访调研，通过领导干部的身体力行、示范带动，将全市党员干部的注意力聚焦到扶贫开发上来，竭尽全力让全市贫困群众加速脱贫。

专栏 2-2

党建引领:"头雁"领航"雁"齐飞

"村民富不富,先看党支部;'头雁'来领航,支部自然强。"摘掉"贫困村"帽子之后,菏泽市牡丹区小留镇宋庄村村民最感激的人就是村党支部书记马冠军。

宋庄村,曾经是一个贫困村,此前村里只有一条狭窄的出村马路,成为制约村庄发展的主要因素。2018年村两委换届选举中,33岁的马冠军当选村党支部书记。走马上任不久,他就破解了村里的第一道难题——把年久失修的村路修成了水泥路。

为了增加村民收入,马冠军组织村民成立了葡萄种植合作社,发展葡萄种植30余亩,葡萄棚里套种蔬菜、西瓜,年亩净收益6000元,又引进了投资80多万元的家具厂一处,有效带动劳动力就业30余人,实现村贫困人口整体全部脱贫。村里葡萄种植户马文华说:"现在,大货车可以进村了,村里的农产品也可以出村了,我致富的信心很足。"

宋庄村的脱胎换骨,是菏泽农村基层党组织领导力、凝聚力、战斗力提升的缩影。近年来,菏泽把夯实农村基层党组织同脱贫攻坚有机结合起来,一直把建设过硬农村党支部,作为打赢脱贫攻坚战的着力点和突破点。他们以村两委换届选举为契机,推动村党支部书记队伍整体优化提升,积极从农村致富能手、返乡创业人员、退伍军人中发现优秀人才,以"头雁效应"带动脱贫致富。

为强化党建引领,菏泽还加强驻村帮扶力量,为决战决胜脱贫攻坚汇聚磅礴力量。目前,省、市、县三级第一书记派驻共涉及155个乡镇，1724个村，共派出第一书记1724人（其中省派163人、市派366人、县派1195人）。在此基础上，菏泽制定下发《关于做好贫困户帮扶责任人选派工作的通知》，确保所有贫困户都有帮扶干部结对帮扶。全市共派出帮扶责任人71095人，与320244户享受脱贫政策贫困户进行了对接。2020年，菏泽市委组织部又将市选派的第四轮第一书记、"万名干部下基层"服务队队员、"四进"攻坚行动组成员共计909名，作为市级层面帮扶责任人，每人结对帮扶3户贫困户，确保脱贫路上"一个都不能少"。

为了进一步压实责任，市县部门（单位）全部明确1个科室加挂扶贫工作办公室牌子，由分管负责同志任办公室主任，科室负责人兼职扶贫联络员，实现了扶贫工作"横到边"，达到了协同作战、统筹推进的目的；全市5755个行政村全部配备了1名扶贫包村干部和1名扶贫联络员，实现了由市到村"纵到底""不断线"，打通了扶贫政策服务群众的"最后一公里"，确保了扶贫政策落实到村、到户、到人，形成了"市级牵总、县区负责、部门联动、乡镇主体、村为重点、工作到户、责任到人"的全覆盖工作体系。截至2020年，共成立了市县部门兼职办公室731个，市、县、乡、村扶贫工作人员由1918人增加到14111人，是过去的8倍。强化业务培训，先后举办金融扶贫、项目管理、扶贫宣传、信息统计等专题培训班36期，培训扶贫系统工作人员4.6万人次，真正打造了一支能打硬仗、能打苦仗、能打胜仗的攻坚队伍。

面对这场输不起的脱贫攻坚战，时间紧、任务重，需要扶贫办这支部队要在脱贫攻坚战中敢于担当，冲在脱贫攻坚战的最前列。为此，菏泽市扶贫办按照健全队伍、建强队伍、带好队伍、用好队伍"四项要求",真正将各级扶贫办打造成一支政治坚定、干事创业的"先锋队"。市扶贫办先后抽调 50 余人成立 13 个业务组,市委先后选拔 5 名乡镇党委书记直接任市扶贫办副主任,做到了全省业务科室最多,为顺利开展各项工作打下了坚实基础。菏泽市还在全省第一个设立了省扶贫开发基金会市级办事处,进一步拓展了扶贫开发的工作领域,为脱贫攻坚凝聚更广泛的力量提供了良好平台。

大力开展"企业家认领贫困村、'两代表一委员'认领贫困户、爱心人士认领留守儿童和贫困生、志愿者认领孤寡老人"等"四认领"社会扶贫活动,广泛动员和凝聚社会力量参与扶贫开发。2017 年 4 月份在全省首家成立了省扶贫开发基金会市级办事处,共有 306 家企业、500 余名爱心人士向省扶贫开发基金会菏泽办事处捐款 1.04 亿元。截至 2020 年,菏泽市共有 395 家社会企业认领 384 个贫困村,7043 名"两代表一委员"认领 18960 名贫困户,656 名爱心人士认领 602 名留守儿童和贫困生,848 名志愿者认领 786 名孤寡老人。同时,菏泽市积极组织开展国家扶贫日系列活动,其中,连续开展 5 届扶贫车间产品展销会、消费扶贫推介会等大型活动,号召全社会力量用消费方式助力脱贫,完成销售额 269 万元,订单及协议销售额 1946 万元;连续四届"我眼中的脱贫攻坚"影像图片展展出了图片故事 900 余组,图片 1 万余幅,营造了浓厚的社会扶贫舆论氛围。

总之,通过上述一系列的有力举措,菏泽市不仅强化了党对脱贫攻坚的全面领导,也有力地促进全社会参与脱贫攻坚"大扶贫"格局的落实,充分调动了各方力量参与菏泽市的脱贫攻坚工作。

（四）创新"怎么扶"：因村因人施策

根据贫困对象致贫原因和脱贫需求，实施了农业产业化扶贫、电商扶贫、光伏扶贫等十大扶贫措施，确保了扶贫政策资金利用精准化、扶贫效益最大化。对有致富项目、缺资金的，按需落实金融扶贫政策；对有创业愿望和一技之长的，加大信息、资金帮扶力度；对丧失劳动能力的，实施医疗救助、引导参与土地流转，这些措施在实践中取得了良好效果。2015年底，全市建档立卡贫困人口914222人，帮扶方案共分13大类，帮扶发展种植业187117人，帮扶发展养殖业92648人，帮扶发展旅游行业经营7403人，开展电商技术培训11211人，发展光伏惠及17590人，安排就业89769人，职业技能培训60532人，帮助协调资金69669人，实施黄河滩区贫困群众移民迁建17326人，医疗救助108631人，发放助学补贴27164人，办理低保或五保185140人，其他方式扶持40022人。

产业扶贫是脱贫攻坚的治本之策，"一村一品"是产业扶贫的现实选择。从菏泽市情况看，贫困人口集中、贫困程度较深的地方，往往产业发展落后、增收渠道狭窄。近年来，菏泽市立足农业大市实际，发挥农业传统优势，科学制定"一村一品"发展规划，大力发展芦笋、山药、牡丹、中药材等特色种植业，鲁西黄牛、青山羊、小尾寒羊等畜牧养殖业，纺织、服装、板材、条柳编等劳动密集型产业。依托龙头企业、合作社、家庭农场等新型经营主体，通过订单帮扶、土地流转、资产收益、股份合作等方式，探索出了"政府投资、企业运营、贫困村资产收益、贫困户入股分红"的扶贫资金使用新模式，让贫困户更多分享农业全产业链和价值链增值收益。2016年以来共实施产业扶贫项目5282个，累计扶持建档立卡贫困户139万人次。

对菏泽来说，"一人一岗"就业扶贫是目前最可靠、最稳定、最有效的脱贫办法。菏泽在精准识别中发现，全市55%以上的贫困人口具备劳动能力或部分劳动能力，但有的文化程度低，有的超过法定劳动年龄，有的因病因残不宜外出打工，有的因照顾老人、孩子不能外出打工。为让这部分贫困群众在家门口就业，实现"挣钱顾家两不误"，菏泽在全市大力推进"扶贫车间"建设，积极招引劳动密集型项目向贫困乡村布局，探索出了一条以扶贫车间为载体、帮助贫困群众就地就近就业的"造血式"扶贫路子。在大力推进扶贫车间建设的同时，开展农村劳动力转移培训和就业技能免费培训，确保每个有劳动力的贫困家庭至少掌握一项致富技能，提高创业就业能力。组织"青春扶贫行动"，积极开发卫生保洁、治安巡防、道路交通管理、绿化美化、养老服务等公益性岗位，优先安排符合岗位要求的贫困人口就业。2016年以来，组织专场招聘会264场次，跨地区有组织劳动输出贫困人口人数19924人；介绍农村贫困人口就业21955人；组织参加职业技能培训贫困人口数15820人；接受创业服务贫困人口数8976人；组织参加创业培训8105人。

专栏 2-3

巨野县：扶贫措施精准滴灌到户

巨野县为构建精准扶贫长效机制，着力创新产业扶贫路径，探索形成了党支部带动、就业带动、新型主体带动和电商孵化带动"四种模式",让贫困户走上有稳定收入来源的致富路,实现了扶贫措施精准滴灌到户。

发挥党支部带动作用,推广"党支部+合作社+贫困户"模式。万丰镇阚店村党支部书记吴延祥在充分考察的基础上,牵头成立了巨丰蔬菜种植合作社,吸引村民165户入社,其中贫困户91户。合作社实行"统一建棚、统一育苗、统一购农资、统一技术培训、统一销售"的五统一模式,对贫困户推出"先建棚,见效后再收大棚建设费"的模式。2017年,合作社实现销售收入1360万元,户均增收5万多元,已帮助55户贫困户脱贫。截至目前,巨野已有110个村庄推广"党支部+合作社+贫困户"模式,带动1980户贫困户脱贫。

发挥企业带动作用,推广"公司+就业岗位+加工点+贫困户"模式。通过"优先安排贫困户到企业务工、把外包业务送到贫困户家中"两种方式,让贫困户实现家门口就业。万丽服饰针对贫困户行动不便、年龄偏大、须照顾家庭等情况,公司联合村党支部,由党支部作担保,将外包业务给贫困村户,已带动575名贫困人口实现就业脱贫。在巨野,通过针对性的就业带动,已有1198户贫困户实现就业脱贫。

发挥新型经营主体作用,推广"合作社+种养基地+贫困户"模式。六顺养鸭合作社采取免费为贫困户建设养殖点的模式,向贫困户赊销鸭苗、饲料等,已带动52户贫困户进入产业链条。在巨野,已有80多家新型经营主体参与到脱贫攻坚大潮,带动3000多户贫困户脱贫。

发挥电商孵化带动作用,推广"互联网+贫困户"模式。万丰镇电商孵化基地,由市煤炭局和万丰镇政府共同出资60万元兴建,重点进行创业思维、电商技术培训,特别是针对残疾人开展一对一特色课程培训，每期培训100人，目前已总计培训800人。对初学贫困人员，免费提供宽带、电脑设备、创业场所等"一站式"技术服务。目前，巨野已开设农村电商网店820家，带动402户贫困户户均年增收5000多元。

（五）完善"如何退"："双向承诺"

菏泽市把发挥市、县直部门单位的职能优势、帮扶干部的技能特长与调动贫困群众积极性、主动性相结合，组织1267个市、县单位与1576个扶贫工作重点村签订精准扶贫到村双向承诺书6304份，4.9万名干部与22万户贫困户签订精准扶贫到户双向承诺书、填写扶贫手册，拉起帮扶人与被帮扶人责任落实"两条链"。按照双向承诺书约定：帮扶单位、帮扶干部自愿与贫困村、贫困户结成帮扶对子，如未能完成目标任务，自愿继续帮扶。

通过签订双向承诺书，帮扶双方都经历了一个思想发动、互相认可、携手求变的过程。帮扶单位、帮扶干部把责任、任务牢牢扛起来，用把贫困户视为亲人的"扶贫精神"，发挥自身特长优势，投入更多精力、智慧和感情抓脱贫，实现了由"要我帮扶"向"我要帮扶"的转变；贫困村、贫困群众在帮扶单位、帮扶干部的帮助下，消除了安于现状、"等人送小康"的消极心理，彻底摒弃了原来不愿、不敢承认贫困落后的虚荣心理，鼓起自力更生、自立自强的勇气，坚定信念，不断增强自我发展的内生动力，实现了由"要我脱贫"向"我要脱贫"的转变。

总之，通过一系列的创新举措，菏泽因地制宜地有效解决了精准扶贫、精准脱贫的"四个问题"，不仅高质量地完成了既定脱贫任务，也探索形成了市域脱贫攻坚的"菏泽样本",即发挥市域贫困治理优势压实主体责任,同时充分激发县域脱贫攻坚内生动力,实现了县域贫困治理的"集群创新"。

专栏2-4

单县:多措并举,确保精准退出

菏泽市推广单县的做法,认好三根针,做到五到位,落实会诊制、代办制、条条结算制、首接责任制等,收到明显效果。

一、认好三根针

(一)认好县委这根针。县委发挥好"关键少数作用",重点调度包乡镇(街道)县级领导、行业部门主要负责人、乡镇(街道)党(工)委书记,落实"书记抓、抓书记"这个关键牛鼻子,让"关键少数"提高认识,掌握政策,明确目标,把握方向,推动工作。县委、县政府在扶贫工作中形成了高效运转体系,汇成一股劲、拧成一根绳。

(二)认好乡镇(街道)党(工)委这根针。压实包乡镇(街道)县级领导、乡镇(街道)党(工)委书记、帮扶单位主要负责人责任,做到"五到位"。一是人员到位。包乡镇(街道)县级领导、镇村干部、帮扶责任人全部到位,集中调度、集中培训、集中部署,问题集中解决,做到有人干事。二是培训到位。扶贫工作开展以来,各部门政策变化很大,单县组织人员重新学习,逐项研究,逐级培训。每个乡镇(街道)选出一个村作为样板,每村选出一户作为样板,在整改到位的同时,高标准打造,全面推广,确保政策落实不走样。三是清单到位。每个贫困户基本情况要一清二楚,对照完成任务表逐项落实清单,带着清单找问题、抓整改，每个人的任务完成情况要到位，所有的证据证明要清楚。四是工作进展情况把握到位。乡镇（街道）党（工）委书记是指挥员，工作方向是否正确、有什么问题、有哪些疑难杂症，必须一线走访、一线排查、一线调研、一线掌控，心中有数，及时纠正。五是调度到位。乡镇（街道）每天召开调度会、碰头会，兜情况、听汇报、查问题、定措施，及时整改，当天任务当天毕。

（三）认好村支部这根针。穿好三根针拧成一股绳，形成了三点一线，靶向用力，精准施策。

二、落实"两制、一法"工作举措

"两制"是"会诊制"和"代办制"。"会诊制"，包村副科级干部、村支部书记和所有帮扶责任人组成团队，形成班组，以村为单位逐户集中"会诊"，逐户分析，逐户研究，做到村不漏户，户不漏人，确保问题查找到位。"代办制"，对通过会诊查出的问题，即时整改不了需要行业部门落实的，拉出单子，由帮扶责任人确定时间表、路线图，定时定点定标准，带着感情、带着温度，深入贫困户家中，当好服务员，为贫困户代办到位。

"一法"是"一袋子"工作法。每个会诊过程中一个手提袋，把锤、钉、胶带、印泥、笔、草稿纸以及各种上墙的资料全部带上，发现问题现场办理，缺什么补什么，缺什么贴什么，"腾出一面墙，贴上一大片"。

三、实行条条结算制

针对42个行业部门政策落实情况逐一清理，重点是"两不愁三保障"和扶贫项目运转工作。一是针对不同政策，研究不同对策，制定出台特殊情况下的处理意见。二是逐级培训，以训代会，定时限、定标准、定要求，完成一项销号一项，逐项签订保证书进行清零，"炒一锅清一锅""炒好每道菜，就是一桌满汉全席"。

四、落实"一专、三账"和首接负责制

"一专"是指行业扶贫部门联系电话专人负责，包括双休日、节假日 24 小时电话畅通，工作人员能力要强，接听电话要语言亲切、态度和气、政策掌握规范全面，通过一个电话就能让贫困户切实感受到党的温暖。"三账"是指建立本行业贫困人员电子台账、接听电话记录台账、问题处理完成台账，该部门人员接电话的同时就能调取该户的信息，做到前方、后方相对应。实行首接负责制是指不管什么问题，只要接了电话就负责到底、处理到位、反馈到人，确保群众满意，接电话人员接到非本行业问题电话，也不能推，通过"百姓管家"平台解决到位，做到贫困户有求必应。

五、解决疑难杂症，啃掉最后一块硬骨头，打通最后一厘米。

（一）解决辍学问题。对通过走访排查，采取劝返、分流、司法救助、送教上门等措施，仍有个别学生外出不回的问题，逐一电话联系，派出专人外调，与当地教育部门签订《委托代教协议书》，由当地教育部门劝返或送教上门；对有严重智障不能接受教育的学生，由专业机构鉴定，出具相关证明后，采取送温暖行动。

（二）解决慢性病、残疾人证件办理问题。通过走访排查，组织专门医务人员带着医疗机器，上门办理，既办证又送温暖，把服务送到家。

（三）解决危房改造问题。对上报的危房，全部进行改造，根据不同情况，采取不同措施，对板房逐一清除。

（四）解决孝赡养老问题。与贫困户子女签订孝赡养老协议，政府实行同步补贴，提高满意度。

（五）解决户口办理扫尾问题。对无户籍人员，特别是智障人员，来路不明人员，组织公安机关专门研究，作为疑似案件，先落户，先享受政策保障，再落地查人。

六、问题排查整改销号制

按照"清一锅交一锅"的办法，任务完成一项，交县纪委监委检查核实一项，对不作为、瞒报漏报、虚假整改的，发现一个处理一个。为了强化纪委监委督查能力，县纪委书记亲自带队，纪委检查人员做到政策掌握到位，工作目标清楚，查处过程中能准确把握关键人、关键点、关键事。

二、域内协调：集群创新提升县域贫困治理能力

打赢脱贫攻坚战不仅需要深入领会党中央有关决策部署，还需要结合地方实际精准施策。提升县域贫困治理能力则是政策落实的关键环节。在脱贫攻坚的责任体系中，县级党委和政府是脱贫攻坚责任落实的关键环节，包括精准识别、进度安排、项目落地、资金使用、人力调配、推进实施等工作。脱贫攻坚以来，菏泽市在强化县域脱贫攻坚主体责任的基础上，不仅加强干部培训，不断提升干部贫困治理能力；而且鼓励县区探索创新，推动县域贫困治理集群创新。

（一）不断提升县区干部贫困治理能力

习近平总书记要求，"打好脱贫攻坚战，关键在人，在人的观念、能力、干劲。……省、市、县都要加大干部培训力度，分级安排培训活动。各级培训方式要有所区别，突出重点"①。为此，菏泽市以"观念、能力和干劲"为切入，通过各类形式，针对不同地区、不同类别、不同层次人员的特点和需求，深入开展各种脱贫攻坚培训活动，取得了良好成效。

表 2-1　2016-2018 年菏泽市扶贫培训情况

年份	培训期（次）	培训人次	培训投入（元）	印发教材册（本）
2016 年	2007	154430	1808.6	170617
2017 年	1170	118276	634.75	96282
2018 年	2864	254287	2964.8	398547

菏泽举办的历次培训中，所有学员紧紧围绕习近平论述脱贫攻坚重要方针政策、精准扶贫精准脱贫工作方法、省市脱贫攻坚的部署要求等，认真回顾总结工作，梳理重点难点问题，在沟通交流中释疑解惑，收到较好的学习效果。通过专题培训，全市进一步加深了对习近平总书记关于扶贫工作重要论述的理解，对全面完成脱贫攻坚任务的艰巨性、紧迫性有了更深刻的认识。同时，培训也进一步开阔了菏泽市扶贫干部的视野。例如，通过听取"湘西州精准扶贫的主要做法及成效""脱贫

---

① 中共中央党史和文献研究院编，《习近平扶贫论述摘编》，中央文献出版社 2018 年版，第 52 页。

攻坚与乡村振兴的有效衔接"等专题授课，扶贫干部进一步增强了对精准扶贫的认识，拓宽了理论视野。

在学习扶贫新理念、新方法的同时，扶贫干部也在培训中充分交流了区县的工作思路、业务知识和好的经验做法。通过开展研讨和向授课专家请教，参训人员紧紧围绕全市脱贫攻坚的工作部署，结合实践深入学习、交流经验、回顾总结、梳理重点难点问题，研究解决实际问题的方法途径，在沟通交流中逐渐释疑解惑、开阔工作思路、提升工作水平。

（二）推动县域贫困治理实践的集群创新

打赢脱贫攻坚战不仅需要贫困地区广大干部群众艰苦奋战，也需要不断改革创新扶贫机制和扶贫方式。菏泽市下辖 11 个县（区），各区县经济社会发展以及群众生产生活存在差异性，但都面临着不同程度的脱贫任务，也在实践中不断探索形成了诸多有益的工作创新。菏泽市扶贫办利用市域治理层级的优势，不断提升各县区贫困治理能力，实现了全市脱贫攻坚的"集群创新"。

"政策创新的本质是运用新的策略去实现既定的政策目标，对于参与者意味着机遇、风险和挑战。"[1]对于脱贫攻坚而言，由于时间紧和任务重，如何在落实工作责任的同时实现治理创新，不啻是一个难题。菏泽市则充分发挥好市域内协调的职能优势，不仅有力地推动了扶贫资源整合、项目落地，而且深入挖掘了各区县扶贫工作的创新实践和

---

① 朱亚鹏、肖棣文，《政策企业家与社会政策创新》，《社会学研究》，2014 年第 3 期。

探索，并给予充分支持。定期开展现场观摩点评，每两月召开一次现场观摩评比会和脱贫攻坚现场推进会，市领导小组组长、副组长带领市扶贫开发领导小组成员单位主要负责人、县区分管领导、扶贫办主任等到扶贫工作重点村，深入田间地头听扶贫项目负责人、种养大户、扶贫车间老板和一线工作人员等"专家"授课，对行业部门政策执行、工作推进方法措施及县乡村三级体制机制等存在的问题进行现场点评，确保扶贫措施更加精准、精细、精实，检验和巩固了脱贫攻坚工作阶段性成果。

习近平总书记指出，"创新是一个复杂的社会系统工程，涉及经济社会各个领域。坚持创新发展，既要坚持全面系统的观点，又要抓住关键，以重要领域和关键环节的突破带动全局"[1]。脱贫攻坚以来，菏泽市在精准扶贫精准脱贫的各个主要环节都做出了具有实践价值和借鉴意义的创新，不仅有力地落实了中央有关部署，而且在实现贫困群众脱贫的基础上进一步促进了地方经济社会的良性发展。考察这些创新举措，不难发现，这些成功的创新既需要长期实践经验的积累，又需要恰当的引导与规范。因此，无论是"扶贫车间"，还是"养老周转房"，多项重要创新实践，都得以在全市乃至全省推广。其中，市一级党委和政府在扮演着关键的角色，一方面，市统筹协调区域发展的信息优势，能够更好地识别县区实践的创新因素；另一方面，市一级资源整合的治理优势，能够更好地引导规范这些创新因素的发展。充分发挥市一级两方面的优势，在全市各级各方面和广大党员干部群众的共同努力下，菏泽市继入

---

① 习近平，《深入理解新发展理念》，《求是》，2019 年第 10 期。

选 2018 年全国脱贫攻坚奖候选者、全省脱贫攻坚奖获得者后，又荣获 2019 年全国脱贫攻坚组织创新奖，2021 年，在全国脱贫攻坚总结表彰大会上，被表彰为"全国脱贫攻坚先进集体"。

三、督促检查：强化考核监督，压实县域脱贫攻坚主体责任

2016 年 10 月，中共中央办公厅、国务院办公厅印发《脱贫攻坚责任制实施办法》，规定"市级党委和政府负责协调域内跨县扶贫项目，对项目实施、资金使用和管理、脱贫目标任务完成等工作进行督促、检查和监督"，进一步明确了各级党委和政府在脱贫攻坚中的角色定位，为脱贫攻坚的保障提供了顶层设计。

（一）完善脱贫攻坚问责办法

菏泽市充分发挥考核的"指挥棒"和督查的"杀威棒"作用，先后制定下发了《菏泽市县级党委和政府扶贫开发工作成效考核办法》《菏泽市扶贫开发领导小组成员单位扶贫开发工作成效考核办法》《菏泽市脱贫攻坚问责办法》《菏泽市脱贫攻坚督查巡查办法》等督导考核问责文件 7 个，大幅增加脱贫攻坚在全市科学发展综合考核中的分值比重，把扶贫帮扶工作纳入全市各级领导干部年度考核述职内容，脱贫攻坚实绩作为县乡干部选拔任用的重要参考，对开展脱贫攻坚工作不力的单位在评选各级文明单位时实行一票否决。

《菏泽市脱贫攻坚问责办法》（以下简称《问责办法》）针对脱贫攻

坚工作5大类35种具体情形，严肃追究单位和个人责任。通过精准问责，督促全市各级各部门（单位）和广大党员干部切实履行脱贫攻坚工作职责，坚决打赢脱贫攻坚战。《问责办法》明确对5大类情形予以问责：脱贫攻坚工作组织领导不力，脱贫攻坚责任落实不到位；贫困识别、退出不精准，扶贫措施落实不到位；扶贫项目未按规定实施，扶贫资金监管不力；驻村帮扶不到位，帮扶措施不得力；脱贫任务未按时完成，脱贫攻坚成效经不起检验。《问责办法》规定问责对象包括单位和个人：根据情节轻重和管理权限及规定程序，对当地党组织给予或建议给予检查、通报、改组等处理；对党委政府和相关部门（单位）主要负责人、相关责任人分别给予或建议给予通报、诫勉、组织调整或者组织处理、纪律处分等处理。各区县也要参照制定出台相应办法，层层传导压力，将责任和压力传导到基层、传导到工作末梢。

在制定《问责办法》的基础上，菏泽市还制定了"市派驻县区脱贫攻坚指挥部专项督导机制"，坚持开展"解剖式"明察暗访，先后组织开展建档立卡贫困人口精准识别、驻村帮扶、扶贫车间建设等集中专项督导与暗访检查85次，涉及2723个村、11287户贫困户，及时发现和纠正工作中存在的问题。坚持把巡察监督、专项审计、执纪问责贯穿脱贫攻坚全过程，针对审计、督查出的问题，逐一审查核查、追责问责，确保了扶贫工作务实、脱贫过程扎实、脱贫结果真实。

（二）强化脱贫攻坚督查机制

切实发挥好督查的"杀威棒"作用，菏泽市重点对脱贫攻坚以下几方面工作开展明察暗访。一是对各级书记第一责任落实情况进行督导暗访。市县乡村四级层层签订了脱贫攻坚责任状，加大对各级书记抓落实情况的督查暗访，督导各级党组织书记是否负起了第一责任，对推诿扯皮、不主动工作、等靠要思想严重的进行严肃问责。二是对全覆盖情况进行督导暗访。按照"不漏一户、不落一人"的要求，加大对所有村的暗访力度，既暗访贫困村，又暗访非贫困村的贫困户，通过调查走访、比对数据等方式，对全市农村人口进行抽查。三是对扶贫资金使用情况进行督导暗访。对扶贫资金的使用情况，关键看有没有被挪用、截留、挤占。市纪检、检察、审计、财政、扶贫等部门加大对各级扶贫资金使用情况的督查暗访力度，加大对扶贫领域违规违纪问题的查处问责力度，实现对扶贫资金的申请、分配、拨付、管理和使用"全过程"的监督检查。

特别是在 2020 年收官之年，菏泽市聚焦高质量打赢脱贫攻坚战，健全"三个核查、两个提升、一个从严"常态化整改工作机制，确保问题整改到位、见底清零。"三个核查"方面：核查各类问题整改是否清零、核查扶贫政策落实是否到位、核查项目资金是否规范。集中核查省委巡视"回头看"、扶贫审计、省核查等反馈问题整改以及涉贫信访件办理情况，对照反馈问题清单和涉贫信访清单，逐项逐条实地核查。各县区都成立工作专班，明确任务分工，做到"一个问题一名责任领导、一个解决方案、一套工作班子"，确保把每一个问题、每一项措施都落实到具体单位和责任人。省脱贫攻坚巡视"回头看"反馈的 222 条问题、审计反馈的 36 条问题、近期省反馈的 50 件扶贫领域群众信访件涉及问题已全部整改到位。在做好以上问题整改的基础上，又举一反三开展了 5 轮问题集中排查整改活动，实行问题排查实名制、问题整改承诺制，由排查人员填写"情况汇总表"并签字，并逐级汇总上报；县、乡两级党委书记对本县区、本乡镇问题排查整改作出书面承诺，谁承诺、谁负责，并限期完成整改。通过多轮问题排查整改，全市自行排查问题近3万条，目前已全部整改到位。"两个提升"方面，即全面提升帮扶工作水平、全方位提升脱贫攻坚成效。通过开展政策宣传走访、安全隐患排查、办实事办好事、贫困户家庭卫生大扫除、贫困户资料规范整理、农村不稳定不和谐不安全等因素排查六个方面的活动，营造了打赢脱贫攻坚战的良好氛围。"一个从严"方面，即从严从重开展督查问责。坚持把检查暗访、专项督查、执纪问责贯穿脱贫攻坚全过程，采取市领导带队、组织专门督查队伍等方式，对所有县区开展了5轮解剖式督查，对督查中发现问题的17个乡镇（街道）党委书记进行了集中约谈，对4个镇、2个县区直属部门进行挂牌督办，对1个镇进行黄牌警告，并在全市通报批评。深入开展扶贫领域腐败和作风问题专项治理，累计查处扶贫领域腐败和作风问题2701起、处理3874人，形成了有效震慑。

截至2020年年末，菏泽市已开展十一轮脱贫攻坚巡察"回头看"工作，通过开展脱贫攻坚巡察"回头看"，菏泽市不仅贯彻了党中央打赢脱贫攻坚战决策部署的重大举措，也落实了习近平总书记重要指示精神，对确保全市如期实现脱贫攻坚目标具有重要意义。菏泽脱贫工作巡察聚焦脱贫攻坚责任落实情况，看党委主体责任、纪委监委监督责任和主管部门监管责任"三个责任"是否落实到位；聚焦脱贫攻坚质量情况，看是否探索建立稳定脱贫长效机制；聚焦脱贫攻坚政策保持稳定情况，看是否存在返贫风险点；聚焦脱贫攻坚作风情况，看是否树立正确的政绩观，是否存在不担当、不作为等问题；聚焦脱贫攻坚问题整改情况，看包括巡视在内的各类监督检查发现的脱贫攻坚问题整改落实是否到位。总之，充分发挥市一级督促检查的角色，既是菏泽市落实重要有关决策部署的有力保障，也是激发各级部门工作热情，压实脱贫攻坚主体责任的重要举措。

四、经验与启示

菏泽市脱贫攻坚的政策体系与改革创新不仅是习近平总书记关于扶贫工作重要论述在东部欠发达地区的生动实践，为解决区域性整体贫困提供了参照；也是探索相对贫困治理与实施乡村振兴战略的先试先行，为乡村减贫与发展积累有益经验。其中包涵的政策逻辑与理论逻辑对于全国各地农村减贫与发展的诸多方面都具有重要的启示意义。

首先，坚持以习近平总书记关于扶贫工作重要论述为根本遵循，进行脱贫攻坚二次顶层设计。习近平总书记关于扶贫工作重要论述是习近平治国理政思想的重要方面，不仅包含了解决贫困问题的方法路径，也为国家治理诸多领域提供科学指引。菏泽的脱贫攻坚正是以此为根本遵循，建立起体系完备、结构合理、操作性强的地方脱贫攻坚市域顶层设计，为解决区域性整体贫困提供了制度基础。

其次，坚持以脱贫攻坚统揽经济社会发展全局，谋划乡村长远发展。菏泽一方面要将脱贫攻坚放置于战略突出位置，另一方面又强调了脱贫攻坚的统揽作用，即发挥脱贫攻坚对于地方经济社会发展的带动引领作用。由此不仅高质量实现了脱贫攻坚"两不愁、三保障"的基本目标，而且为乡村长远发展奠定了坚实基础。

再次，坚持创新发展理念，创新地方减贫与发展思路。乡村减贫发展的问题既是一个理论问题，是理念与思想的科学指引，也是一个实践问题，需要不断应对实践过程中产生的新问题、新挑战。这就需要地方在实践中不断地开展创新活动来实现既定的目标，菏泽脱贫攻坚的制度设计充分显现了创新发展的理念，是新发展理念的具体落实。

最后，坚持从严考核监督，确保各项扶贫政策落实到位。政策执行的"走样"是各类社会政策面临的普遍难题和挑战，乡村的减贫与发展更是政策偏差的多发地。因此，完善的制度设计还必须以严格的考核监督来保证落实，从而让"蓝图"成为现实。菏泽在脱贫攻坚实践中，充分发挥市一级党委和政府考核监督的层级优势，有力有效地保障了各项扶贫政策的落实到位。

第三章

「用好外力、激发内力」：
实现组织帮扶与内生发展
能力提升相统一

解决区域性整体贫困实现区域发展，需要依靠政府外力扶持。本书梳理菏泽市组织帮扶的具体举措和创新做法，尤其重点关注组织帮扶在提升贫困村和贫困户内生发展能力上的创新做法和核心机理；并在充分挖掘菏泽市组织帮扶典型经验基础上，审视组织帮扶的溢出效应，即组织帮扶为组织振兴奠定坚实组织基础、人才基础和社会基础，客观对标乡村振兴中组织振兴的相关要求，为解决区域性整体贫困提供坚强组织保障。菏泽市组织帮扶的实践是高质量完成脱贫攻坚、助力组织振兴和农村可持续发展的典型经验，具有重要的借鉴和现实意义。

一、凝聚组织合力与实施精准帮扶

新中国成立后尤其是改革开放以来，在各级党委政府和人民群众的共同努力下，菏泽市经济社会取得了显著成绩。但不可否认的是，改革开放后至脱贫攻坚前的长期历史阶段中，组织帮扶成效仍有着较大提升空间，其原因可从政府帮扶方式以及社会文化心态两方面展开分析。从政府帮扶方式看，其一，改革开放以来，同全国其他地方一样，菏泽市扶贫开发工作经历了救济式扶贫向开发式扶贫方式的转变，实现从"输血"向注重"造血"的转型。但总的看来，贫困村、贫困户的差异化需求并未得到充分表达，政府往往"好心办坏事"，依靠行政力量助推的产业扶贫项目出现的"逼民致富"问题仍然存在[①]。其二，从帮扶对象单位看，菏泽市组织帮扶对象从"以县为主"转向贫困村为主，单位不断缩小。其中，政府承担了越来越多的农村建设发展任务，且项目资金投入力度逐年增加，但仍以村社集体作为项目建设的基本单位，且因项目资金投入总体有限，村庄争取项目积极性参差不齐，资金投入规模并不均衡。其三，2016年，菏泽市扶贫开发领导小组办公室（简称扶贫办）成立，作为推进扶贫开发工作的重要组织载体，发挥了巨大作用。但总的看来，受制于阶段性中心任务的设置、组织条块化管理等方面因素，扶贫办逐渐部门化，地方各级政府部门并没有形成强大组织合力。这导致资金整合力度、人力投入程度和过程监管力度方面都有着极大提升空间。

从社会文化看，菏泽市地处鲁文化腹地。注重礼仪、强调勤俭持家等优秀鲁文化因子得以在群众文化心理中延续下来的同时，单一农业基础上发展起来的内陆农业式封闭文化所具有的保守、缺乏创新精神等特征亦保存下来。尽管在改革开放以后，随着市场经济深入发展，菏

---

① 马明洁，《权力经营与经营式动员——一个"逼民致富"的案例分析》，《清华社会学评论（特辑）》，厦门：鹭江出版社2000年版。

泽市不少农民积极投入到市场经济浪潮之中成为经济能人，但改革开放初期，菏泽全市被山东省委省政府定位为全省主粮生产区，固着于土地、重视农业生产仍是绝大多数农民秉持的生产生活方式。此外，菏泽市是黄河入鲁第一市，境内共有黄河滩区面积 504 平方公里，滩区内居住 14.7 万人。滩区自然条件艰苦，基础设施薄弱，发展能力受限，特别是滩区群众住房"三年攒钱、三年垫台、三年盖房、三年还账"，是脱贫攻坚的重中之重、难中之难。而受长期的黄河水患影响，"大水一来，颗粒无收"，多次水患侵袭下，滩区群众偏重保守、难以创新的心态反而得以强化，这也是造成滩区经济社会发展相对滞后的原因之一。相对保守、缺乏创新精神的文化心态，加之自身发展条件有限，是构成菏泽市贫困群众内生发展动力相对较弱的深层次原因。而内生发展动力不足，又进一步制约了政府帮扶的政策效果。

学术界对于脱贫攻坚中组织帮扶的研究主要从以下三个方面展开：一是从脱贫攻坚战略高度，审视组织帮扶的重要作用。如有学者指出，通过精准帮扶，将扶贫资源精确地"滴入"到贫困群体的需求上，是突破原有扶贫开发瓶颈的关键环节，是增强帮扶对象内生发展能力的重要组织保障[1]。二是从脱贫攻坚总体实践过程中，挖掘组织帮扶存在的结构性问题，进而提出有针对性的改进策略。如有学者指出，当前脱贫攻坚实践中存在帮扶资源供给与扶贫需求未能最优匹配，帮扶资源动员非制度化，社会组织等其他社会力量参与精准帮扶的制度供给不足等突出问

---

[1] 莫光辉，《精准扶贫：中国扶贫开发模式的内生变革与治理突破》，《中国特色社会主义研究》，2016 年第 2 期。

题，需要通过不断完善精准扶贫工作制度加以解决①。三是从组织帮扶过程出发，审视组织帮扶体系发挥作用与农村基层治理体制机制的互构关系。如有学者指出，农村基层治理主体的权威缺失，成为理解组织帮扶体系作用遭遇困境的一个视角②。

既有研究为后续研究提供了认识基础，同时也启示了可能推进的空间。首先，组织帮扶在强化帮扶外力的同时，如何形成一套契合地方实际的有效提升贫困村、贫困户内生动力的方式方法，学术界尚缺乏系统关注；其次，既有研究多是问题导向，但不可否认的是，在脱贫攻坚伟大实践中，各地方涌现出大量典型经验，对于这些典型经验的挖掘，尤其是市一级典型经验的提炼和总结，学术界尚缺乏系统关注；再次，组织帮扶一方面是脱贫攻坚的关键环节和基础保障，对打赢脱贫攻坚战起到至关重要的作用，另一方面，组织帮扶亦是基层组织建设的重要平台和契机，为农村可持续发展提供重要的组织保障。换言之，既有研究多是就组织帮扶而论组织帮扶，对组织帮扶溢出效应的关注度不足。

脱贫攻坚以来，菏泽市各级各有关部门认真践行习近平总书记关于扶贫工作重要论述，加大组织帮扶的广度、深度和力度，贯彻落实协调发展理念，创新组织帮扶方式方法，强化基层组织建设，实现组织帮扶与贫困群众内生动力提升相统一，从根本上解决贫困村和贫困群众内生

---

① 黄承伟、覃志敏，《我国农村贫困治理体系演进与精准扶贫》，《开发研究》，2015年第2期。

② 万江红、孙枭雄，《权威缺失：精准扶贫实践困境的一个社会学解释——基于我国中部地区花村的调查》，《华中农业大学学报（社会科学版）》，2017年第2期。

发展动力不足问题，为全面打赢脱贫攻坚战、落实乡村振兴战略，推进治理体系和治理能力现代化，奠定了坚实的组织基础和社会基础。

二、"内外合力"提升组织帮扶效能

习近平总书记明确指出，"脱贫攻坚是干出来的，首先靠的是贫困地区广大干部群众齐心干。用好外力、激发内力是必须把握好的一对重要关系。对贫困地区来说，外力帮扶非常重要，但如果自身不努力、不作为，即使外力帮扶再大，也难以有效发挥作用。只有用好外力、激发内力，才能形成合力"[①]。在脱贫攻坚中，菏泽市一方面不断强化组织帮扶的力度，另一方面尤其注重通过帮扶提升村庄社会发展活力和贫困户内生发展动力，以外力激活内力，以内力促进外力作用的更好发挥，不仅高质量完成了脱贫攻坚任务，又为农村进一步发展奠定基础。具体来看，菏泽市在组织帮扶中的经验做法可归纳为以下五点。

（一）横到边、纵到底，构建完整的组织帮扶体系

首先，实现由市到村"纵到底""不断线"，打通了扶贫政策服务群众的"最后一公里"。脱贫攻坚以来，菏泽市成立由市委书记、市长任双组长的扶贫开发领导小组，市委政府各部门、市级行业部门、各县（区）一把手任小组成员。在县级，成立由县委书记、县长任双组长的扶贫开发领

---

① 习近平，《在东西部扶贫协作座谈会上的讲话》（2016 年 7 月 20 日），中共中央党史和文献研究院编，《习近平扶贫论述摘编》（下），中央文献出版社 2018 年版，第 81 页。

导小组，县委县政府各部门、县级行业部门、乡镇一把手任小组成员。扶贫开发领导小组统筹协调、部署落实脱贫攻坚各项工作计划和工作任务。各乡镇以管区为单位部署工作任务，若干管区成立脱贫攻坚指挥部，乡镇党委书记统筹各指挥部工作。行政村一级实现省派、市派、县派的"第一书记"全覆盖，市县两级抽调精干力量组成村级驻村工作队。市县成立扶贫开发领导小组办公室（下称扶贫办），扶贫办的一个重要职责是代表扶贫开发领导小组，考核、协调各个成员单位扶贫工作。比如县级扶贫办考核各乡镇脱贫攻坚工作，考核成绩占科学发展考核成绩的 14% 左右。同时，对各县属行业部门进行定性考核，考核成绩分"优秀"、"良好"、"合格"和"不合格"四类，定性结果上报扶贫开发领导小组和归口的上级行业部门。通过组织设置，市、县、乡、村各级层层压实责任，统筹联动，共同助力脱贫攻坚。

　　在菏泽市整个组织帮扶体系中，颇具特色的是村级扶贫联络员的设置。针对贫困群众数量多、分散地域广等特点，为更好发动群众，在全市 5755 个行政村，每个村推选出一名贫困群众任扶贫联络员。在人员要求上，村级扶贫联络员必须满足"三个必须"：一是必须为建档立卡的贫困户；二是必须为人正派、责任心强、头脑清楚；三是必须经村民评议通过。在职责安排上，扶贫联络员主要负责宣传扶贫政策，了解本村贫困户的生产发展和日常生活情况，发现问题后及时向乡镇扶贫包村干部报告。在劳动报酬上，由县乡财政为其每月发放 100 元至 200 元不等的劳动报酬。同时，为进一步调动扶贫联络员工作积极性，经与中国人寿菏泽分公司协商，从中筛选出年龄在 50 岁以内且有一定文化水平的任"中国人寿保险扶贫专员"，每月发放 500 元工资。

　　村级扶贫联络员为村庄中一般贫困群众，相对于帮扶干部，对各家各户情况更加熟稔，且通过日常交流即可掌握准确信息，不需要占用专门自身生产时间。因此，村级扶贫联络员的设置不仅以较小的成本解决了组织帮扶动态管理中的信息不对称问题，还依托"本村人"优势，通过群众喜闻乐见的形式宣传政策，增强了扶贫政策在贫困群众中的知晓度，及时反映贫困群众实际需要，同时还发挥了脱贫示范作用。在政策宣传方面，以坠子书、两夹弦等群众喜闻乐见，易于理解，并且传唱度高的方式进行政策宣传。如郓城县为让更多贫困群众能够实现就近就地就业，就以坠子书的形式对"扶贫车间"这一扶贫做法进行了广泛宣传，并对"扶贫农户贷""富民生产贷"等惠民政策进行了宣传，提高了政策的知晓率，激发了贫困群众就业、创业热情。在反映贫困群众实际需要方面，村级扶贫联络员将如实及时向上传递贫困群众的疾苦、需求当成工作的重中之重，为此，菏泽市每一名包村干部和村级扶贫联络员将联系方式做成便民卡发给每户贫困户，24 小时保持手机通信畅通，以方便反映问题，并做好问题记录，向乡镇（办）党委汇报，每周一次定期回访，确保问题解决措施落到实处，问题得到稳定解决。在脱贫示范作用发挥方面，实践证明，通过培训，扶贫联络员不仅成为扶贫政策的讲解员，还成为贫困群众的领路员，引领贫困群众进车间、种大棚。其中，一些扶贫联络员通过培训自身也掌握了脱贫政策，理清了自家的脱贫致富的思路，不少人依靠掌握的扶持政策实现了创业、就业，有的甚至当上了"小老板"，让其他贫困户看到了扶贫政策的好处，在扶贫联络员的影响下周围的贫困户也尝到了扶贫政策的"甜头"，起到了脱贫示范的作用。

　　此外，为进一步落实组织帮扶中"帮扶谁"，全面掌控帮扶对象信息，准确定位、动态管理，切实做到精准帮扶，菏泽市围绕"对扶贫对象实行精细化扶持、对扶贫资源实行精确化配置、对扶贫目标实行精准化管理"，历时近两个月，对 87 项指标①、1387 万条数据进行了梳理标注，在全国第一个绘制了三张"扶贫地图"。"三张地图"彻底弄清了"贫困人口在哪里，贫困村在哪里，哪里贫困人口多，哪里贫困人口少，归谁管，由谁扶，怎么扶，如何退"。"全市贫困人口分布地图"对识别出的贫困人口，对所有乡镇（街道）的贫困人口构成状况进行详实标注，清晰地展现出全市贫困人口点状分布和局部密集的特点；"全市扶贫工作重点村分布地图"显示了扶贫工作重点村各项基本情况及扶贫工作进展情况、成效及本年度扶贫计划等；"全市产业扶贫分布地图"分产业用不同颜色和图像标记对项目的投资、规模以及扶持企业进行详细标示。三张"扶贫地图"的制作，为扶贫项目布局、调度和监管提供了重要参考，实现了贫困村、贫困人口在哪里，扶贫项目资金就安排在哪里，行业扶贫就跟随在哪里，社会扶贫就对接在哪里。目前，县、乡、村都编制了各级扶贫地图，实现了"精准"挂图作战。

其次，实现"横到边"，形成协同推进、统筹协调的横向合力。长期以来，因职能分工、资金来源、目标管理等方面存在差异，市县各行业部门更多以具体业务工作为工作重心，承接归口上级职能部门的项目资金，难以形成组织合力。脱贫攻坚工作开展以来，市县两级尽管成立由书记、市（县）长任双组长的扶贫开发领导小组，压实了行业部门

---

① 87 项指标涵盖了全市重点村基本情况、已完成脱贫重点村工作成效、未完成脱贫重点村的进度、资金投入等 5 个大项 87 个小项，统计细化到村到户。

脱贫攻坚主体责任，但在具体工作开展过程中，各行业部门项目工作重叠、信息沟通不畅甚至各自为政的情况仍时有发生。为有效解决这一问题，菏泽市以及各县（区）部门（单位）全部明确 1 个科室加挂扶贫工作办公室牌子，由分管负责同志任办公室主任，科室负责人兼职扶贫联络员。全省第一个在市县部门单位设立了专职扶贫办，明确分管领导、扶贫办主任及扶贫联络员，通过建立联席会议制度、联动工作机制、信息共享机制，切实达到了协同作战、统筹推进的目的，为脱贫攻坚提供了强大战斗力。建立部门之间的数据共享机制，就贫困户数量、致贫原因、脱贫需求等数据进行及时互通，让各部门在脱贫攻坚的过程中能够有的放矢，及时、有效地为贫困群众解决实际困难。通过设置行业部门专职扶贫办，明确分管领导、扶贫办主任和扶贫联络员，菏泽市实现了扶贫工作"横到边"，达到了协同作战、统筹推进的目的。

"横到边"扶贫帮扶体系在脱贫攻坚诸多领域发挥重要作用。如通过坚持定期召开由分管领导人参加的扶贫开发领导小组成员联席会议，通报菏泽市脱贫攻坚工作开展情况，针对工作存在的热点、难点问题进行深入讨论，并拿出切实可行的解决办法，报市扶贫开发领导小组研究讨论。经联席会讨论起草了各类文件，形成了颇具特色的"1+42+4"政策体系[①]。

---

① "1"为《中共菏泽市委 菏泽市人民政府关于打赢脱贫攻坚战三年行动的实施意见》（菏发〔2018〕26 号）；"42"为：42 个市直相关部门单位出台的 42 个脱贫攻坚专项实施方案；"4"为《市委办公室 市政府办公室关于印发〈关于在脱贫攻坚三年行动中切实做好农村危房改造工作的实施意见〉等 4 个文件的通知》（菏办发〔2019〕27 号），分别为《关于在脱贫攻坚三年行动中切实做好农村危房改造工作的实施意见》《关于在脱贫攻坚三年行动中切实做好兜底保障工作的实施意见》《关于在脱贫攻坚三年行动中切实做好农村建档立卡贫困人口基本医疗保障实施办法》《菏泽市农村建档立卡贫困户学生资助实施办法》）。

比如为确保如期完成滩区迁建工作,让滩区群众一同迈入小康,组织有关部门成立了市黄河滩区迁建领导小组,加强了发改、财政、水利、交通、农业等部门的沟通联系,先后召开专题研究会、推进会 12 次,并多次向上级汇报工作情况,争取政策支持。目前,全市就近就地淤筑村台工程全面有序推进。

综上,在组织帮扶中,菏泽市在成立扶贫开发领导小组、扶贫推进工作指挥部等常规动作之外,通过村级设立扶贫联络员、市县部门成立专职扶贫办等创新做法,形成了"横到边、纵到底"无缝隙全覆盖的"市级牵总、县区负责、部门联动、乡镇主体、村为重点、工作到户、责任到人"工作格局,为顺利推进脱贫攻坚工作提供了坚实组织保障。

(二)打通脱贫攻坚政策落实的"最后一公里"

强化农村基层组织尤其是村级党组织建设,打通脱贫攻坚政策落实的"最后一公里"。由村级党组织和党领导下的村民自治组织组成的村级基层组织建设,是国家和政府政策落实的最终环节。村级基层组织建设的好坏,直接决定了国家和政府政策落实的成效。在脱贫攻坚中,村级基层组织重要性同样如此。习近平总书记指出,"给钱给物,不如帮助建个好支部"[1],"农村基层党组织是党在农村全部工作和战斗力的基础,是贯彻落实党的扶贫开发工作部署的战斗堡垒"[2]。正是对村级基层

---

① 习近平,《在中央扶贫开发工作会议上的讲话》(2015 年 11 月 27 日),《习近平扶贫论述摘编》(下),中央文献出版社 2018 年版,第 47—48 页。

② 习近平,《在河北省阜平县考察扶贫开发工作时的讲话》(2012 年 12 月 29 日、30 日),《做焦裕禄式的县委书记》,中央文献出版社 2015 年版,第 21—22 页。

组织尤其是基层党组织之重要性的生动表述，改革开放以来，村级基层组织在农村政治社会发展中发挥了重要作用，但受农村人、财、物外流等客观因素影响，村级基层组织涣散、人员缺位和领导力弱化等情况在我国中西部尤其是贫困村中仍然存在[①]，严重制约了脱贫攻坚伟大工程的顺利开展。菏泽市多管齐下，切实强化农村基层组织建设，有效解决了脱贫攻坚政策落实的"最后一公里"问题。具体来看，菏泽市的基本做法可归纳为以下几点：

首先，严把用人质量关，确保村级党组织战斗堡垒作用发挥。第一，强调在"好人中选能人"。长期以来，因在工作推进中普遍存在着结果导向的评价标准、基层党组织建设力度一定程度上滞后于经济社会发展要求等问题，农村村党支部书记大都由"老好人"或"能人"担任。"老好人"仅是作为政府工作的"传声筒"，难以主动作为。"能人"尽管自身经济实力和工作执行力度较强，但难以起到积极带动作用，少数甚至存在违纪违法情况，群众认可度不高。2017年村"两委"换届时，在菏泽市委市政府统一部署下，各县区对村党支部书记候选人实行县乡联审制度。候选人在以往工作、企业生产等各方面存在违纪违法情况，不能通过审查。该年换届中，鄄城县10%左右的支部书记候选人没有通过审查。2018年9月，结合扫黑除恶工作部署，菏泽市对当选的村党支部书记进行了"二次体检"，对受过任何刑事处罚的村党支部书记，实行"一票否决"。通过上述措施，工作能力强、带动作用大、群众认

---

① 霍军亮、吴春梅，《乡村振兴战略背景下农村基层党组织建设的困境与出路》，《华中农业大学学报（社会科学版）》，2018年第3期。

可度高的农村党员成为村党支部书记，村级党组织战斗堡垒作用的发挥有了基本保障。第二，注重村"两委"干部队伍建设。在第一书记参与主持下，贫困村尤其是省扶贫工作重点村村"两委"班子成员重新进行了优化配置。如在东明县于兴屯村，2017年换届时，在省派第一书记程晓军参与主持下，原有8名村"两委"成员更换了6名。新成立的"两委"班子凝聚力、战斗力有了保障，村"两委"成员结构得以优化。

专栏3-1

小村庄里也有大作为

"安上路灯后，天黑再也不用摸瞎，我们吃完晚饭也能跟城里人一样出来健健身散散步，非常感谢王书记！"牡丹区吴店镇贾胡同村村民李传社说，以前贾胡同村交通不便，自然经济落后，是远近闻名的落后村，外村的姑娘都不愿嫁到这里来。

2014年底，村"两委"换届时，一直在城区工作的王路云被推选为贾胡同村党支部书记。王路云的到任，彻底改变了小村庄的落后局面。

"村庄要发展，首先要改变村居环境。我和村干部一起自掏腰包安装路灯40余盏，更换了哑声多年的喇叭，全村上下开展了卫生大扫除活动，历时三个月，把村庄路边、大街小巷、房前屋后都打扫得干净整洁。"王路云感慨地说，提高村民的幸福指数，光靠打扫打扫卫生远远不够，村庄要想健康发展，基层党建是关键。

"王书记组织我们村里的党员，去冀鲁豫边区革命纪念馆、焦裕禄纪念馆等地参观学习，又设立了'胡同党员责任岗'，负责每条胡同的政策法规宣传、矛盾纠纷化解、环境卫生监督等，真正促进了村庄的和谐稳定。"80岁的老党员王洪学告诉记者，村里建立了支部领导下的村委负责制，分工负责，使支部做到了到位不越位、尽职不推诿。

贾胡同村领导班子战斗力强，群众思想觉悟高，被吴店镇党委定为第一个"美丽乡村"示范村后，干部群众投入了极大的热情，配合村庄整体规范化，主动拆除修补残垣断壁，主动出工出力配合施工方进行美丽乡村建设。提前完成街道胡同硬化全覆盖，率先达到"户户通"，并相继完成村庄绿化、亮化、美化，投资200余万元的村庄湿地公园正在建设。

"现在村里有了村委办公室、群众文化广场，还打了9眼机井，俺种树浇水难的问题彻底解决了。"50岁的脱贫户王新良告诉记者，他种植苗木，扶贫工作组帮助销售苗木3000棵，使他收入6万元以上，成功脱贫。

为壮大村集体经济，帮助贫困户脱贫，王路云争取资金建设扶贫车间两座，投资70万元的光伏发电项目每年可增加集体收入10万元左右，同时带动村民种植苗木花卉，发展特色产业。

在村里，记者碰到了"好媳妇"刘永霞。她告诉记者，随着村庄的日新月异，村民的思想素质也发生了巨大变化，孝老爱亲蔚然成风。

"经济搞上去，文化就要跟上来，我们邀请镇曲艺团到村进行移风易俗曲艺巡演，举办孝星表彰大会，并绘制文化墙，让时代精神得以传承，让文化潜移默化地影响一代又一代人。"王路云说，现在贾胡同村正以崭新的面貌昂首阔步走在新农村建设的大道上。

其次，优化约束与激励机制，保证农村基层干部既"守规矩"，又

"有干头、有奔头"。长期以来，村级基层组织一方面缺乏主动回应村庄公共诉求的动力，治理责任不足已经成为学界普遍关注的问题之一①；另一方面在具体工作中，村级党组织尤其是其中的带头人侵占村庄公共利益的案例时有发生。因此，如何激发村级基层组织工作积极性，同时确保村级党组织工作实践进入法治化、制度化轨道，成为脱贫攻坚中村级党组织功能发挥的关键环节之一。菏泽市通过不断优化约束与激励机制，解决了这一问题。具体措施包括：在约束机制方面，严格工作程序，即开展"四议两公开"和阳光村务工程建设，涉及贫困户分红、扶贫项目建设、村集体经济开支等各项事务，都要严格履行工作程序，并保证群众的参与权、知情权，对未履行工作程序的，按违规处理；建立农村（社区）小微权力清单制度，规范村务工作流程。加大查处整治力度，即在全市加强县乡两级暗访制度，对扶贫领域中存在的违规违纪问题，及时发现、及时查处。同时，持续加大整顿软弱涣散村党组织工作力度，即明确在2018年集中攻坚基础上，从2019年到2022年，每2年为一个周期，开展2轮集中整顿。建立软弱涣散村党组织动态排查机制，将矛盾问题突出、班子不健全、集体经济相对薄弱、受黑恶势力侵扰的村全部纳入整顿对象，发现一处、查处一处，明确责任人和完成时限，实行销号管理。通过上述措施，菏泽市村两委班子工作程序性、规范化得到普遍加强。

在激励机制方面，菏泽市各县区在市委市政府统一部署下，出台

---

① 周飞舟，《从汲取型政权到"悬浮型"政权——税费改革对国家与农民关系之影响》，《社会学研究》，2006年第3期。

系列举措。具体可归纳为以下几点：打通村支部书记上升的"天花板"，即加大从优秀农村（社区）党支部书记中招录乡镇（街道）机关公务员力度，每年从优秀农村（社区）党支部书记中择优招聘一定数量的乡镇（街道）事业编制人员（不含教育、卫生岗位）；根据工作需要，对表现突出的农村（社区）党支部书记，乡镇（街道）党（工）委报请县委组织部审核后，可聘为乡镇（街道）副科级领导干部或享受乡镇（街道）副科级干部经济待遇，工资或补贴由乡镇（街道）财政解决，聘期3年并可连续聘任；创建"头雁工程"，培树典型带头人，让实干者有荣誉。即在全县村级党组织实施带头人队伍建设"头雁工程"，村级党组织书记要达到有理想信念、有领导才能、有端正品性、有责任担当、有发展头脑、有治村能力等"六有"标准。通过梳理先进典型，充分挖掘、总结、宣传典型经验，切实发挥示范带头作用。同时，对评选为县级"头雁工程"示范村的党支部书记授予"村级党组织书记'领头雁'"荣誉称号，在评先树优等方面优先考虑，对全体村"两委"成员年度绩效报酬增发10%；落实报酬待遇，让出力者得实惠，即严格落实农村党支部书记年报酬不低于全县上年度农村居民人均可支配收入2倍的标准，对于各乡镇（街道）综合考核前三名的村（社区），县财政对"两委"班子奖励1万元，党支部书记奖励金额所占比例一般不低于30%；落实关心关爱要求，激发村干部干劲。即实行在职村干部定期健康查体制度，各县县委组织部每年统一组织农村（社区）党支部书记和村委会主任健康查体，其他"两委"成员，由乡镇（街道）统一组织，所需经费由县乡财政保障；厘清乡村职责，减轻村级组织工作负担。即全面实行村级工作事务清单管理制度，对确需委托村（社区）协助办理的事项，按照"权随责走、费随事转"原则或通过政府购买服务的方式办理；加强村级组织运转经费保障，并建立正常增长机制，确保有钱办事；激发村干部主动性，推动发展壮大村级集体经济。即对为发展村集体经济作出突出贡献的村干部，经村民代表会议或村民会议表决通过乡镇（街道）审核同意后，可从当年度集体经营收益增量中拿出一定比例予以奖励。同时对集体经济收入 100 万元以上的农村（社区）党组织书记和村委会主任实行重奖。等等。

实践证明，通过优化约束与激励机制，菏泽市较好解决了农村基层组织无章办事、消极被动等问题，逐步打造出一批政治素质好、遵纪尚德好、群众口碑好、担当精神强、致富能力强、服务意识强的"三好三强"农村党组织带头人和基层组织干部队伍。

再次，积极引导政治素质过硬、致富能力强的村民返乡，优化农村基层组织干部队伍。严把选人质量关、优化约束与激励机制，只是从制度上解决了农村基层组织面临的问题。而受城乡发展不均衡、农村人财物大量外流等客观因素影响，农村基层组织干部队伍年龄老化、综合素质相对不足等问题仍难以避免。为解决这一问题，菏泽市以及各县区在出台相关鼓励优秀人才返乡创业文件基础上，主动作为，积极引导一批政治素质过硬、致富能力强的村民返乡，农村基层组织干部队伍得到实质性优化。

从"三无村"走向"振兴路"

——记鄄城县旧城镇葵堌堆村支部书记卢景生

葵堌堆村位于鄄城县旧城镇西南部，毗邻黄河大堤。420 户、1592人，1946 亩耕地，2015 年有贫困户 78 户 176 人，属脱贫攻坚任务比较重的村。葵堌堆村历史悠久，文化底蕴深厚，是春秋著名谋略家计然的故里，齐桓公多次在这里会盟诸侯，现有会盟台遗址、葵丘塔院寺等文物古迹，2015 年被省政府列为第五批"省级文物保护单位"。该村原来是一个无经营性收入、无集体资产、无集体土地的"三无村"，村庄基础设施落后，经济基础薄弱。2015 年以来，通过配强村班子、完善基础设施、发展特色产业，扭转了落后局面，进入了全县先进村行列。2016年葵堌堆村被评为"山东省乡村旅游特色示范村"，2017 年 12 月被评为省级"美丽乡村"示范点。

葵堌堆村 4 年发展的成就离不开省人社厅派驻第一书记的大力帮扶，更离不开村委会主任卢景生的积极努力。旧城镇通过反复酝酿、认真考核，将村里常年在外做生意、享有较高威信、懂管理经营的卢景生发展成村主任。1996 年以后，因从事煤矿物资供应生意，每年纯收入在 200 万元以上，卢景生逐渐发展为当地小有名气的经济能人。能够回村担任村主任，与乡镇党委政府的积极努力分不开。"2014 年换届之前，管区书记给我打电话，鼓励我回村发展。我当时思想上有波动，并没有下定决心。后来镇党委书记、镇长和镇组织委员等领导多次找我谈话，给我支持和鼓励"，镇里领导说得最多的是"现在政策这么好，你看别的村发展得很好了，你们村连个进村公路都没有"，做了五六次工作后，卢景生逐渐坚定了回村干事的信心。促使其思想转变的，"一个是与镇党委政府的鼓励支持分不开，二个是自己也想为乡亲们办点实事。没有第一个，也不会回村，因为毕竟一没有工作经验，二村里基础太差，不知道到底做成什么样子"，卢景生说。

担任村主任后，2015年初，卢景生在有关单位的支持和帮助下，结合省派"第一书记"，经多方协调奔走，争取省市资金70多万元。在修路期间，他既当指挥员，又当战斗员，常常因工作忘记吃饭。经过多天的奋战，修通了村内两横三纵主要道路。在此基础上，卢景生抓住全市农村"户户通"硬化工作的机遇，广泛宣传"户户通"优惠政策，完成了全村进村路和小巷道路建设，了却了群众几十年的夙愿。路修通了，群众的心凝聚了起来。2016年，旧城镇和第一书记共同出资建设了扶贫车间，受到了群众欢迎，为贫困群众就地就近就业创造了条件。通过招商，卢景生从青岛引进合资制鞋产业，提供就业岗位100多个。目前经常在岗的60余人，其中贫困人口23人。一个偶然的机会，卢景生去苏州、西安等地看到利用零星土地的做法，倍感震撼。回来后，卢景生和群众商议，决定对长期闲置、杂草丛生的闲散土地进行平整利用，清理农村"三堆"，砍掉经济效益较低的杨树林，推平坑洼林地、村头荒，达到复耕条件后统一流转。每亩租金500元，谁的土地谁受益，全村共整理土地300亩，出租用于光伏建设、果树种植，增加了个人和集体收入。在群众自愿的基础上，卢景生组织村里流转土地1100余亩，带领群众成立了"葵丘庄园生态农业专业合作社"，采取"合作社＋基地＋贫困户"的方式，打造了6个旅游庄园，种植苹果、桃等九大类15万株果树，注册了"葵丘"为商标的农产品品牌。目前，全村有60多个贫困户，在生态农业专业合作社里务工，并走上脱贫致富的道路。卢景生还利用省级乡村旅游扶贫专项资金，在全村实施了乡村旅游工程建设，铺设了游客步道，修建了入村牌坊、会盟广场等，打造乡村旅游示范点。

2019 年，卢景生开始担任村党支部书记，相信葵堌堆村会迎来进一步发展。"打造一个城市近郊型，集旅游观光、采摘为一体的休闲式新型农村"，提起村庄未来的发展方向，卢景生如是说。

在农村基层组织建设中，菏泽市一方面注重制度建设，优化激励与约束机制，另一方面积极引导优秀人才回村创业，让人才在广袤的农村沃野中扎根结果，切实改变了农村无人干事的难题。因此，在菏泽，鄄城县旧城镇葵堌堆村卢景生是先进典型，但绝非个案。

最后，精准施策，积极壮大村集体经济，确保农村基层组织"有钱办事"。近年来，菏泽市针对贫困村资源禀赋、产业传统和当下经济社会发展实际，因村施策，通过大力发展光伏产业、农业产业固定资产投资（温室大棚等）、扶贫车间建设等形式，将集体经济发展嵌入到地方产业发展链条中，实现村集体经济"从无到有""从弱到强"的转变。作为贫困村可用于经营的村集体资产，村级组织将扶贫车间出租，解决了"空壳村"问题，增加了村集体收入。2016 年以来，全市投入资金 53 亿元，实施产业扶贫项目 5282 个，大多数扶贫项目以固定资产投资形式开展，村级作为固定资产的实际所有者获得租金、入股分红等收入。数据显示，截至目前，菏泽全市村集体经济收入 3 万元以下的村全部消除，全市村集体经济平均收入为 8.5 万元。收入在 3 万 -5 万元的村有 2912 个，占 58.8%；5 万 –10 万元的村有 1295 个，占 26.1%；10 万元以上的村有 751 个，占 15.1%，其中 100 万元以上的村有 39 个，占 0.79%。同时，全市 4651 个行政村享受到扶贫产业项目收益，占全市行政村总数的 93.8%。

脱贫攻坚以来，大量项目资金注入到农村形成扶贫资产，而如何通过制度设置稳定村集体和贫困户的扶贫资产收益、壮大扶贫资产效能，成为当前阶段必须要解决的问题。为此，菏泽市制定完善《菏泽市农村扶贫资产管理办法》，引导"贫困群众变股东，扶贫资产变资本"。明确资产所有权、经营权、收益权，增加贫困家庭财产性收益；积极探索优质扶贫资产抵押担保融资用于发展高效农业的新路子，盘活扶贫资产、用活扶贫资金、激活农业产业、壮大村集体经济。菏泽扶贫资产管理制度实践为全省扶贫资产管理办法的制定提供了重要依据。实践证明，《菏泽市农村扶贫资产管理办法》的实施，为明晰扶贫资产产权、实现贫困户收入保障和村集体经济可持续发展，提供了基本制度保障。

（三）优化帮扶双方权利义务关系激活内力

签"双向承诺书"，优化帮扶双方权利义务关系，激发贫困村和贫困群众内生动力。习近平总书记指出，摆脱贫困首要并不是摆脱物质的贫困，而是摆脱意识和思路的贫困[1]。近年来，随着脱贫攻坚工作的深

---

① 习近平，《在东西部扶贫协作座谈会上的讲话》（2016 年 7 月 20 日），《习近平扶贫论述摘编》（下），中央文献出版社 2018 年版，第 83 页。

入推进，贫困村、贫困户得到了越来越多的实惠。但不可忽视的问题是，部分贫困村、贫困户存在着安于贫困的宿命心理、面对困境的悲观心理、等靠要的懒惰心理，且这种心理随着帮扶力度的加大存在着不断蔓延的态势，正因为此，争当贫困户、贫困户获得实惠后满意度并不高、相互攀比等问题在一定范围内存在，组织帮扶工作中"干部动、贫困群众不动"等现象仍然存在，贫困群众积极性并没有得到充分调动，内生动力难以获得实质提升，严重制约了脱贫攻坚工作开展。针对这一问题，菏泽市创新工作思路，通过帮扶干部与帮扶对象签订"双向承诺书"，将帮扶中干部与贫困群众之间的权利与义务通过契约形式明确下来，实现脱贫攻坚组织帮扶中干群关系的良性运行与贫困户内生动力的实质提升。脱贫攻坚以来，菏泽市组织 1267 个市县单位与 1576 个省扶贫工作重点村签订精准扶贫到村双向承诺书 6312 份，4.9 万名干部与 22 万贫困户签订精准扶贫到户双向承诺书。专栏 3-3 为与贫困户签订的"双向承诺书"内容，与贫困村签订的"双向承诺书"与此类似，限于篇幅，不再赘述。

专栏 3-3

"双向承诺书"激发贫困户内生动力

"双向承诺书"包括贫困户责任承诺和帮扶人责任承诺两部分。

贫困户责任承诺内容如下：

本人及家庭成员愿意接受××同志为帮扶我家的帮扶责任人，在帮扶人的帮助和支持下，承诺做到：一、本人及家庭成员不等不靠，主动配合帮扶干部开展工作，争取早日脱贫。二、认真搞好增收项目发展及其他生产，保证本年度人均纯收入达到×××元，并实现"两不愁三保障"。达到脱贫标准后，自愿申请退出。三、在劳动能力具备的情况下，积极参加技能培训，至少掌握一门致富技术，靠辛勤劳动改变贫困面貌，过上幸福生活。四、在扶贫资金（生产资料）的使用上，接受帮扶人的指导和监督，严格按照规定用途使用，接受帮扶人的指导和监督。五、自觉履行公民义务，特别是赡养老人、供养子女上学等，努力改善家庭环境，积极参与精神文明创建活动，争做文明家庭、信用户。六、如本人未尽足够努力实现承诺，自愿退还所接受的帮扶资金及物资，并与帮扶人解除帮扶关系，本人无意见。落款为贫困户户主签字×××，日期×××。

帮扶人责任承诺内容如下：

本人自愿与×××（贫困户主）结成帮扶对子，在帮扶工作中做到：一、积极向该户宣传党和国家的扶贫方针政策及措施办法，帮助其树立脱贫致富的志气和信心。二、按照"一户一案"的要求，帮助分析致贫原因，结合本户实际，选定帮扶措施，确保帮扶该户本年度人均纯收入达到××元，并实现"两不愁三保障"。三、每周至少1天到该户家中了解生产生活情况，协调有关部门将该户及成员应享受的惠农、社保、计生、民政、医疗、住房等政策措施落实到位。四、结合实际情况，为该户发展项目提供资金、技术、购销等方面的服务。五、如该户有劳动能力和意愿，指导和培训该户学会1-2门实用技术，帮助树立商品经济意识和市场风险意识。六、帮助该户解决生产、生活中的困难，改善生产条件和提高生活质量，对其成员看病、上学等困难给予支持和帮助，确保该户如期脱贫。七、如未能如期完成帮扶该户脱贫目标，帮扶关系不解除，帮扶工作不结束。落款为帮扶人（签字）：××，日期×××。

从内容看，贫困户对不等不靠的脱贫方式、收入和"两不愁三保障"的脱贫目标、通过自身努力摆脱贫困的脱贫方式、扶贫资金使用、精神文明建设以及未履行承诺所接受的惩罚等方面都做了明确承诺。帮扶人对政策宣传、收入达标和实现"两不愁三保障"的帮扶目标、帮扶政策落实、后续帮扶等方面都做了明确承诺。从双方角色定位看，在脱贫攻坚中，贫困户不再是优惠政策和项目资金的被动享受者，而是需要充分发挥主动性、主体性的积极参与者。帮扶人不再只是作为政府行政任务的简单执行者，而是帮扶对象摆脱贫困过程中的主体力量，且其中每个步骤都有着明确规定和目标要求。从双方关系看，贫困户享有通过帮扶和国家扶贫政策实现稳定脱贫的权利，但也必须承担化外力为内力、通过自身努力掌握技术实现稳定脱贫的义务。帮扶人必须承担落实帮扶政策助力贫困户稳定脱贫的义务，但也享有获得贫困户积极配合参与、主动作为的权利。当帮扶对象未履行相应责任时，换言之，当帮扶人未享受应有权利时，帮扶对象须承担相应的后果。

由此，通过"双向承诺书"的签订，实现了帮扶干部和贫困群众权利义务之间的统一，而这种契约的达成，一方面有效解决了贫困群众等靠要思想突出、内生动力不足等问题，另一方面进一步明确了帮扶人的责任边界，保证帮扶人有的放矢开展工作，提升了工作效率。

双向承诺书首先明确了帮扶单位、帮扶干部自愿与贫困村、贫困户结成帮扶对子，如未能实现目标任务，愿继续帮扶，确保了"帮扶责任精准"。集中组织帮扶单位、帮扶干部与乡村干部、贫困户共同分析贫困村、贫困户的致贫原因、帮扶需求，以及各帮扶单位职能优势、干部技能特长，进行双向选择、有效对接、"强强结合"，逐村逐户签订帮扶承诺书，确保了"因村派人精准"。承诺书约定：帮扶单位、帮扶干部按照"一村一策""一户一案"的要求，制订脱贫计划和措施办法，确保了"措施到户精准"；根据贫困村、贫困户实际，帮助选定主导产业和致富项目，并提供资金、技术、信息、销售等方面的服务，确保了"项目安排精准"；协调有关部门将贫困村"五通十有"、贫困户及成员应享受的惠农、社保、民政、计生、医疗等相关国家资金政策落实到位，确保了"资金使用精准"；确保村集体收入增加、力争达到3万元以上，确保贫困群众年收入达到一定标准，实现"两不愁三保障"，确保了"脱贫成效精准"。签订承诺书后，各帮扶单位和广大扶贫干部矢志不渝、无私奉献、八仙过海、各显其能。如：市金融办根据所帮扶村实际情况，整合20万元帮扶资金、15万元贴息贷款和15万元无偿资助，为村集体筹建8座日光温室大棚和1处家禽养殖基地，村集体年收入达到40万元；44户贫困户每户可以从土地股权、扶贫资金股份中领取年分红5000元；25名有劳动能力的贫困群众通过打工，人均年收入达到5000元，初步探索出一条"资源变资产、产权变股权、资金变股金、村民变工人"的精准扶贫之路。

（四）构建稳定脱贫长效机制

"一村一策""一户一案"，构建贫困村、贫困户稳定脱贫长效机制。2014年，菏泽全市上下两万多名干部按照"县不漏乡、乡不漏村、村不漏户、户不漏人、实事求是"的原则，梳理出贫困户437075户、贫困人口 1237575 人，为全市扶贫开发工作做到"真扶贫、扶真贫"提供了科学依据。围绕解决"扶持谁、由谁扶、怎么扶"，对贫困村、贫困户实施动态管理，逐户制定精准扶贫手册，实现了"一村一策""一户一案"全覆盖。

根据贫困对象致贫原因和脱贫需求，实施了农业产业化扶贫、电商扶贫、光伏扶贫等十大扶贫措施，确保了扶贫政策资金利用精准化、扶贫效益最大化。对有致富项目、缺资金的，按需落实金融扶贫政策；对有创业愿望和一技之长的，加大信息、资金帮扶力度；对丧失劳动能力的，实施医疗救助、引导参与土地流转，这些措施在实践中取得了良好效果。到 2015 年底，全市建档立卡贫困人口 914222 人，帮扶方案共分 13 大类，帮扶种植 187117 人，帮扶发展养殖 92648 人，帮扶发展旅游行业经营 7403 人，开展电商技术培训 11211 人，发展光伏惠及 17590 人，安排就业 89769 人，职业技能培训 60532 人，帮助协调资金 69669 人，实施黄河滩区贫困群众移民迁建 17326 人，医疗救助 108631 人，发放助学补贴 27164 人，办理低保或五保 185140 人，其他方式扶持 40022 人。

调查显示，"一村一策""一户一案"之所以能在脱贫攻坚中取得良好效果，原因有二：一是强调实事求是，注重差异化。菏泽市贫困村和人口数量多，致贫原因复杂，且每村甚至每户的资源禀赋、发展基础等方面存在较大差异，由此，在制定帮扶政策时，尤其需要避免"一刀切"。而"一村一策""一户一案"则很好结合了全市贫困村、贫困户的上述特点，实现分类帮扶、精准施策。二是制定的方案产生于帮扶人和帮扶对象充分协商而非行政命令，换言之，方案制定是结合贫困村、贫困户实际并得到帮扶双方自愿同意的。而这再结合签订

"双向承诺书"所确定的契约关系，制定的帮扶方案也就不会仅仅停留在纸面上，而是构成帮扶人帮扶的主要依据，并成为贫困村、贫困户的稳定脱贫路径。

专栏 3-4

"懒汉"脱贫记

山东省鄄城县董口镇臧庄村有对"懒汉"兄弟，大哥叫臧建，59岁；弟弟叫臧俊，55岁，患有癫痫病，时好时坏。在臧庄村兄弟两个都是单身汉的就他们一家。他们两人相依为命，除了种地之外的收入，就是每月领取的低保金，生活上没有任何上进心，兄弟两个逐渐养成了懒惰的习惯。在镇里精准扶贫识别时，臧建成了村里的贫困户。

"懒汉"的脑袋"开窍"啦

臧建高高的个儿，看上去一副憨厚的模样，头发有些花白，说话不慌不忙。他的母亲去世二十多年，父亲也在十多年前因病去世，撇下了他和一个多病的弟弟一起度日。臧建的生活本来就过得很拮据，再加上他弟弟时不时地住院，平常的吃药、打针等费用，就没法解决，使他们生活过得更加艰难。生活的苦还好说，还能将就地过。臧建发愁的是，同龄人都早已娶妻成家生子啦，兄弟俩年龄也大了，都娶不上媳妇，成不了家。他想来想去，越想越泄气。于是，臧建对未来的生活失去了信心。他整天什么也不想干，就是本着"过一天少仨晌"想法，过到哪里是哪里。臧建一度成了臧庄村出了名的懒人。整天游手好闲，靠吃低保生活，有时也向乡亲们赊账，但时间长了大伙都不待见他。

据了解，在扶贫过程中也出现了一些比较难扶的现象，比如"倚住墙根晒太阳，端着饭碗要小康"。一位镇干部深有感触地说："说实在话，他们都比较懒惰，懒和贫穷往往是一个标配，只有克服他们心理上的懒惰，发动他们的内生动力，这样才能打出扶贫与脱贫，干部与群众，政府与百姓脱贫攻坚的组合拳。"对臧建这样的贫困户，重点放在转变懒汉思想上。为此，镇里发动臧建的本家爷们臧好亮，给他做思想工作："我也是贫困户，现在我也脱贫了，我一年种一亩菜能卖两三千块钱。你现在吃点盐，你去赊，人家也不给你啊，你得好好干，打个工，勤出力，勤干活……"

臧好亮的话，让臧建抬不起头。到了年尾，臧庄村开起了扶贫先进个人表彰大会，看着关系不错的几个老伙计脱了贫，臧建眼红了。他说："看到人家，我心里不得劲，还是咱干得不好，以后咱好好地干。"

贫困户与贫困户之间有他们自己的心声，有他们自己的语言。有的贫困户通过政府帮助，穿得好了，吃得好了，就对其他贫困户产生了影响，这种无形的比较，有时候比上门做工作效果还要好。

一户一案"良方"拾起"希望"

臧建想干活了，但到底干什么呢？怎样使这样的贫困户脱贫致富？成了帮扶干部的一块"心病"。

偏方不能治百病，良方一到效果佳。臧庄村作为董口镇试点"一户一案"工作的第一个村庄。为了充分发挥带头作用，如何把懒汉这块硬骨头拿下，镇党委和包村人员动了一大番脑筋。经走访得知，臧建本人之前有做豆腐的手艺，由于本人毫无经济来源，再加上物价的上涨，他加工豆腐的设备闲置了多年，已经不能再用了。眼下，他又承担不起买加工豆腐的新设备费用，有手艺也无处施展。勤劳的人不会让手艺闲置，更不会家中贫困。帮扶包保人员经过多次走访，不断交心谈心，了解臧建个人发展意向，不断激发其内生动力。待时机成熟时，镇里从扶贫资金里拿出 1300 块钱，给臧建购置了专业设备。收到豆腐加工设备后，臧建高兴地给镇政府签下了脱贫保证书。

"懒汉豆腐"香飘四方

"换豆腐，买豆腐哩……"这是每天上午，臧建在乡下卖豆腐时，随身带的"小喇叭"发出的叫卖声。听见臧建卖豆腐来了，等候多时的乡亲们紧紧地围上来。"老臧，我要六块钱的豆腐！""我也要二斤豆腐。"……臧建一边称豆腐，一边收钱。一上午，臧建用土法磨出的手工豆腐就卖了个净光。

如今，臧建每天起早贪黑做豆腐，豆腐生意做得红红火火，每天都有几十元的收入。臧建兜里有了钱，腰杆直了，性格也比以前开朗了很多。"吃不愁，穿不愁，想吃肉就买肉，想吃香来，买香油；想穿新衣，买成品，想抽香烟来盒小名牌。小庭院，干干净，精神爽，少生病；骑电车，卖豆腐，唱小曲，把钱挣。"说到以后的打算，臧建高兴地说："等钱多了，修缮一下院落，找个老伴做个帮手。"

在总结经验的基础上，董口镇陆续投资 200 余万元，在全镇全面推行"一户一案"精准施策，"一户一案"使贫困群众个性化需求得到了充分尊重，极大地激发了他们脱贫的内生动力，扣死了扶贫与脱贫的纽扣。2017 年底，全镇有 2200 名贫困人员通过"一户一案"实现脱贫。按照"一户一案"的脱贫计划，目前，鄄城县为 3681 个贫困户量身制定了脱贫方案，并实现了脱贫。

（五）激发村社活力

"因势利导"，激发村社活力助力脱贫攻坚。脱贫攻坚中，农村、农民是主体，农村发展、农民生产生活改善是衡量脱贫攻坚成效的基本标准。农民是农村社会的一员，农村社会整体面貌的改善，村社活力的整体提升，对提升身处其中的农民个体尤其是贫困户的内生发展能力，起着至关重要的作用。在脱贫攻坚中，菏泽市在充分发挥组织帮扶作用的同时，结合农村社会实际，切实提升村社活力助力脱贫攻坚，为进一步提升贫困户内生发展动力，推动农村社会整体发展，提供了现实经验参照。

新中国成立后特别是改革开放以来，中国农村社会发生了翻天覆地的变化。但农村社会在迎接这场"千年未有之大变局"的同时，自身社会结构、社会性质和特点仍在广大农业型村庄中部分保留下来。著名社会学家、人类学家费孝通先生对农村社会特点做了经典描写，"乡土社会在地方性的限制下成了生于斯、死于斯的社会。常态的生活是终老是乡。假如在一个村子里的人都是这样的话，在人和人的关系上也就发生了一种特色，每个孩子都是在人家眼中看着长大的，在孩子眼里周围的人也是从小就看惯的。这是一个'熟悉'的社会，没有陌生人的社会"①。相对于城市社会和高度发达国家中的农村社区，中国农村社会呈现"熟悉社会"的基本特性，在同一个村社中，农民互动高度频繁，对生活有着长远预期，且社会关系呈现出非对称、非规则等特点。而因为

---

① 费孝通，《乡土中国 生育制度》，北京大学出版社 1998 年版，第 9 页。

有着较为稳固的生活空间且互动频繁，在国家正式法律规范之外，人情、面子、信任等要素对农村社会秩序维系起着至关重要的作用①。

三、"把扶贫开发同基层组织建设有机结合起来"

脱贫攻坚以来，在各级党委政府和广大人民群众共同努力下，脱贫攻坚工作取得显著成效。总的来看，菏泽脱贫攻坚工作组织帮扶成效集中体现在两个方面：一是实现组织帮扶与贫困村、贫困户内生发展能力相统一，高质量完成组织帮扶任务；二是通过组织帮扶，锻炼了干部队伍、优化了基层组织结构、激发了村庄和农户干事创业热情，为实现乡村振兴战略中的组织振兴打下坚实基础。同时，为进一步客观呈现菏泽市组织帮扶工作成绩，课题组采用问卷调查法，设计组织帮扶问卷和贫困户问卷，于 2019 年 7 月 16 日至 30 日调查了 305 位扶贫工作中的帮扶干部和 304 户有劳动能力的贫困户，调查对象涉及菏泽市曹县、成武县、单县、鄄城县、定陶区、东明县、巨野县的 37 个村 / 社区。调查数据及其统计分析结果，为审视菏泽市组织帮扶工作的成效提供了客观支撑。

（一）组织帮扶与贫困村、贫困户内生发展能力相统一

首先，通过发展"一村一品"和其他扶贫开发项目，村集体经济实力获得提升。通过"新时代文明实践银行""红白理事会""街长制"等

---

① 翟学伟，《人情、面子与权力的再生产——情理社会中的社会交换方式》，《社会学研究》，2004 年第 5 期。

制度设置和实质性作用发挥，村庄社会自身活力提升，凝聚力增强。在贫困村自身发展中，村集体经济实力属物质层面的硬实力，村庄社会活力和凝聚力属精神文化层面的软实力，而软硬两方面的实力提升，为贫困村内生发展能力的持续提升提供了保障。其次，通过高质量帮扶工作，贫困户获得感、幸福感、安全感获得实质性提升。这从问卷统计数据中可以得到充分体现。在 304 户贫困户问卷中，在要求调查对象选出两个最能反映帮扶工作所带来的变化情况时，75.3% 的调查对象认为收入明显增加是帮扶工作带来最大的改变，其次是精神状态明显改善，占比 28.3%。81.2% 的被调查者认为脱贫攻坚以来生活非常幸福或者比较幸福。通过组织帮扶中的产业扶贫，96.5% 的调查对象认为家庭收入更有保障，91.7% 的调查对象认为自身幸福感获得提升。脱贫攻坚以来，93.7% 的调查对象认为政府脱贫工作使得自身家庭生活充满了活力。再次，贫困户内生发展能力获得实质性提升。82% 的被调查对象认为脱贫攻坚以来自身发展致富能力获得显著提升。95.4% 的调查对象参与过产业扶贫，参与产业扶贫的收益形式多元，其中 44.8% 在产业发展中实现了就业。加之上述获得感、幸福感、安全感提升，可以说，贫困户在组织帮扶中内生发展能力获得明显提高。

（二）为农村全面发展奠定坚实的人才基础、组织基础和社会基础

首先，在人才基础方面：通过组织帮扶锤炼了干部队伍，培养一大批爱农民、解民意、懂农村的干部队伍，切实提升了工作能力和水平。脱贫攻坚以来先后提拔重用优秀扶贫干部 410 名，问责处理干部 3874

名，旗帜鲜明地树立了担当作为、狠抓落实的导向。"第一书记"、驻村工作队员、市县乡等大批干部俯下身与农民同吃、同住、同劳动，在扶贫一线把握了农村社会实际，理解了人民群众的所想所需，提升了工作能力。通过组织帮扶引进人才，大批政治素质过硬、业务能力强的经济精英回村。他们在农村建功立业，或加入农村基层组织，或做强产业带领群众致富，为农村经济社会整体发展提供了人才储备。通过组织帮扶增强了干部获得感、使命感。调查发现，305位帮扶干部认为帮扶工作取得了实效，占比100%。密切了干群关系、提升了工作能力、理解农村实际、实现个人价值是帮扶干部获得感的主要内容。通过组织帮扶切实改进干部工作作风。从上文组织帮扶经验做法中可以看到，在帮扶实践中，帮扶措施都是在充分尊重社情、民情，结合贫困村、贫困户实际情况并与贫困村、贫困户充分协商讨论后制定的，以体现帮扶政策的针对性和可行性。而这充分体现出广大帮扶干部践行群众路线的工作作风。体现在问卷调查数据中，在要求帮扶干部选出帮扶工作中工作作风改进主要体现在哪些方面时，63.5%的调查对象认为做到了理论结合实际、不搞"一刀切"是工作作风最大的变化。其次是做到了深入群众、相信群众，占比57.9%。再次是做到了遇事注重同群众商量，依靠群众，占比55.6%；认为做到了办事认真、埋头苦干的占比54.3%；认为是做到了做事一抓到底、善始善终，占比36.8%；认为做到了处事果断、雷厉风行的，占比26.6%。

其次，在组织基础方面：农村基层党组织战斗堡垒作用进一步加强。农业税费改革之后，随着农村基层党组织掌握的人财物等治理资源不断减少，治理能力不断弱化成为农业型地区存在的普遍问题，关于这一问题已经成为学界共识。脱贫攻坚以来，菏泽市通过严把选人用人质量关、优化激励与约束机制、提升村集体经济实力等系列举措，有效化解了农村基层党组织因"无人办事""无钱办事""主动性不足"带来的治理能力不足问题，农村基层党组织的治权与事权进一步平衡，政治意识、规则意识、干事创业精神得以普遍强化，切实发挥了农村基层党组织战斗堡垒作用。2018年，省扶贫开发领导小组对菏泽市党委和政府扶贫开发工作成效考核结果显示，扶贫工作群众满意度为99.54%，贫困人口万人平均信访舆情量全省17市最低。而这一成绩的取得，与农村基层党组织充分发挥战斗堡垒作用，及时发现问题、解决问题，及时将问题化解在最基层分不开。

农村基层组织结构进一步优化。通过"引进来"即鼓励在外能人返乡创业，"走出去"即组织村两委干部到外面参观学习，提升了村两委干部的综合素质。在精准识别、精准帮扶、产业项目实施和收益分配等各个环节中，村民代表会议、村民大会等自治形式充分发挥作用，社会主义协商民主得以向纵深发展。换言之，由脱贫攻坚而来的政策落地和利益分配，激活了村民自治组织，以脱贫攻坚搭建的坚实平台为契机，社会主义协商民主得以进一步繁荣发展。"红白理事会""街长制"等自治组织形式，极大调动村庄内生权威人物参与公共事务的积极性，进一步理顺了人民群众需求表达渠道。而这在降低治理成本的同时，通过激活村庄社会参与主动性，实现了村级治理"自治"与"德治"的有机结合。

干群关系进一步合理化。实践证明，脱贫攻坚以来，随着大量政策和资源输入到农村，广大干部走进农村、扎根农村，密切了干群关系。

但不可否认的是，密切的干群关系并不意味着干群关系的合理化。关于这一点，习近平总书记作出了形象表述，"一些地方虽然瞄准了贫困户，但还是老办法老路子，就是简单的给钱给物，在调动贫困群众脱贫积极性、激活内生动力上做得不够，发展方式也没有真正转变。有的地方个别帮扶干部提出，我每年给贫困户几千元钱，按标准他就算脱贫行不行。也有一些贫困户仍然存在等靠要思想，'靠着墙根晒太阳，等着别人送小康'[①]"。帮扶工作被当做行政任务，将贫困群众仅仅视作完成行政任务的对象，正因为此，才会出现单向度给钱给物完成帮扶任务的做法。贫困群众等靠要思想反映于帮扶干部关系中，即认为帮扶收益是应得的，"做得好是应该的"，帮扶收益"反正是国家的钱，不要白不要"，并不会对帮扶工作进行有效监督，更不会对基层政府和帮扶干部心怀感恩。正因为此，个别地区才会出现帮扶干部工作做得越多，贫困户收益越多，反而对帮扶工作越不满意，贫困户自我发展能力越弱等悖论现象。为实现干群关系合理化，菏泽市以双向承诺书、结合农村社会特点创新工作方法等做法为切入点，搭建了帮扶干部与贫困群众权利义务双向制衡关系。通过权利义务双向制衡关系的搭建，帮扶干部将贫困群众作为自己人，帮扶工作不仅仅作为行政任务，更是作为体现党"为人民服务"宗旨、实现个人价值和获得感的重要载体。贫困群众思想观念从"要我脱贫"向"我要脱贫"转变，感恩于基层党委政府和帮扶干部为自身家庭摆脱贫困作出的系列努力，并将这种感恩转化为对脱贫攻坚战

---

① 习近平，《在东西部扶贫协作座谈会上的讲话》(2016年7月20日)，《习近平扶贫论述摘编》(下)，中央文献出版社2018年版，第84页。

略和乡村振兴战略中各项政策落地的积极参与和支持。

最后，在社会基础方面：任何组织发展必须由满足组织发展的社会基础作支撑，缺乏社会基础，组织发展也就成为无源之水、无根之木。脱贫攻坚以来，菏泽市通过组织帮扶不断优化社会环境、激活社会活力助力组织振兴。具体来看，破除陈规陋习，在有效防止群众因婚致贫、因丧致贫的同时，使得盲目攀比、无序竞争等行为在群众中无立足之地。数据显示，90.4%的调查对象认为红白喜事中讲排场攀比现象属陈规陋习，应该消除。并且79.3%的调查对象认为红白喜事中讲排场攀比现象已经消除或正在消除。孝善敬老、勤劳致富、开拓创新、积极参与村庄公共事务等价值理念和行为准则在村庄社会评价体系中占据主导。换言之，谁孝顺、谁通过自身努力而非等靠要或投机心理实现致富、谁敢于融入市场竞争浪潮中，谁更积极主动参与村庄公共事务，谁就最有"面子"，谁越能够得到群众的认可。而乡村振兴中，这种正向"面子观"一旦形成，就能够形成强大社会舆论，增强群众凝聚力和向心力，为组织发展奠定坚实社会基础。

··••**专栏 3-5**••··

致力文化扶贫——黄店镇西台集村优良家风传承纪实

每当农闲时候，菏泽市定陶区黄店镇西台集村村委会文化广场上，总会华灯璀璨，人头攒动，不同主题的联欢晚会接连上演，而晚会的幕后"总导演"，则是省派第一书记王庆波。两年来，王庆波带领村干部抓家风、抓传承、弘扬优秀文化。而文化脱贫，已然成为王庆波致力脱贫攻坚和乡村振兴战略工作中的一个缩影。

"秋风起,秋天凉,咱拉个儿媳美名扬。这儿媳今年近七十,伺候公公比儿强。"近日,齐鲁电视台《拉呱》栏目报道了定陶区黄店镇西台集村罗传菊老人孝老爱亲的事迹,一时成为美谈。提起罗传菊老人,在附近十里八乡可是家喻户晓。

罗传菊70岁,自上世纪六十年代嫁到西台集村,一直孝敬老人、勤俭持家、相夫教子,里里外外料理家庭。40年间,她无微不至地照顾双目失明的公公司培海一事,让人感动不已。司培海老人已95岁高龄,衣帽整洁,神态安详,在儿媳罗传菊的照料下,享受五世同堂的天伦之乐。

罗传菊的事迹,感动了很多人,她先后被评为黄店镇"孝老爱亲"道德模范、定陶区2017年度十佳道德模范,2018年度菏泽市十大孝星。为表彰罗传菊的感人行为,2017年,在王庆波倡导下,西台集村党支部召开专题会议研究决定,专门为罗传菊老人所在的小巷子新铺了道路,并命名为"孝贤巷"。

在王庆波看来,近年来,西台集村像罗传菊一样的好媳妇、好邻居、好妯娌不断涌现,得益于西台集村党支部每年一次开展"传承优良家风——孝老爱亲、爱岗敬业、诚信经营"道德模范评选和"好媳妇、好婆婆、好妯娌、好邻里"等命名活动。现如今,西台集村有80岁以上老人近百人,成了远近有名的"长寿村""孝善村"。

王庆波介绍,为了进一步弘扬孝亲文化,近年来,西台集村利用多种形式,对模范人物大张旗鼓地表彰奖励。"通过制作'四德榜'、组织文艺演出队入村宣传、文化墙宣传、入户走访、开办讲习所宣讲等多措并举,广泛宣传他们的光荣事迹,鼓励儿女们回乡创业尽孝,营造了比学赶超、孝老爱老的良好氛围。"王庆波说。

"西台集村，南部濒临古柳河，地势低洼，星罗棋布大小坑塘15个，水面近200亩，"西台集村党支部书记何芳金站在广场上，一边指挥着绿化布置，一边介绍说，"这儿原本是个低洼潮湿的沼泽地，杂草丛生，淤泥蚊蝇滋生，曾经作为全村的垃圾掩埋场。"历史上因为村民取土盖房、生活污水排放等，很多池塘失去了原来的模样，在村子西侧慢慢形成了一个近11000多平方米的污泥沼泽地，几十年来，就这么荒废着，影响着村容村貌。相反，群众却没有一个像样的文化活动场所。

人民群众对美好生活的向往就是我们的奋斗目标。在王庆波提议下，西台集村两委多次召开会议，集中资金30万元，下定决心全面推进城乡环卫一体化，改造旱厕和危房。同时对全村池塘进行整治，变废为宝养鱼承包，动员党员群众上百人，兴建群众文化广场，还群众一片净土。经过近1年的不懈努力，新建下水道5600余米，基本解决了全村11条街百余条胡同的防涝排水工作。6000平方米的湿地文化广场基本完成，成了全村群众休闲锻炼的好地方。

"我们一定向罗传菊奶奶学习，好好学习，孝敬好爸爸妈妈。"西台集村五年级学生何蕊说。如今，"优良的家风代代传"走进了西台集村小学的课堂，学校每周都举办以传统文化教育为主题的班会。为了让西台集村的优良家风文化发扬光大，王庆波和村两委一班人筹资25万元，重修了何氏祠堂。成立红白理事会，整理制定村规民约，编印《走进西台集，优良家风代代传》宣传画册5000份。先后组织"三代人""玫瑰缘""移风易俗"等文艺演出活动20场次。每月组织2场公益电影。

"水源木本承先泽，春华秋实叶归根。"在王庆波看来，家风文化既是一方水土独特的精神创造和审美创造，又是人们乡土情感、亲和力和自豪感的凭借，更是永不过时的文化资源。

王庆波说，西台集村传承优秀家风文化传统，不断赋予家风文化以时代内涵，引导全体村民跟党走，向上向善，共圆小康梦；孝老爱亲，自强自立、团结互助，留住乡音、记住乡愁，形成健康的生活方式，进而培育文明乡风、良好家风、淳朴民风，促进乡村治理和文明和谐，为打赢脱贫攻坚主动仗和实施乡村振兴打下坚实的基础，让社会主义新农村焕发文明新气象。

四、经验与启示

党的十八大以来，以习近平同志为核心的党中央把扶贫开发摆在治国理政的突出位置，提出明确的目标任务，制定精准扶贫、精准脱贫方略，全面打响了脱贫攻坚战，我国扶贫开发进入新时代脱贫攻坚阶段并取得阶段性进展 [1]。菏泽市一方面创新组织帮扶工作方式方法，高质量打赢脱贫攻坚战，另一方面要在完成底线任务的同时，将组织帮扶与实现组织振兴、构筑解决相对贫困长效机制以及推进治理体系和治理能力现代化等有机衔接起来。

第一，强调因地制宜，提高地方政策制定的科学化水平。作为一个巨型国家，不同地区因资源禀赋、区位等客观条件存在显著差异而呈

---

① 黄承伟，《我国新时代脱贫攻坚阶段性成果及其前景展望》，《江西财经大学学报》，2019 年第 1 期。

现出差异化发展路径，对一个地区有效的脱贫攻坚政策在另一地区可能并不适用。这也正是总书记多次强调"因地制宜""避免跟风冒进"的题中应有之义。而也正是在某些地区脱贫政策制定中并没有真正做到因地制宜，严重制约了脱贫攻坚政策的精准化、科学化水平，带来资源浪费和政策执行的低效。菏泽市在脱贫攻坚中，时刻将地方资源禀赋、市场需求和村情民意作为政策制定的基础，使得脱贫攻坚政策真正落地生根。在组织帮扶中，菏泽市将帮扶政策、群众差异化需求和村社特点相结合制定政策，避免"一刀切"，一方面制定真正契合村情民意的帮扶措施，降低政策执行成本，另一方面又能将组织帮扶实践纳入到农村可持续发展链条之中，获得帮扶措施的持久生命力。

第二，突出系统思维，将组织帮扶"平台化"，避免就扶贫论扶贫。所谓组织帮扶"平台化"只是在完成组织帮扶工作目标基础上，将组织帮扶作为锻炼干部、锤炼农村基层组织、优化基层组织结构和干群关系的制度化平台。总书记明确要求，坚持以脱贫攻坚统揽经济社会发展全局①。这一重要指示要求各级地方政府一方面要将脱贫攻坚放置于战略突出位置，另一方面又强调了脱贫攻坚的统揽作用，即发挥脱贫攻坚对于地方经济社会发展的带动引领作用。而统揽作用的发挥以脱贫攻坚是否与地方经济社会发展的实际需要和整体要求相契合为前提。否则，脱贫攻坚只能就扶贫论扶贫，脱离地方经济社会发展实际，不仅无法发挥统揽作用，脱贫攻坚工作绩效也将大打折扣。为充分发挥脱贫攻坚统揽

---

① 习近平，《在中央扶贫开发工作会议上的讲话》(2015 年 11 月 27 日)，《十八大以来重要文献选编》(下)，中央文献出版社 2018 年版，第 46-47 页。

作用，需要突出系统思维，将组织帮扶作为促进地方经济社会发展的突出环节和有机组成部分。在组织帮扶中，菏泽市不仅高质量完成帮扶任务，还实现组织帮扶与干部队伍锻炼、农村基层组织建设和社会建设相统一，充分发挥组织帮扶的溢出效应。

第三，注重构筑组织帮扶措施的动态完善机制。总书记明确指出，农村贫困人口如期脱贫、贫困县全部摘帽、解决区域性整体贫困，是全面建成小康社会的底线任务，是我们作出的庄严承诺[1]。作为全面建成小康社会的底线任务，脱贫攻坚发挥补齐经济社会发展短板的重要功能。脱贫攻坚工作不断向纵深发展，以及国家乡村振兴战略提出后对农村发展提出新的战略要求，都要求组织帮扶既能够为圆满完成2020年脱贫目标作出贡献，又能够主动对标乡村振兴战略中的组织振兴要求，构筑组织帮扶措施的动态完善机制。在此过程中，尤其重要的是结合地方脱贫工作和经济社会发展实际，构建组织帮扶措施的动态完善机制，使组织帮扶措施不断优化以服务于地方经济社会长远发展。

---

[1] 习近平，《在东西部扶贫协作座谈会上的讲话》（2016年7月20日），《习近平扶贫论述摘编》（下），中央文献出版社2018年版，第61页。

第四章

「突出特色，多产融合」：
实现产业扶贫与乡村经济
结构调整相统一

产业扶贫是实现稳定脱贫的根本之策。菏泽在脱贫攻坚过程中，结合本地产业发展的比较优势，走出了一条嵌入原有产业基础、助推产业转型升级的特色产业扶贫之路。这一经验的重要价值在于既实现了产业扶贫的可持续性，又实现了与乡村经济结构调整相统一，为乡村产业振兴奠定了坚实基础，为从产业发展角度解决区域性整体贫困提供了基础和条件。本章将对改革开放以来菏泽市农村产业发展和产业扶贫的历史，精准扶贫以来产业扶贫的主要举措与成效及其经验启示等进行深入分析。

一、产业扶持和精准扶贫有机结合

改革开放以来，产业扶持一直是菏泽的重点工作，农村产业也在不断调整升级。但因为基础薄弱等客观因素影响，菏泽农村产业发展水平仍相对滞后。党的十八大以来，菏泽适时转变工作理念，创新工作方法，将产业扶贫和精准扶贫有机结合，实现本地产业高质量发展。

（一）积极的产业调整与滞后的发展事实

1978 年以前，菏泽农业生产力极为低下，农民温饱问题长期得不到解决，是全国有名的十大贫困区域之一[①]。改革开放以来，菏泽在不同的发展阶段对农村产业发展出台了相应的扶持政策，农村产业发展取得了较为明显的成绩，但不可否认的是农村产业一直以来都是经济发展的薄弱环节。农业农村现代化步伐缓慢，是造成菏泽农村区域性贫困的重要因素。

1. 农村产业发展的进程

改革开放之后，菏泽在全省率先推行家庭联产承包责任制，农村经济开始释放活力，农村产业得到了快速发展。首先，在农业方面，农业生产力得到解放，在产业结构上以"一麦一棉"为核心，农村温饱问题基本得到解决。不过，进入 1980 年代后期，菏泽农村产业发展进入了徘徊期，传统的粮食生产比较效益越来越低；农村经济虽然在增长，但农民收入增长速度放缓，甚至出现负增长；而此时对于解决温饱问题的农民而言，致富的愿望越来越强烈[②]。由此，自 1992 年以来，菏泽开启了农村产业发展的新一轮改革，进入了建立农村市场经济体制的新阶

[①] 李明先主编，《菏泽改革开放二十年》，山东大学出版社 1998 年版，第 1 页。

[②] 韩广洁主编，《百年沧桑：20 世纪的菏泽》，山东友谊出版社 2001 年版，第 228–229 页。

段，即以市场为导向，以增加农民收入为中心，展开全方位、多层次的改革。改革的核心是调整农村产业结构，大力发展经济作物和高附加值作物，推动农村一二三产业的共同发展。为确保新一轮改革的顺利实现，1993 年，菏泽地区成立了由分管农业的副专员为组长的高产优质高效农业领导小组，开始对全区农业产业结构调整进行统筹规划。随后各县也相应成立了领导小组。菏泽地区及各县层层制定了调整农业内部结构、发展高产优质高效农业的规划和实施方案。各县市根据自身实际，确立了发展的重点和主攻方向①。自此，菏泽逐渐打破了传统的"一麦一棉"的种植模式，开始发展温室、保护地栽培等技术，同时积极发展桑蚕、花卉、中药材、芦笋、杞条等高产、高效经济作物。打破了单户散养粗放经营的模式，大力发展集现代科技和现代管理手段为一体的规模饲养。在此基础上，改变城乡分割、一二三产业分离的商品生产格局，积极走贸工农一体化、产加销一条龙，龙头带基地、基地联农户的农村经济发展之路。1995 年，菏泽地委、行署提出"一要积极实施农业产业化战略，二要大力发展个体私营经济，三要努力培育各类市场"的发展思路，标志着菏泽开始以系统的产业化发展理念来统领农业农村发展。

1998 年，菏泽继续提出小康村的建设计划，其工作重点仍在农村产业发展方面，围绕发展特色经济、增加农民收入做文章。菏泽确定了粮食、瓜菜、畜牧、花卉、桑蚕、工艺品等 12 大支柱产业，各乡镇按照

---

① 韩广洁主编，《百年沧桑：20 世纪的菏泽》，山东友谊出版社 2001 年版，第 228-229 页。

"一村一品、一乡一业"的方针选择 2-3 个支柱产业①。这是菏泽第一次提出"一村一品、一乡一业"的发展思路，标志着菏泽在前期提出的农业产业化的发展战略下，逐渐探索出了切实有效具有可持续性的产业化发展策略；至上世纪末，菏泽农村一二三产业的发展成效开始显现，初步形成了木材加工、畜牧加工、粮油加工和蔬菜加工四大群体②。

进入新世纪之后，菏泽的农业产业化步伐进一步加快。在国家全面取消农业税，确立工业反哺农业、城市支持农村的新背景下，菏泽市的农村产业发展也迎来了新一轮的快速增长期。从发展战略看，这一阶段菏泽的农业发展主要采取了以下措施：一是继续坚定不移地推进农业结构调整，按照"一村一品、一乡一业"的方针，大力发展优质高效经济作物，加快林业、畜牧业发展步伐。二是根据农业现代化的发展趋势，构建新型农业经营体系，鼓励多种农业生产经营方式，适时推动农业规模化经营。三是根据市场发展形势以及国家发展理念的调整，大力推动农业绿色发展。四是不断延伸农业的产业链和价值链，大力发展农产品精深加工业。

这里还须指出的是，伴随改革开放的步伐，菏泽农村地区的乡镇企业也逐步发展起来。到 1985 年，乡镇企业数量达到 3448 个（包括村办、联户办、个体户工厂），产值 11877 万元③。进入 1990 年代，伴随

---

① 韩广洁主编，《百年沧桑：20 世纪的菏泽》，山东友谊出版社 2001 年版，第 241 页。

② 韩广洁主编，《百年沧桑：20 世纪的菏泽》，山东友谊出版社 2001 年版，第 270 页。

③ 山东省荷泽市志编纂委员会，《菏泽市志》，齐鲁书社 1993 年版。

农业产业结构调整，农村一二三产业共同发展的策略，乡镇企业得到快速发展，形成了建筑建材、畜产加工、粮油加工、果蔬加工、木材加工、花卉加工、有色金属加工、工艺美术、交通运输、商饮服务十大骨干行业。从 1996 年开始，全市乡镇企业产值超过农业产值，使农村的产业结构和经济结构发生了质的变化。乡镇企业对农村经济发展开始发挥主导作用。据统计，1998 年乡镇企业总产值占全区农村社会总产值的 64.8%，乡镇工业产值占全区工业产值的 72.7%，上交税金占地方工商税收总额的 40%，乡镇企业职工人数占全区农村劳动力的 20%以上。乡镇企业社会贡献率达 30.5%，社会贡献总额达 28.7 亿元，其中支付工资总额近 20 亿元，用于支农、建农、补农及社会性事业开支1796 万元 ①。

2. 农业农村发展滞后的局面

菏泽农业农村虽然在不断发展，但从横向的区域比较看，菏泽比起山东省其他地区还是体现出明显的滞后性。这种滞后性从改革开放初期一直延续至今。山东省省情资料库数据显示，菏泽所处的鲁西南地区，1990 年粮食总产占全省 10.8%，亩产比全省平均低 18%，农民人均占有粮食 432 公斤，比全省平均低 14.6%。1990 年农村社会总产值 143.2 亿元，占全省 7.6%。其中农业产业产值 79.89 亿元，占农村社会总产值的比率高达 55.8%，第二、第三产业甚不发达；农民人均年纯收入 513 元，是省内除黄河三角洲外最低的地区，比全省平均数少 24.6%。1998 年，菏泽地区农民人均纯收入为 1872 元，远低于山东省的农民人均纯收入

---

① 李明先主编，《菏泽改革开放二十年》，山东大学出版社 1998 年版。

2453 元。代合治和李吉霞在 1999 年对山东省县域经济的发展进行了比较分析，发现山东省的东部、中部、西部的农村经济发展存在显著的差异。西部地区的农村经济普遍呈现欠发达的特征 ①。全省 19 个发达型县域中，西部地区仅有 2 个，占比 10.5%。就菏泽地区来看，没有一个发达的县域，其中 7 个县域都属于欠发达地区，可见在山东省的西部欠发达区域中，菏泽又是发展相对滞后的。据山东省统计局的数据，2013 年菏泽市农民人均纯收入增长至 9309 元，但同期山东省其他地市的农民人均纯收入都超过了 10000 元，山东全省的农民人均纯收入达到 10620 元。上述数据表明，菏泽地区的农业经济发展、农民收入虽然在改革开放之后有了比较快的增长，但在山东省的区域范围内，由于其他地区的改革力度更大，发展速度更快，使得菏泽地区长期处于落后的状态。农业现代化还存在诸多发展困境，如农业产业的经营主体发展水平不高、农业的一二三产融合层次不高、科技支撑能力不足、农业基础设施薄弱、利益联结机制松散等等。这些都成为了菏泽市脱贫攻坚和乡村产业振兴的短板。

就乡镇企业来看，菏泽市乡镇企业起步晚，发展缓慢，规模较小，档次较低，竞争力较弱。当然，这与山东省一直以来的区域发展不平衡密切相关。如 1993 年上半年，山东省东部的青岛、烟台、潍坊、淄博等五市，乡镇企业产值和乡镇工业产值，分别是西部德州、滨州、聊

---

① 代合治、李吉霞，《山东省县域农村经济的地区差异研究》，《曲阜师范大学学报（自然科学版）》，1999 年第 4 期。

城、菏泽、东营五市地的 4 倍和 4.5 倍[①]。山东全省 1993 年乡镇企业总产值占农村社会总产值的 80%，而菏泽到 1998 年的乡镇企业总产值占全区农村社会总产值才超过 60%。因此，从客观上看，菏泽市乡镇企业的发展确实比山东省的发达地区要滞后很多。菏泽虽然先后学习过胶东经验、南方经验、苏南经验、温州经验、河北经验等，但一些地方学习外地经验并没有同本地的具体实际相结合，没有很好地借鉴、吸收，使外地经验变为自己的成功实践，盲目上项目、求速度，导致不少乡村背上了沉重的经济包袱[②]。

（二）农村产业发展与产业扶贫相对脱节

改革开放以来，菏泽市的农业农村得到了快速发展，但因经济、历史、地理等方面的原因，整体上仍相对落后，尤其是与东部沿海发达地区相比，发展差距逐步扩大。农村发展不平衡问题凸现出来，低收入人口中有相当一部分农民的收入不能维持其生存的基本需要。由此，菏泽逐步展开了农村扶贫工作。

1984 年，中共中央、国务院下发了《关于帮助贫困地区尽快改变面貌的通知》。1986 年 5 月 16 日，国务院贫困地区经济开发领导小组成立，标志着我国进入了有组织、大规模、开发式的扶贫阶段[③]。同年，

---

① 刘佩芳，《山东省加大扶持欠发达地区乡镇企业力度》，《中国乡镇企业》，1994 年第 4 期。

② 李明先主编，《菏泽改革开放二十年》，山东大学出版社 1998 年版，第 14 页。

③ 黄承伟，《中国扶贫开发道路研究：评述与展望》，《中国农业大学学报（社会科学版）》，2016 年第 5 期。

菏泽在原地委农村工作部成立了临时正县级扶贫机构,开始对传统的救济式扶贫进行改革。自此,菏泽开始了开发式扶贫的实践探索。在此期间,为更好地带动农村贫困地区发展,1989 年 3 月 11 日,菏泽从地、县、乡党政机关和事业单位中抽调中青年干部分三批到基层挂职和包村,与此同时,山东省省直机关也选派了一批干部到菏泽挂职包村,该项工作为期三年,至 1991 年 4 月结束。此次选派地点主要是经济欠发达的落后乡村。驻村干部的主要任务之一就是发展农村经济,改变农村落后面貌 ①。

自《山东省农村扶贫开发纲要(2001-2010 年)》实施以来,菏泽市各级党委、政府按照省确定的"村为基础,整乡推进,区域规划,产业开发"扶贫方针,采取一系列的政策、措施,全市农民收入一直保持着稳定增长趋势。2001-2010 年先后分三期扶持了 58 个乡镇中的 669 个行政村。实施扶贫开发项目 58 个,总投资 78729.57 万元,其中财政扶贫资金 10415 万元,自筹 68314.57 万元。发展林果 33.12 万亩,瓜菜 15.9 万亩,家禽家畜 3399.55 万头 / 只,木材加工旋皮机 117 台,科技培训 11.41 万人次;修生产路 131.8 千米,架设低压线路 17.4 千米,打机井 3534 眼,建桥涵闸 488 座,开挖沟渠 59.5 千米;培训转移农村贫困劳动力 11354 人;扶持龙头企业 13 家,贴息贷款额度 11000 万元。通过十年的扶贫开发,项目区群众收入明显增加,贫困乡村基本生产生活条件得到了显著改善。农民人均纯收入由 2000 年的 2067 元增加到 2010

---

① 韩广洁主编,《百年沧桑:20 世纪的菏泽》,山东友谊出版社 2001 年版,第 224 页。

年 5812 元；贫困人口由 2001 年初省定温饱线 1000 元以下的 128.3 万人，减少到 54.09 万人，减少贫困人口 74.21 万人。

2011 年起，我国扶贫开发转入巩固温饱成果、加快脱贫致富、改善生态环境、提高发展能力、缩小发展差距的新阶段。菏泽市认真贯彻落实国家和省扶贫工作会议精神，按照"因地制宜，精准扶贫，工作到村，扶持到户"的要求，进一步推动产业扶贫。一是发展家庭养殖业。在饲草、秸秆资源丰富的贫困村，集中力量发展猪、牛、羊、鸡、兔等家庭养殖业，积极探索"滚动扶贫"的路子。共扶持贫困村养殖家畜 53361 头（只），家禽 242.34 万只。二是调整种植业结构。在适宜种菜、种瓜、种蘑菇的贫困村，大力发展蔬菜生产和其他多种经营项目，全市共发展优质粮食种植 23270.8 亩，特色瓜菜 36144.5 亩，林果 2718 亩，中药材种植 18884.5 亩。巨野县实施食用菌和蔬菜大棚项目，贫困村户均增收 2 万元以上。三是发展农副产品加工业。选择在部分有条件的贫困村安排小型加工项目，有 230 户贫困户受益，每户年均增收 2 万元。成武县孙寺镇郭楼村木材加工项目与本镇美森木业形成产供销一条龙，实现了企业农户双赢。

总体上，梳理精准扶贫之前的产业扶贫历程，可以发现，"十二五"前的扶贫开发虽然取得了一定成效，但也存在不少问题。其中，一个突出问题是未能将产业发展与产业扶贫有机衔接。在多数时候，产业发展与产业扶贫两条线，缺乏有机协调。而在开展产业扶贫时，则缺乏产业发展的理念，产业扶贫要么变成输血式、救济式的扶贫，要么缺乏产业经营的意识。特别是在 2000 年以前扶贫主要以生活救济方式为主，后期才转向产业开发为主。此一时期各级党委政府，尽管非常重视扶贫开发，但是并没有综合施策，未能从农村产业发展的角度统筹产业扶贫，在财政资金投入、配套政策支持、齐抓共管方面远没有形成合力。最终造成扶贫项目"输血的多、造血的少"，贫困对象缺乏自我发展后劲；扶贫资金"漫灌的多、滴灌的少"且管理不规范，效益难以充分发挥；重基础设施建设，轻扶贫产业开发，贫困群众增收不明显。

（三）转向产业扶持与产业扶贫有机结合

2014 年精准扶贫以来，菏泽市产业扶贫的理念发生了巨大转变。菏泽意识到必须通盘考虑产业扶持与产业扶贫，发挥政府的引导功能，使两者有机结合，互促互进，融合发展。

第一，突出政府引领。产业扶贫的落脚点在扶贫，手段则是产业发展。从落脚点看，扶贫具有鲜明的社会属性，必然要求政府在其中主导与引领，尤其是在利益分配机制上，必然要由政府来协调贫困人口如何参与农业产业化的链条，并共享农业发展成果；从手段看，产业发展是经济范畴，应该按照市场规律办事。不过，由于农业一直以来都是弱势产业，农业的劳动生产率低，自然风险和市场风险大，使得单纯依靠市场体制难以有效地推进农业现代化。上述两方面的原因决定了产业扶贫必然要坚持政府主导。从现代农业发展看，国家通过补贴等形式支持农业发展已经成为各国通行的做法。因此，产业扶贫一定意义上就是国家支持农业发展，引领农业产业转型升级。但不同的是，产业扶贫的使命是帮助贫困人口脱贫，因此在此过程中，政府还必须注意如何最大化地实现产业发展的带贫功能。菏泽经过多年农业产业化发展以及扶贫的经验积累，充分认识到政府主导的重要性。

第二，突出精准到户。菏泽实施了"一户一案"精准扶贫的方案。2014 年，全市按照"县不漏乡、乡不漏村、村不漏户、户不漏人、实事求是"的原则，利用精准数据筛查，共梳理出贫困户 437075 户、贫困人口 1237575 人，为全市扶贫开发工作做到"真扶贫、扶真贫"提供了科学依据。围绕解决"扶持谁、由谁扶、怎么扶"，对贫困人口建档立卡，实施动态管理，逐户建立精准扶贫手册，实现了"一户一案"全覆盖。根据贫困对象致贫原因和脱贫需求，实施了农业产业化扶贫、电商扶贫、光伏扶贫等十大扶贫措施，确保了扶贫政策资金利用精准化、扶贫效益最大化。对有致富项目、缺资金的，按需落实金融扶贫政策；对有创业愿望和一技之长的，加大信息、资金帮扶力度；对丧失劳动能力的，实施医疗救助、引导参与土地流转等，这些措施在实践中取得了良好效果。

第三，突出区域统筹。产业扶贫是一个系统工程，既要从经济发展的角度选择可持续的产业项目，又要考虑如何链接贫困人口，助推贫困人口发展能力提升，实现稳定脱贫。一方面在市场发挥资源配置决定性作用的背景下，在全国各地都在大力推行产业扶贫的情形下，如果不慎重选择产业扶贫的项目及其落地模式，很有可能造成产业项目的过度同质性，最终造成扶贫失败或者难以可持续。另一方面，产业项目的选择还要因地制宜因人制宜，即必须根据当地的自然禀赋、产业传统，以及贫困人口的人力资本特征选取合适的产业类型，否则产业项目也难以实现可持续发展。菏泽市充分认识到产业扶贫全域统筹的重要性，认为必须对各县区的产业扶贫进行整体布局，形成有机协调可持续的发展体系。在精准扶贫伊始，菏泽市在全国率先制定了扶贫三张图："全市贫困人口分布地图""全市省扶贫工作重点村分布地图""全市产业扶贫分布地图"。其中产业扶贫分布地图主要呈现全市产业扶贫项目的基本情况，分产业用不同颜色和图像标记，对项目的投资、规模以及扶持企业进行详细标示。通过编制扶贫项目地图，在空间上直观地显示产业扶贫的空间分布、进展情况以及薄弱点，有利于结合菏泽的地理空间、贫困分布空间、农业产业空间等全面优化产业扶贫项目的空间分布，增强产业扶贫的精准性，避免产业扶贫项目选择的盲目性。根据全市产业扶贫分布地图的动态变化，菏泽市对各县区的产业扶贫项目进行宏观布局和适时调整，以打造产业扶贫项目的区域化、规模化优势，最终实现产业扶贫项目的可持续发展。显示了菏泽 2011-2013 年重点扶贫乡镇产业项目情况。

第四，突出市场导向。在市场经济体制下，产业扶贫的关键是产业本身能否经受市场的考验，实现可持续发展。这就要求产业项目的选择要紧跟市场。菏泽市在区域统筹的基础上，以"一村一品"为抓手深入推进产业扶贫。菏泽市在上世纪 90 年代末提出"一村一品"的农业产业化发展思路，经过二十余年的发展，芦笋、牡丹、山药、大蒜等已经形成了良好的基础，积累了农业产业化的发展经验。这为产业扶贫的嵌入与推进奠定了良好的产业基础。在选择产业扶贫的项目时，菏泽根据各地的产业基础，将资金与技术注入相关产业，引导贫困人口参与到各类产业的发展中去。既推动了"一村一品"的产业化发展，也顺利帮助贫困人口稳定脱贫。目前，产业扶贫已经全面深入农村一二三产业。第一产业方面，涉及芦笋、山药、牡丹、中药材、水果等特色种植业，以及鲁西黄牛、青山羊、小尾寒羊等畜牧养殖业；第二产业则涉及纺织、服装、板材、条柳编等劳动密集型产业；第三产业则主要以电商、旅游业为主。这些产业的发展都坚持以市场为导向，依托龙头企业、合作社、家庭农场等新型经营主体，通过订单帮扶、土地流转、资产收益、股份合作等方式帮助贫困人口增收脱贫。

·专栏 4-1·

根植产业沃土　实现振兴梦想

产业是经济发展的基石，更是增收脱贫的依托。巨野县立足资源优势，制定《产业扶贫发展规划 2018-2020 年》，围绕种养加工、光伏、绘画、旅游等七大特色扶贫产业，创立"党建引领、基地带动、企业龙头、合作共建、东西协作、创业发展"的扶贫新模式，开辟"分红增收、务工创收、流转保收、辐射促收"的脱贫新途径，既让贫困户稳定脱贫，又兼顾了长远发展。2015-2018 年，全县共计投入扶贫资金 3.9 亿元，实施扶贫项目 620 个，形成收益性固定资产 3.7 亿元，产生收益 2117 万元。资金重点投向设施农业产业基地、农业龙头企业、劳动密集型企业，培育产业扶贫基地 27 个，惠及贫困人口 12.3 万人。

坚持园区引领　发展高效农业

巨野县充分发挥传统优势，建设现代农业园区，引领贫困户发展以大蒜、辣椒、大棚蔬菜、优质杂果为主的高效农业，扩大受益面，拓宽增收门路。目前，全县流转土地 30 余万亩，建设龙堌镇龙麟、太平镇勇冠、万丰镇巨丰等扶贫农业园区、生产基地 9 个，投入扶贫资金 2.9 亿元。推进种植业结构调整，全县种植大蒜 35 万亩，辣椒 30 万亩，受益群众 38 万人，其中贫困人口 3.6 万人，人均年增收 2500 元。大力发展高效农业，整合各类扶贫资金围绕农业加工项目，建设购销、加工扶贫车间 56 个,吸纳贫困人口就业 2000 余人。龙堌镇整合扶贫资金 9477 万元建设的龙麟现代农业示范基地,现有高标准日光温室大棚 300 栋,采取"公司+基地+农户+贫困户"的经营扶贫模式,由龙韵实业有限公司承包经营,12 个乡镇 3561 户贫困户从中分红受益,另有 26 名贫困人员在园区务工就业,年工资收入 1.5 万余元。流转收入、入股分红收入、务工收入,三条渠道铺就增收路,稳定长效脱贫有了坚实保障。

坚持龙头带动 产业链条助脱贫

巨野县整合扶贫资金,用足扶贫政策,发挥金融扶贫政策优势,全力推进肉鸭产业发展,形成源泉食品、润邦食品、恒业惠生等有引领力的龙头企业。大力发展加工、孵化、繁育、养殖为链条的肉鸭产业,种鸭养殖 60 万只,肉鸭养殖 40 万只,肉鸭日加工量 20 余万只,孵化 70 余万只,肉鸭产业规模位居全国前列。贫困群众根据家庭实际,在肉鸭产业链条上,或就业、或经销、或运输、或养殖,各谋其位,各受其益。总投资 7 亿元的巨野县鼎浩新能源有限公司 30MW 光伏发电项目和明盛日电太阳能科技有限公司 30MW 光伏发电项目于 2017 年 6 月全部并网发电,所得收益 725.4 万元,全部用于 2418 户 5222 名贫困人员补助受益。同时,建设的农业大棚项目,提供了 600 个就业岗位,让 900 余户群众得到固定的土地租金,实现经济效益与社会效益共赢的良好局面。在此基础上,全县举办技术培训班 40 期次,下派 50 余名技术员现场指导,选聘 6 名技术顾问定向帮扶,一批懂技术、会管理的农民技术员脱颖而出,不少贫困家庭因此有了经营致富能力,家庭收入有了可靠保障。

提升扶贫车间　实现就业保增收

巨野县按照"发展产业、培育人才，搭建平台，促进就业"的总体思路，整合扶贫资金，与优质企业对接，建设扶贫车间，实现一人就业，全家脱贫。2015年以来，全县共投入扶贫资金1.4亿元，建设运营扶贫车间219个，涉及26个产业门类，万丽服饰、即发针织、兆明针织、祥博服装等一大批知名品牌和国外订单蜂拥而至，带动务工就业7136人，贫困人员实现就地就近就业721人，人均年增收2.5万元。同时，扶贫车间每年增加村集体收入900万元，有效解决了村集体"空壳村"问题。运作过程中，克服建设用地少等不利条件，把助力脱贫和乡村振兴有机结合，以劳动密集型、产品名牌化为重点，瞄准优质企业，提升项目档次，让扶贫项目实现高质量发展，把扶贫车间发展成为脱贫车间、发展车间、致富车间。

擦亮金字招牌　书画绘就致富路

巨野县利用"中国农民绘画之乡、工笔牡丹之乡"这块金字招牌和巨幅工笔牡丹画《花开盛世》《锦绣春光》带来的口碑效应，大力发展绘画产业，搭建培训平台、组建书画学院、开拓销售市场，引导贫困家庭特别是留守妇女、残疾人加入画师队伍，让2600户贫困家庭摆脱困稳定脱贫。目前，巨野已拥有绘画专业村50个，专业户500户，绘画专业合作社43个，绘画培训创作基地12个，从事绘画、装裱、销售人员1.5万余人，年创作书画70多万幅，远销全国30多个大中城市及日本、欧美、新加坡等10多个国家和地区，书画产值超过5亿元，工笔牡丹销售量占据全国销售量的80%以上。巨野县鲁西画院5年培训农民画师1200人，其中18位身有残疾，380人是贫困人口。小小画笔，贫困群众从中得到的不仅是经济收入，更有一技之长。

在实践中探索，在探索中完善。巨野产业扶贫一路走来有经验也有教训，有波折更有硕果。展望未来，扶贫产业将融入乡村振兴的时代大潮，与时俱进，谱写更加绚丽的画卷。

立足产业项目　让贫困村变文明先进村

开发区陈集镇马楼村因地处偏僻、交通闭塞、经济落后，是贫困户较多村。在精准识别初期，全村没有一个产业，部分村民因村干部识别不精准没有当上贫困户而愤愤不平，村干部和群众关系紧张，村里矛盾突出，村民上访告状时有发生。

自 2018 年 2 月以来，陈集镇马楼村以党的十九大精神和习近平总书记提出精准扶贫精准脱贫重要讲话为指导，积极抓党建、上产业、促脱贫，率先实现了脱贫致富。

陈集镇马楼村 2017 年利用省财政专项扶贫资金 30 万元，投资金硕产业园建设了连栋塑料大棚项目；2018 年使用省财政扶贫资金 90 万元，分别在马楼村、天中合作社新建冷库各一座；2019 年使用省财政扶贫资金 60 万元新建钢结构厂房一座。四个产业扶贫项目已成为群众就地就近就业增收的"发展厂房""致富车间"，同时与村内环境提升工程、美丽乡村建设、省内扶贫协作等工作结合起来，从而实现贫困人口、村集体、企业等多方共赢，发挥了最大效益。

产业项目整体推进，扶贫效果明显。通过几年的努力，冷库储存、食品加工、金蝉养殖、葡萄种植已成为该村主导产业。产业集聚发展，不仅促进贫困家庭劳动力就近就地就业，增加贫困群众家庭收入，还能持续带动村集体经济长期发展。2017 年利用省财政专项扶贫资金 30 万元，投资金硕产业园建设的连栋塑料大棚项目，每年租金3.2万元，61户贫困户受益；2018年利用省财政专项扶贫资金90万元建设的2个恒温库项目，主要储藏山药、大蒜、蔬菜等品种，每年租金9万元，用工30人，帮扶贫困户113户315人，每户分红500元~920元；2019年，利用省财政专项扶贫资金60万元新建的钢结构厂房一座，主要加工面条、面叶、蔬菜等项目，年租金6万元，用工30人，帮扶贫困户77户199人。2020年，马楼村的可持续增收项目带动村集体年增收16.8万元。

生产力水平和生活环境全面改善提升。积极引导农民流转土地1100亩，发展金蝉养殖基地50亩、秋葵种植基地50亩、明珠葡萄园200亩、绿化苗木基地800亩，创建"党建+村集体+合作社+贫困户"发展模式，实施农村一二三产业融合发展，为贫困户和村民提供了更多的就业机会和岗位，促进了贫困户增收致富。同时，新修农村公路2.5公里，户户通10公里，新修下水道1000米，铺垫路肩1000米，安装路灯300盏，清理低压线路400米，检修自来水管300多户；硬化社区篮球场350平方米，安装健身器材2处；完成7户贫困户危房改造，完成农村厕所改造533户；按照招标程序，建设了700平方米的社区服务大厅、两委议事室、党员活动室、留守儿童图书室、空巢老人活动室、文化广场和乡村舞台一体化综合社区服务中心。村民生产日渐便利，群众的生活条件明显改善，村容村貌得到全面提升。

干部敢担当，贫困村建成先进村。洒下辛勤汗水，赢得硕果盈枝。几年来，马楼村各项工作逐年进步，深得群众的一致好评。该村2018年被评为区级"基层组织建设工作进步村""流转土地创新工作先进村""农村移风易俗工作先进村"。2019年，马楼村党支部被评为市级

"先进基层党组织""卫生计生工作先进村""脱贫攻坚工作先进村""规范化村庄建设工作先进村"。

二、优化特色农村产业体系与创新融合发展模式

习近平总书记指出，产业增收是脱贫攻坚的主要途径和长久之策，现在贫困群众吃穿不愁，农业产业要注重长期培育和发展，防止急功近利[1]；要改善经济发展方式，重点发展贫困人口能够受益的产业，如特色农业、劳动密集型的加工业和服务业等[2]。菏泽市以脱贫攻坚统揽经济社会发展全局，将产业扶贫与乡村产业振兴有机衔接，不断优化特色农业产业体系，创新融合发展模式。既保证了产业扶贫的长效性和可持续性，又促进了农村产业的转型升级，还带动了农村非贫困人口的充分就业和资产收益，促进了农村相对贫困问题的解决，为乡村振兴打下了良好的基础。具体而言，菏泽市因地制宜，统筹产业扶贫与产业发展，推动农林产业扶贫、扶贫车间、电商扶贫等特色产业扶贫项目，助推农村产业的融合发展。

（一）特色农林产业扶贫与农业产业化发展相统一

菏泽自上世纪90年代开始积极调整农业种植结构，推进农业产业

---

① 中共中央党史和文献研究院编，《十九大以来重要文献选编》，中央文献出版社2019年版，第232页。

② 中共中央党史和文献研究院编，《习近平扶贫论述摘编》，中央文献出版社2018年版，第81页。

化发展，虽然与发达地区的农业产业化仍存在巨大差距，但也奠定了一定的产业基础。精准扶贫以来，菏泽对全市下辖各县区进行统筹规划，依托已有产业种植优势，出台相关产业扶持政策，利用产业扶贫资金进一步推动农业产业化发展，促进农业产业转型升级，带动贫困人口稳定脱贫。在产业扶贫的模式上主要采取瞄准型产业帮扶和资产收益式扶贫，两者相辅相成，互相促进。尤其是资产收益式扶贫模式的实践，激活了农林产业化的活力，既保证了贫困人口稳定脱贫，提升了新型农业经营主体创业的信心，也带动了非贫困人口的就业和资产收入，解决了相对贫困问题。

一方面，瞄准型产业帮扶主要以村落为项目实施单位，利用到村的产业扶贫资金带贫困户选择合适的产业项目，发展生产，实现脱贫增收的目的。这一模式的要点在于产业扶贫的资金直接到户，实现了精准扶贫精准到户的目的，而且这种到户的产业扶贫对贫困户收入的提升具有更明显的效果。但这一模式的潜在风险是，农业生产面临自然风险和市场风险的双重压力。同时，特色种养殖往往对生产技术有一定要求，不少贫困户即使通过了培训，但在短期内顺利掌握技术也比较困难，生产技术上也面临一定风险。为此，菏泽市在开展瞄准型产业扶贫时，注重以市场为导向，因地制宜，优先选择有一定特色农业基础的村庄进行，在此基础上辐射带动其他贫困村。这些有一定特色农业基础的村庄经过多年的发展探索，不少已经初步形成"一村一品"的产业格局，积累了成熟的种养殖经验，形成了一定的产业规模，以及稳定的市场体系，有的甚至已经形成一二三产业融合的态势。成熟的产业体系，降低了瞄准型产业帮扶的自然风险、市场风险以及技术风险，给予了贫困人口稳定的发展预期。从具体实施的方式看，有的是直接给贫困户购买生产资料，引导农户调整种养殖结构；有的是村落集中建设扶贫大棚等生产设施，然后出租给贫困户。同时，针对贫困人口的能力不足，还为贫困人口提供生产技术培训等服务。如成武县2014年扶贫开发项目总投资2166.01万元，其中省级以上财政专项扶贫资金840万元，群众投资投劳1326.01万元。使用情况如下：种植大蒜6400亩，使用省级以上财政扶贫资金480万元；新建蔬菜大棚300个，使用省级以上财政扶贫资金60万元；种植辣椒500亩，使用省级以上财政扶贫资金30万元；养羊3400只，使用省级以上财政扶贫资金240万元；购买杨木旋皮机75台，使用省级以上财政扶贫资金30万元。定陶区2015年已扶持或正在扶持82个贫困村实施扶贫开发项目，累计投放财政专项扶贫资金2955万元，群众筹资投劳4126万元。发展蔬菜、食用菌、大棚西瓜等2354亩，发展林果1000多亩，油用牡丹1260亩，发展养羊6078只，养兔5325只，新打机井21眼，成立扶贫互助协会23个。扶持贫困户7841户，受益人口27444人，已实现脱贫3476户，14223人。

另一方面，资产收益式扶贫主要是指以优势产业为平台，将资金、土地、劳动力等各类资源进行整合，并由经济实体进行市场化运作，使贫困户获得稳定的资产性收益，帮助其稳定脱贫的一种扶贫方式[①]。在菏泽脱贫攻坚的实践中，资产收益式扶贫是在瞄准型产业扶贫的基础上逐渐发展出来的。瞄准型产业扶贫带动了特色种植业、养殖业、林业的发展，但这一模式也存在瓶颈。一是瞄准型产业扶贫主要适合具备一定劳

---

① 李卓、左停，《资产收益扶贫有助于"减贫"吗？》，《农业经济问题》，2018第10期。

动技能的贫困人口，但随着脱贫攻坚的推进，剩余的未脱贫人口大多是老弱病残，基本没有能力自己发展生产，如何将这部分贫困人口纳入产业发展的链条中，就成为必须要思考应对的问题。二是瞄准型产业扶贫主要以村为单位，进行产业布局，产业项目在空间上还是呈零散分布，未能集中连片，产业规模难以进一步扩大，且难以进一步延伸产业链，不能适应农业产业化不断升级提档的需求。在此背景下，菏泽市开始按照"整合项目、聚集资金、整体开发、集中连片、示范带动"思路，统筹推进资产收益式扶贫。各县区开始以县乡为单位将各村扶贫资金进行整合，建立集中连片的产业扶贫基地，打造现代农业产业园，壮大产业规模，实现产业转型，提升产业效益，增强产业带动脱贫能力。产业扶贫基地主要采用"政府投资、新型农业经营主体运营、贫困村资产收益、贫困户入股分红"的经营模式。所有基地承包给新型农业经营主体经营，承包方每年大约按扶贫资金投资额的 10% 分红，各村按资金投入比例分红，其收益主要部分用于各村贫困人口脱贫，少部分用于村公益事业。依托扶贫基地这一产业扶贫平台，贫困群众还可以通过土地流转、基地务工等多途径增加收入。如牡丹区在 2016 年投资 8100 万元建设 10 个扶贫基地 600 座大棚，搭建产业扶贫平台，既壮大了村集体经济，带动了贫困户增收，又促进了产业发展。采用"政府投资、企业运营、贫困村资产收益、贫困户入股分红"模式，所有基地承包给企业经营，租金全部由乡镇分配给行政村，原则上每个村享有 2 个棚的收益，其中 80% 用于扶贫脱贫，20% 用于村公益事业。企业承租后，提供全部生产性投资，贫困户以劳动力和少量资金入股，双方就大棚产出按股分红。定陶区 2016 年筹集资金 5600 万元，在 12 个镇街建设扶贫大棚基地12处、扶贫大棚1120个。按照"折股量化、保底收益"方式，入股茗嘉兴、荃富、瑞麟等16个专业合作社和其他种植主体，每年按10%的比例固定分红560万元，收益期15年，主要用于省扶贫工作重点村以外的295个集体经济空壳村和薄弱村，解决贫困户脱贫和集体经济空壳问题。建成后，可直接带动3100余户贫困户脱贫。成武县2018年按照"整合扶贫资金、建设产业园区、实施生态种植、龙头带动销售"的模式，高标准打造了菏泽市（成武县）扶贫综合开发示范基地、苟村太空蔬菜基地、汶上张楼有机蔬菜产业园、党集艾克尔农场等一批示范园区，承租给专业公司运营。其中，菏泽市（成武县）扶贫综合开发示范基地是整合扶贫资金的示范区，共投入整合资金9475.6万元，整体流转土地1847.7余亩，建设冬暖式高温扶贫大棚457个，岗位优先使用贫困户，租金收益全部用于扶贫工作。下面是定陶区运用资产收益式扶贫的一个典型案例。

专栏 4-2

农民合作齐抱团　互利共赢助攻坚

当前定陶区农民专业合作社呈现出覆盖领域不断拓展、带动能力不断增强的局面，"合作社（家庭农场）＋基地＋农户"的产业扶贫模式已成熟，并为助推全区脱贫攻坚工作发挥了极为重要的作用。

定陶区黄店镇益民蔬菜种植合作社成立于2010年11月30日，主要从事优质蔬菜种植和蔬菜新品种、新技术的引进与推广、专业化蔬菜育苗等业务。近年来积极探索"合作社＋基地＋贫困户"的新模式，引进了现代化一流的育苗设备，在提高合作社效益、增加贫困户就业方面探索出了脱贫攻坚的新路子。

2017年利用整合扶贫资金560万元，自筹资金300余万元，建成了一座占地6000平方米的钢架结构连栋育苗温室，9个高标准智能日光温室，18个普通日光温室。在此基础上，黄店镇政府锦上添花，2018年整合中央扶贫资金90万元，对基地苗床、水肥一体化设施、散热器等进行提升改造，该项目已获得了显著效益。一是保底固定收益，稳定无劳动能力的贫困户的家庭收入。该项目2018年共投入中央专项扶贫资金90万元，根据所购设备使用期限，连续收益15年，每年分别向3个项目村支付不低于9万元的固定收益分红，加上2017年72万元收益分红，对无固定收入的贫困户来说，无益于雪中送炭。二是带动贫困户就业。育苗基地年育苗量达到了2000万株以上，日常用工60-80名，贫困户近26名，每天60元左右，帮助了周边农民增收和贫困户脱贫。三是实现"三个优先"做好贫困户土地流转。首先合作社每年以高于市场15%的流转价格，以每亩地1600元的租赁费用，优先流转贫困户的土地、优先雇用他们在基地打工就业、优先收购他们的育苗产品。

益民蔬菜种植合作社的成功经验还在于通过产业扶贫的项目运作实现了地区农业产业结构的调整优化，延长了蔬菜生产的产业链。从直观收益看，当地农民在培育菜苗成本方面有了显著下降，提高了当地蔬菜生产的市场竞争力。

（二）扶贫车间与农村二三产业的转型升级相统一

菏泽在全国率先开启了扶贫车间的产业扶贫。这一实践创新最早源于菏泽市扶贫办在基层考察时发现的农村代工生产点。2015年11月，菏泽市委副秘书长、市扶贫办主任蔡维超在鄄城县董口镇代堂村调研时，发现该村有 7 处利用闲置房屋或搭建简易帐篷的人发制品加工点。这些加工点是农民自发建立，为企业从事代工生产，吸引了本村一些老年人、留守妇女等"弱势劳动力"就业。这一现象引起蔡维超的重视，他意识到这种乡村草根加工车间如果加以引导升级成为扶贫车间，有可能成为带动当地贫困群众脱贫增收的有效手段。菏泽市扶贫办随即对扶贫车间的产业基础，贫困人口的人力资本等进行了深入调查。调查发现，改革开放以来，菏泽的乡镇企业发展虽然相对缓慢，但多年来还是积累了一定的产业基础，产业门类齐全，包括农副产品加工、纺织、服装、板材、条柳编、人发加工等等。与此同时，近十年来，由于沿海发达地区产业转型升级加速，不少劳动密集型产业正往内陆欠发达地区转移。对这些劳动密集型产业而言，内陆城市地区的劳动力价格虽然比沿海城市低，但近年来上涨也较快。如何控制企业用工成本成为这类企业能否生存发展的关键。另一方面，通过精准识别发现，全市 55% 以上的贫困人口具备劳动能力，但有的文化程度低，有的超过法定劳动年龄，有的因病因残不宜外出打工，有的因照顾老人、孩子不能外出打工。因此，在农村贫困地区建立扶贫车间，对促进本土劳动密集型产业的进一步发展，以及吸引沿海发达地区产业转移都具有很好的促进作用。而对急于脱贫的贫困人口而言，这类产业的到来能够满足他们就近就业的需求，而且从生产技术看，很多留守妇女、老人大多能够胜任。由此，菏泽开始在全市范围内推广扶贫车间，出台菏泽市《扶贫车间财政扶持办法》《扶贫车间金融扶持办法》《扶贫车间规范管理办法》等文件，对扶贫车间建设运营做出了详细的规定，并实行税费、用地等优惠。在产权归属上，明确规定由政府、集体投资或使用财政专项扶贫资金以及部门、企业、个人等援建的，要和村集体签订资产移交合同，产权归村集体所有，租赁收入70%用于扶贫，其余30%用于村公益事业。目前，根据扶贫车间使用主体的不同，形成了"龙头企业布点、返乡创业人员承租、'互联网+'推动、本地能人创办、传统产业带动、新型经营主体引领"六种运行模式。

课题组在菏泽调研期间，曾先后深入鄄城、曹县、成武、定陶等县区的多个扶贫车间进行调研，对上述六种类型的扶贫车间都进行了深入调查。这里仅以鄄城县闫什镇沈口村扶贫车间为例进行说明，以反映扶贫车间在助推当地二三产业发展中的作用及其带贫效果。沈口村扶贫车间的企业主是典型的返乡创业人员。其早年为国营服装厂职工，后企业经营效益不好，从企业下岗。之后在城市打工，从事的行业仍是服务业。在积累了一定经验后，开始在菏泽市区创业，当时用工规模达到20多人。但后来逐渐陷入困境，主要表现为工人不好招聘。主要原因是工资不高难以吸引工人，尤其年轻人不愿意干。正当考虑为下一步如何发展之时，偶然间她听说鄄城的扶贫车间项目正在引进企业。经过权衡之后她认为农村地区的劳动力丰富，且价格相对较低，正好适合自己的企业需求，于是在2015年回家乡鄄城承租扶贫车间，将企业入驻。该企业主在闫什镇共承租了四个扶贫车间，每个车间400平方米，每年租金1万元/个，共4万元。租金交给村集体，村集体再分配给贫困人口，助其脱贫。该扶贫车间的生产模式是来料加工，主要为法国一家服装企业生产儿童服装。一般工人的工资为计件，一个月大概在2200元左右，高的可达3000元以上。此外，还雇有门卫、清洁工等。车间中午提供午餐。工人上班时间较为自由，没有严格的上下班时间，以方便工人兼顾家庭。目前在车间工作的贫困人口为15人，高峰时达到30人左右。从本案例即可看出，扶贫车间在农村产业发展和贫困人口脱贫方面确实发挥了巨大作用。扶贫车间的成功也可以回应产业发展的有关争论，即产业是否一定要在空间上集聚才能产生效益。从菏泽的经验看，在农村基础设施不断健全，通信交通不断便捷的情形下，一些劳动密集型产业是适合分散到农村地区发展的。就如本案例中，该企业主在四个村承租扶贫车间。当调查组询问车间的分散是否增加运营成本时，她说基本上没有，因为道路交通都很便捷。由此可见，扶贫车间有着稳定的发展预期，能够成为贫困人口脱贫致富的幸福车间。

从脱贫攻坚的角度看，扶贫车间的初衷是帮助贫困人口实现就近就业，增加收入，最终实现脱贫目标。不过，从产业发展的角度看，扶贫车间的创举还有着更深远的发展意义。从乡村产业振兴的角度看，扶贫车间的嵌入有助于推动乡村产业的转型升级，助推乡村二三产业的快速发展。从农民增收的角度看，扶贫车间增加了农村那些非贫困但转移不出去的剩余劳动力的就业机会。这些流不动的农村剩余劳动力大多是妇女、老人、残疾人等弱势劳动力，他们拥有一定的生产能力，但确实难以在市场竞争激烈的城市市场立足，而且这些人往往还肩负照顾小孩等家庭事务，事实上也不太可能进入城市劳动力市场。扶贫车间的出现，无疑给了他们充分就业、增加家庭收入的机会。由此，从解决相对贫困问题的角度看，这部分非贫困剩余劳动力收入的增加，实际上也是解决了农村相对贫困问题。

（三）电商扶贫与农村一二三产业融合发展相统一

国家"十三五"脱贫攻坚规划中，明确提出要发挥电商在产业扶贫中的重要作用，希望通过发展电商，助推农村产业发展，带动贫困人口脱贫。在农村地区发展电商具有多方面的功能：它能够帮助农村产业更好地对接市场，降低市场风险；它也能够缩短产销之间的中间环节，将利润更多地留给生产者；它还能带动农村地区的产业发展，促进就业等等。就菏泽农村电商产业和电商扶贫的实践来看，其走的是一二三产业融合发展的道路。

菏泽市在 2009 年开始出现农村电商的萌芽。当时第一个农民电商商户出现在曹县大集镇丁楼村。丁楼村也成为菏泽市第一个淘宝村。大集镇"淘宝村"的成功实践，使地方政府树立了"抢先"的发展理念，认识到在互联网面前先发地区和后发地区机会平等，谁见事早、行动快，谁就能捷足先登，实现领先发展。菏泽市通过政府政策、资金、人才等方面的扶持，逐渐构建了成熟完善的电商服务体系，推动了农村电商全覆盖，同时不断推进农村电商转型升级，推动电商集群发展，打造电商产业园区。经过近十年的发展，阿里研究院发布的《中国淘宝村研究报告（2018）》显示：菏泽市有淘宝村 267 个，占全国淘宝村总数的 8.34%，淘宝镇 35 个，占全国淘宝镇总数的 9.64%，数量均居全国地级市第一。其中，曹县电商的发展最为迅速，经历了 1.0、2.0、3.0 三个发展阶段，即从以大集镇丁楼村、孙庄村等草根创业为代表的电商发展 1.0 阶段，到以淘宝产业园为标志的电商发展 2.0 阶段，再到以"宜产、宜居、宜业、宜游"的 e 裳小镇为象征的电商发展 3.0 阶段。截至 2019

年，曹县淘宝村发展到 124 个，淘宝镇达到 13 个，被阿里巴巴评为全国第二"超大型淘宝村集群"；电商企业增长到 4000 家，网店增加到 5.5 万余家，带动 20 万人创业就业，其中，年网络销售额过亿的店铺 6 个、过千万的店铺 100 个，天猫店 500 个。形成了三大产业集群和一个跨境电商产业带。一是"中国最大的演出服产业集群"，演出服销售占淘宝、天猫的 70%。二是木制品产业集群，木制品销售占淘宝、天猫的 40%，京东的 50%。其中，睿帆工艺小家具位列天猫销量全国第一。三是农副产品产业集群，曹县已经形成了以芦笋、黄桃、烧牛肉等为主要网销产品的农产品上行产业集群。芦笋种植 16 万亩，年产 15 万吨，出口量占全国的三分之二。

从脱贫致富的角度看，菏泽市农村电商的抢先发展为精准扶贫以来的脱贫攻坚战打下了良好的产业基础。不少贫困户在精准扶贫以前就通过电商带动实现脱贫，而不断成熟的电商产业体系，则为电商扶贫提供了很好的产业环境。菏泽市把电商扶贫作为十大脱贫攻坚工程之一，通过行政推动、宣传发动、培训促动、平台驱动、典型带动、配套联动"六动"措施，大力扶持贫困户从事电商产业，促进电子商务与精准扶贫深度融合。一是行政推动。市政府出台了《菏泽市电商扶贫专项实施方案》，对所有建档立卡贫困户进行摸底排查，将全市贫困户中有能力发展电商的 11211 人作为电子商务扶贫目标，并提出了"一条网线、一台电脑、一个网店"工程，即免费为贫困户提供宽带、电脑、装修店铺。其中，2015-2016 年全市就投资了 500 万元对 1485 户、3415 名贫困群众实施了电商扶贫。电商的快速发展还能带动贫困人口就业。菏泽市充分利用农村电子商务可就地就近就业、条件限制少等特点和产业链长、可在多个环节提供就业的优势，大力推动"一人一岗"电商扶贫。在大力培植有能力的贫困群众多开网店的同时，还积极组织电商厂家根据贫困群众的不同情况，优先安排在加工、包装、快递等岗位，实行"一人一岗、送岗上门"服务，初步探索出让贫困群众就地就近就业的"造血式"电商扶贫路子。二是宣传发动。菏泽市电商领导小组办公室创办《村淘在线》期刊，为农村淘宝合伙人搭建交流平台。利用网站、微信、微博等新型媒体，以灵活快捷新颖的方式，向社会传递电商资讯。针对贫困群众获得信息渠道少的情况，依托电视、广播、报纸等传统媒体，在全省首家专门开设了《电商·扶贫》频道，宣传电商扶贫政策和典型案例，传授电商技能。三是培训促动。把培训作为快速起步、支撑电商发展的重要方式，开展多层次、全方位的培训活动。与阿里巴巴集团合作，在郓城县建设了淘宝大学第一个分校，使广大干部群众就近享受正规、系统的专业培训。发挥职能部门作用开展培训，市人社、民政、工会、团委、妇联、残联等部门列出专项资金，开展"返乡圆梦""退役军人和下岗职工自主创业"等特色培训。加大电商扶贫的系统培训和专项培训力度，把电商扶贫培训纳入"两后生"培训范围，列入年度计划。邀请专家、教授、电商操作能手等，针对不同致贫原因，分门别类进行技能培训。同时，积极引导广大电商开展结对帮扶活动，通过店铺吸纳就业或开办电子商务培训班，传授贫困户网络营销知识；个别贫困户文化水平较低、接受能力差，开展有针对性生产技能培训，帮助其加入产品生产、加工环节。四是平台驱动。把借力国内大型电商平台作为推动电商发展的捷径，狠抓了与阿里巴巴、京东等大型电商企业的合作。同时，狠抓市内自建自营电商平台的建设。五是典型带动。把发现典型、培育典型、推广典型作为推动电商发展的有效手段。推广"郓城模式"，加快基层电商服务体系建设；推广"大集模式"，抓好电商村镇培育；推广"天华模式"，加速了电商园区发展。支持各部门运用典型推动电商发展。如市妇联组织实施"巾帼电商行动"，商务、经信等部门推广单县朱氏药业、东明康迪妇幼用品线上线下融合互动经验，以及曹县曹普工艺、鄄城尚凯发制品跨境电商经验。六是配套联动。2016 年菏泽市设立规模为 5 亿元的引导基金，并与清华大学、山东科学院、山东工艺美院等签署战略合作协议，为电商产品研发、文化创意提供智力支撑，助推电商发展。市扶贫办设立 2016 年度特色产业扶贫基金扶持电商项目总投资 758.7 万元，在 5 县 24 个村开展电商扶贫。市人行创新抵押质押担保方式，协调发放淘宝产业贷款。强化网络基础配套，实施光纤入村，建成了全省第一个、全国第二个"全光网"城市。实施"快递下乡"工程，推进快递公司在乡镇设点布局，市县乡村四级物流配送体系日趋完善。

从区域脱贫和区域一二三产业融合发展的角度看，菏泽市农村电商的异军突起还具有更深远的发展意义。它阐释了如何快速有效地在贫困落后地区实现整体性脱贫并最终实现赶超式发展。就菏泽农村电商扶贫而言，实际上是回应网络化时代的多元化消费需求，将网络营销方式与自身的产业相融合，从而将区域性生产与全国乃至全球的市场空间相对接，既增加了利润空间，又扩大了生产，在推动了区域整体脱贫的同时，又助推了区域性产业形态的转型升级，实现了区域经济的跨越式发展。区域经济的崛起，也带来了社会结构的深层变迁。有研究指出，电商为小乡村带来了大市场，大市场推动了乡村的经济生活的重组，建构了一个线上线下开放的经济秩序；经济秩序的变动触动了传统乡村的权威结构，基于传统文化的资历权威依然存在，家业兴旺则让能力权威从传统结构中分离出来并赋予了年轻人，形成了双雄并立的社会秩序；助力和引领乡村电商发展、积极为市场和社会提供政策保障，推动了政府职能转变，让政府服务融入乡村发展的大局之中，扮演组织者角色，重塑了乡村的政治秩序[①]。

·专栏4-3·

曹县"电商＋产业＋贫困户"开启精准扶贫新模式

一、农村电商助力脱贫

曹县电商的快速扩张带来了乡村产业的兴旺，形成了特有的"一核两翼"模式，即以农民的大规模电商创业就业为核，电商平台与服务型政府双向赋能为两翼；呈现出"3+1"模式，即演出服饰、木制品、农特产品三大产业集群加一个跨境电商产业带，促进了整个县域经济的转型。2018年，曹县电子商务销售额达158亿元，淘宝村113个，成为全国十大"推进农产品流通现代化、积极发展农村电商和产销对接工作"典型县之一，并被国务院列入《2018年落实重大政策措施真抓实干成效明显的地方名单》，成为全国最大的演出服产业集群、全国第二大淘宝村集群。电商的发展为曹县的扶贫工作带来了契机和转折点，2018年底，曹县实现1000名贫困人口依托电商产业链创业就业实现脱贫，带

---

① 邱泽奇，《三秩归一：电商发展形塑的乡村秩序——菏泽市农村电商的案例分析》，《国家行政学院学报》，2018年第1期。

动 2000 户贫困群众脱贫增收。仅三年时间,曹县 12 个省级贫困村发展成为"中国淘宝村",实现了"整村脱贫"。全县通过电商直接带动脱贫 2 万余人,占全部脱贫人口的 20%,走出了一条电商带动脱贫致富的新路子。

二、模式机制推动脱贫

在广泛调研、征求意见、统一共识的基础上,曹县喊出了"政府帮""企业带"的口号,采取了为贫困群众免费电商培训、资助小额贷款等措施,引导支持贫困群众开网店、从事网货生产销售及相关产业等,初步形成了线上线下互动、农户客户直通、增收增智并重的电商扶贫新局面,大大加快了脱贫进程。

(一)免费电商培训,实现"造血"脱贫

政府开展多种形式的定向培训、扶贫培训,先后开展了"电商扶贫培训""千村万人大培训"等一系列电商培训活动,全县每年培训 10000 人。通过集体培训与个人指导、系统培训和专项培训相结合的方法,让贫困户充分掌握网上销售的方法和技巧,成功开设淘宝店铺,并为有条件开设网店的贫困群众免费配送电脑。70 岁的任庆勇,丁楼村人,通过县里举办的电商培训,学会了网店操作后,自己打理网店,仅 2015 年一年就挣了 12 万元,成为全国年龄最大的淘宝店主,是当地有名的"一指禅"。

(二)建设扶贫车间,推动"集体"脱贫

曹县付海村是省级贫困村,村委会利用专项扶贫资金建设了扶贫车间,并购置 2 台电脑绣花机,3 台激光切割机,全部租赁给电商企业,增加了村集体收入,实现贫困村"摘帽";通过开办的电商企业吸纳贫困户就业，实现贫困户脱贫。全县有扶贫车间943个，其中电商企业使用扶贫车间带动贫困户脱贫增收的占到20%。

（三）淘宝村"一村一品"，利用品牌扶贫

曹县通过打造"一镇一业，一村一品"电商品牌，创建更多的"淘宝村"、电商村，带动更多贫困群众脱贫。曹县有113个淘宝村达到"一村一品"标准，12个省市贫困村一跃成为"淘宝村"，实现了整村脱贫。其中有5个村甚至实现了"一村多品"，既有演出服，还有木材加工、蔬菜种植等产业，带动了贫困户脱贫。

三、"让农业成为有奔头的产业，让农村成为致富空间"

总体上看，精准扶贫以来菏泽市产业扶贫取得了巨大成效。截至2020年底，菏泽市实施产业扶贫项目5282个，项目总投资约53亿元，项目个数、资产额并居全省首位，累计实现产业扶贫项目收益约5.5亿元，惠及全国人口139万人次。除了带动贫困人口脱贫，产业扶贫在助推农业一二三产业融合发展、实现农业产业转型升级方面都取得了显著成效。在新时代乡村振兴的背景下，让农业成为了有奔头的产业，让农村成为了致富空间。具体而言，菏泽市产业扶贫的成效主要体现在以下四个方面。

（一）农村产业转型升级不断加快

菏泽把实施创新驱动战略与产业发展有机结合，推动了经济的结构优化和产业的转型升级，"一村一品"专业镇达到46个、专业村达到 1572 个。如定陶区近年来积极探索"合作社＋基地＋贫困户"的新模式，大力推进蔬菜种植向高端产业转变。引进了现代化一流的育苗设备，在提高合作社效益、增加贫困户就业方面探索出了脱贫攻坚的新路子。该区黄店镇益民蔬菜种植合作社利用整合扶贫资金建设占地 6000 平方米的钢架结构连栋育苗温室，年育苗量达到了 2000 万株以上，日常用工 60-80 名，贫困户近 20 户，每天 60 元左右，帮助了周边农民增加收入和贫困户脱贫，实现了产业发展、企业盈利、农民增收多方共赢。郓城县李集镇仲堌堆村充分发挥本地优质沙瓤西瓜特点，延伸产业链条，创新研制西瓜酱，并利用"互联网＋"推介品牌，促进贫困户脱贫致富，该村利用扶贫资金建设淘宝服务大厅，发展"淘宝"户 50 户，为打造"淘宝专业村"打下良好基础。

••••• 专栏 4-4 •••••

产业基地＋扶贫车间 一人就业全家脱贫

成武县党集镇采用整合扶贫基金，打造大型农场，增加项目竞争力；利用返乡创业人员带来的新技术，建立新型扶贫车间，成功利用产业脱贫，实现一人就业，全家脱贫。

在党集镇胡楼村艾克尔农场，郁郁葱葱的大棚蔬菜绿意盎然，村民正在有序地干农活。村民陈翠荣说，"老伴身体不好，没法下地干活。在农场干活一天能挣 60 多元，离家也近，方便照顾老伴"。

艾克尔合作社负责人董胜利介绍，艾克尔农场现在有高温大棚 32 个、育苗恒温棚 1 个，分别种植茄子、西红柿、草莓等，全部采用有机种植，施用有机肥、实现肥水同源。合作社采用统购统销的模式，订单化种植，在保证承包户有稳定收益的同时吸引大客商前来预定果蔬。

艾克尔农场共建设扶贫大棚32座，带动贫困户450人，成为集农业扶贫、采摘、观光为一体，辐射全镇，扎根一产、接轨二产、承接三产的"新六产"农业综合体，在加速脱贫攻坚进程的同时，进一步调整优化了全镇产业结构，为加速实现"乡村振兴"提供了坚实保障。

据该镇工作人员介绍，"党集镇以胡楼村为试点，整合专项扶贫资金700万元，引进社会资金近千万，流转土地1000余亩，打造20村联建的艾克尔农场扶贫观光综合体项目，解决就业100余人，每年租金50万元，70%的租金用于扶贫户分红，30%的租金用于扶贫村的公共事业"。

在党集镇闫庄村的扶贫车间，工人们有条不紊地生产汽车防滑链。据该企业负责人闫德帅介绍，公司研发的汽车防滑扎带产品畅销国内二十多个省市自治区，还大量出口东南亚、欧洲、美洲等国家和地区，并与国内一些大型厂家、俄罗斯等国家建立了长期友好的合作关系，公司在天猫商城、阿里巴巴平台推出多款产品受到了市场的广泛欢迎。

去年党集镇党委政府将闫庄村和孙海村扶贫资金整合，在闫庄村投资28万元，建设800平方米的扶贫车间，并将山东天舍塑料制品有限公司引入闫庄村两村联建的扶贫车间，通过制作塑料制品、研发汽车用品，解决周边100多名家庭妇女以及10户贫困户就业难题。

闫德帅为党集镇返乡创业人员，怀着对家乡的感情，愿意为家乡做贡献的心愿，经过认真考察之后，他决定返乡创业，利用村内已建成的800平方米扶贫车间，成立了天舍塑料制品有限公司，主要从事汽车防滑链生产。所生产的汽车防滑链是一种冬季汽车出行必备的交通辅助工具，广泛使用在雪地、冰地、泥泞的路面上，能够有效地防止车体侧滑，极具防滑效果，能够有效地防止意外交通事故的发生。

现年39岁的闫庄村民刘保安因腿部残疾致贫，他现在在闫庄的扶贫车间工作。刘保安说，公司充分考虑到他的特殊情况，让他制作汽车防滑链布带，只需要动手操作机器，不用来回走动，一个月也有不少收入。成功实现了脱贫。

（二）农村集体经济不断发展壮大

通过发展产业扶贫项目，盘活农村耕地资源、林地资源、劳动力资源、旅游文化资源、闲置资产等各种资源要素，增强贫困村自我发展的内生动力，进一步拓宽了贫困村集体收入来源，为菏泽市村集体经济发展打下坚实基础。扶贫项目部分收益可用于发展村内公益事业，村委会有了资金，能为群众做更多服务，得到群众认可，村干部的号召力也随之提升，有效激发了村两委干部干事创业激情，增强了基层组织的凝聚力，促进了群众物质和精神"双脱贫"。如定陶区立足产业发展实际，结合群众需求，筹集资金5600万元，在12个镇街建设扶贫大棚基地12处、扶贫大棚1000余个。按照"折股量化、固定分红"方式，入股茗嘉兴、荃富、瑞麟等16个专业合作社和其他种植主体，每年按10%的比例固定分红560万元，收益期15年，主要用于省扶贫工作重点村以外的295个集体经济空壳村和薄弱村，项目直接带动3100余户贫困户脱贫。牡丹区皇镇街道夹河赵村结合本村自然资源及区位优势，建设特色农业种植观光园区，发展了草莓种植采摘、肉牛繁育养殖、恒温冷库、扶贫车间等项目，成功摘掉了经济空壳村的帽子。

（三）贫困群众收入持续稳定增长

依托龙头企业、合作社、家庭农场等新型经营主体，通过订单帮扶、土地流转、资产收益、股份合作等方式，探索出了"政府投资、企业运营、贫困村资产收益、贫困户入股分红"的扶贫资金使用新模式，实现了选准一个产业、带动一批项目、造福一方百姓的目标。鄄城县大埝镇通过招商吸引益客集团，建设鸭鹅养殖大棚，吸纳周边贫困户就近务工，人均月增收 1800 元以上；单县郭村镇依托吴三庙村制香优势，大力发展制香产业，辐射带动周边朱油坊、周楼、小李海等 12 个村1000 余名贫困人口就业，人均年增收最低在万元以上；巨野县龙堌镇整合县镇扶贫资金 9477 万元，打造龙麟现代农业示范基地，每年项目租赁收益 271 万元，全部用于扶持贫困户，覆盖龙堌镇等 12 个乡镇 3561户贫困户，涉及贫困人口 6877 人。

（四）贫困人口的获得感不断提升

系统化的产业扶贫除了增加贫困人口的收入，最大的功能还在于使贫困人口获得了生存与发展的能力，提升了生命的尊严。课题组调查发现，贫困人口中 96.1% 的访谈对象认为通过产业扶贫获得的工作对自己的脱贫有帮助；95.6% 的被访者认为自己的就业技能得到提升。这表明产业扶贫确实发挥了"造血"功能。在如何脱贫上，69.7% 的被访者认为应该主要通过自己勤劳致富，表明贫困人口的内生动力得到显著提升。98.9% 的被访者认为通过自己劳动脱贫致富增强了自尊；96.7% 的被访者认为自己有获得感，其中 87.8% 的被访者认为自己很有获得感和比较有获得感。这表明产业扶贫确实提升了贫困人口的生命尊严，改善了贫困人口的精神面貌，促使贫困人口从"要我脱贫"变为"我要脱贫"，真正使贫困户丢掉"庸懒散"，不再"等靠要"，大家"比着干"。

（五）相对贫困问题不断得到缓解

随着脱贫攻坚的全面胜利的到来，相对贫困问题将成为下一阶段我国民生发展的重点问题。菏泽产业扶贫实践的重点是带动贫困人口稳定脱贫，但在具体实践中，不断将产业扶贫的效益辐射至相对贫困的人口。这种辐射效应体现在特色农业产业扶贫、扶贫车间、电商扶贫等众多产业扶贫实践中。其具体的辐射路径大体上包括吸纳就业、增加创业机会、提升人力资本、增加资产收入等方面。吸纳就业，是指在各项产业扶贫的项目中，虽然明确要优先解决贫困人口的就业，但实际上，伴随产业的不断发展，其对劳动力的需求越来越大，很多非贫困人口也因此获得了源源不断的就业机会；增加创业机会，则是指一些产业项目，如扶贫大棚在对外承租时，一些处于相对贫困的农民也获得了承租的机会；无论是就业，还是创业，都增加了这些相对贫困的农村人口劳动技能提升的机会，他们通过接受相关的专业培训、实践指导，在人力资本上都有了不同程度的提升；最后，很多产业扶贫项目，尤其是农林产业项目都涉及土地的流转，土地流转收益也就成为不少农民资产收入的重要组成。

调查组对受产业扶贫项目辐射的非贫困人口进行了调查。数据显示，78.5%的受访对象参加过就业创业培训；合计92.7%的受访对象认为目前通过产业扶贫项目获得的工作对就业技能提升有帮助。在获得感方面，60.2%的受访对象认为比较有获得感，25.2%的很有获得感，

11.2% 的获得感比较少，认为没有获得感的只有 3.4%。可见，通过产业扶贫带动，农民的相对贫困问题确实得到了比较好的解决。

四、经验与启示

菏泽市结合自身发展环境与资源优势，探索出了一条效益好、可持续的产业扶贫之路，规避了产业扶贫中存在的各类困境。系统地总结分析菏泽产业扶贫的经验，对于其他贫困地区如何巩固产业扶贫成效，实现产业可持续发展具有很好的借鉴价值。地理学视角下区域贫困的本质是特定时空情境下"人"（贫困主体）、"业"（生计活动）、"地"（自然和社会环境）维度上的剥夺或三者之间未能实现协调发展的过程与状态。因此，在产业扶贫过程中，有必要从区域统筹的视角，将"人""业""地"三者进行统筹规划 ①。总体而言，菏泽市产业扶贫的一个核心经验就是立足于解决区域性整体贫困的角度，根据各县区"人""业""地"的现实情况，统筹协调区域内的产业布局，将产业扶贫与农村经济结构调整相统一，以产业化的理念和产业融合发展的思想指导产业扶贫的产业选择，既实现了产业扶贫项目的可持续发展，也助推了乡村产业振兴。

第一，积极发挥党和政府的引领与统筹功能。政府是否能对自身角色进行准确定位，直接影响精准扶贫的效果。不少研究都发现基层政府行为不当是产业扶贫出现各类问题的重要原因，其基本共识是基层政府的行

---

① 丁建军、冷志明，《区域贫困的地理学分析》，《地理学报》，2018 年第 2 期。

为逻辑与产业扶贫中的市场逻辑存在冲突①，而政府行为之所以出现偏差，其主要的一个原因就是政府组织的刚性管理方式不适应产业扶贫的要求。然而，从菏泽市的产业扶贫看，基层政府的组织管理体制具有相当程度的弹性，这使得产业扶贫整体上依然能够实现其原初目标。在组织管理体制方面，自上而下的产业扶贫管理体系并不是刚性不变的，相反这一体系仍保有一定的弹性，这就使得基层政府在产业扶贫的实践探索中，仍具有相当的自主性，从而能够根据市场发展的变化做出相应的政策调整。

第二，以农业产业化理念指导农林产业扶贫。虽然产业扶贫的最终目标是贫困人口脱贫，但实际上要做好产业扶贫，关键是要把产业发展好。只有走上产业化的发展道路，农林产业扶贫才能实现可持续。这就要求政府在推动农林产业扶贫时应按照农业产业化的发展规律行动。产业扶贫的项目嵌入对农业产业化发展与农村精准脱贫而言是一个双向互赢的过程。一方面，产业扶贫带来的大量资金投入给予了菏泽市农业产业化发展新机遇，另一方面也降低了菏泽市农林产业扶贫失败的风险。实际上经过多年农业产业化发展经验的积累，菏泽市地方干部普遍具有良好的市场化和产业化经验意识，在选择实施农林产业项目时能够以长远地培育产业的心态去开展工作。正如有研究者指出，农业产业化发展是农业行业精准扶贫的前提，也是首先要解决好的问题。对精准扶贫的追求须放在产业发展的后面，是在特色农业产业化发展基础上更高层次

---

① 蒋永甫、龚丽华、疏春晓，《产业扶贫：在政府行为与市场逻辑之间》，《贵州社会科学》，2018 年第 2 期；李博、左停，《精准扶贫视角下农村产业化扶贫政策执行逻辑的探讨》，《西南大学学报（社会科学版）》，2016 年第 4 期。

的追求，不能本末倒置①。

第三，以充分就业的理念推动二三产业扶贫。家庭劳动力的充分就业是每一个家庭避免贫困走向小康的基本前提。在此意义上，农村的贫困很大程度上是非充分就业带来的。沿海发达地区的农村之所以能够率先解决贫困问题，也主要是因为乡村工业能够充分吸收农村剩余劳动力。正如有研究指出，凡是县域（城乡结合部）经济比较发达的省份（如浙江、江苏），由于农村较为发达的二、三产业创造大量就业岗位，农业富余劳动力很少，农民外出打工的比重很低，农民生活较富裕②。因此，如何让这些留守农村的弱势劳动力实现就近就业，是产业扶贫必须考虑的题中之义。菏泽市扶贫车间的创新从本质上看，就是充分就业理念在扶贫领域中的运用和体现。

第四，以产业融合的理念推动农村电商扶贫。在精准扶贫工作中，电商扶贫一直占据重要地位，在推动贫困地区产业发展及贫困群众脱贫致富中具有积极作用，取得了非常显著的成效。从菏泽电商扶贫经验看，农村电商扶贫之所以能够成功主要有两方面原因：一是引导贫困农民将一二产业与电商融合创业，缩短生产到消费的距离，以消费引领生产，以此获取更多的产业利润，并降低生产剩余的风险。二是电商发展形成产业集聚效应，增加了大量就业机会，从而吸纳贫困人口实现充分就业。在电商带动下，菏泽农村产业发展的规模化、专业化、集约化程

---

① 陆汉文，《东部地区特色农业发展路径及其对精准扶贫的启示》，《当代农村财经》，2016 年第 7 期。

② 郑杭生、殷昭举，《多元利益诉求时代的包容共享与社会公正：社会建设和社会治理创新的"中山经验"》，中国人民大学出版社 2014 年版。

度不断提高。电商的迅猛发展将全国乃至全球的市场需求带到菏泽，由此激发菏泽农村产业规模不断扩张，用工需求也相应激增。

总之，菏泽产业扶贫经验具有重要的理论价值和现实意义。其实践做法可概括为地方政府立足于区域贫困治理的视角，积极参与到农村产业的发展中，构建引领型的市场体制，将产业扶贫与乡村经济结构调整相统一，以推动农村产业转型升级的理念来指导产业扶贫。这样既能保证产业扶贫项目实施的成功率及其可持续性，又能推动区域性整体脱贫，助推乡村产业振兴。其深远的意义在于在脱贫攻坚后期，为全国贫困地区如何衔接脱贫攻坚和乡村振兴，为 2020 年以后解决相对贫困问题提供了经验参考。

第五章

"打造平台、完善机制"：实现就地就近就业与能人创业相统一

　　菏泽市依据本地经济社会特征和劳动力特征，深入学习、领会、落实党中央关于脱贫攻坚工作精神，因地制宜、科学决策，以"扶贫车间"的创新做法为抓手，探索出了一条群众就地就近就业与能人创业相统一的工作机制，取得了经济效益与社会效益双丰收的良好成效，为脱贫攻坚工作中如何帮助贫困群众实现"就业脱贫"，以及将"脱贫攻坚"与"乡村振兴"战略有效衔接，探索人才振兴工作机制，提供了一个样板。

一、乡村劳动力闲置与人才外流

　　在由脱贫攻坚阶段有效衔接到乡村振兴战略的过程中，让有能力就业的贫困群众实现就业，事实上能够更好地兼顾就业的经济效益与社会效益，不仅能够为群众增收，更能解决"妻离子散"的社会问题，实现乡村振兴。就地就近就业的重要性也得到中央的重视和支持，习近平总书记在十八届中央政治局第三十九次集体学习时的讲话中提到，"要加大扶贫劳务协作，提高培训针对性和劳务输出组织化程度，促进转移就业，鼓励就地就近就业 ①"。学术界的观点也认为"鼓励有条件有能力的农民工返乡创业，以创业带动农民就地就近转移就业，实现'双向'流动是符合我国现实国情、解决农村富余劳动力就业的一条根本出路和理性选择 ②"。"只有坚持农村劳动力异地转移与就业转移相结合，才能确保农业富余劳动力的合理流动，广开农民工就业门路。③"

（一）乡村劳动力闲置问题

菏泽市地处山东省西南部，黄河下游，境内除巨野县有 10 平方千米的低山残丘外，其余均为黄河冲积平原，地势平坦，土层深厚。因此，农民多依赖农业种植获取收入。菏泽市还是全国优质的粮棉、果蔬、畜牧商品生产基地，粮食总产约占全省的八分之一，棉花占三分之一，木材约占五分之一。山东省是农业大省，而菏泽市是山东省的农业大市。

农业生产，既是菏泽市的优势，也成为菏泽市在"十三五"时期实现经济社会赶超发展、"脱贫攻坚"和"乡村振兴"工作实现突破的难

---

① 习近平，《在十八届中央政治局第三十九次集体学习时的讲话》(2017 年 2 月 21 日)，中共中央党史和文献研究院编，《习近平扶贫论述摘编》，中央文献出版社 2018 年版，第 46 页。

② 谭永生，《我国农村富余劳动力转移就业的理性定位及实现路径》，《经济与管理研究》，2011 年第 10 期。

③ 许经勇，《我国农民转移就业的思路选择》，《经济纵横》，2008 年第 3 期。

题。菏泽市农业大而不强，传统农业仍占主导地位，产业发展扩量提质增效的任务很重，农业现代化进程步伐慢。与此同时，菏泽农业生产部门吸纳了大量的劳动力，在经济社会发展、农业现代化和产业结构转型升级的历史进程中，农业部门将释放大量闲置、半闲置劳动力，如何解决这部分人群的就业问题，成为脱贫攻坚工作和乡村振兴工作的一个重点和难点。

2014 年，在精准扶贫的开始阶段，菏泽市 957.46 万人中，农业人口占 734.59 万，占比 76.72%。在菏泽市 734.59 万农业人口之中，贫困人口约为 123.76 万人，脱贫攻坚工作任务较重。而"面朝黄土背朝天"式的农业生产带来的报酬较低，单打独斗的小农式生产方式也常受疾病、劳动力缺乏、气候与洪涝灾害影响，农民群众无力面对市场风险，从而陷入贫困状态。农业生产的发展实践带来的后果是，土地的产出有提升，但净收益相比城市工业部门仍然存在较大不足，而土地能够吸纳、承载的劳动力数量则随着农业生产技术的进步而降低。作为一个农业大市，菏泽市原本大量的农业人口从土地中释放出来，成为待转移劳动力。据统计，2014 年菏泽市 734 万农业人口中，真正从事农业生产的人口为 409.41 万[①]，其中，多数从事农业生产的人口并非"充分劳动"，只在农忙时参与农业生产，在非农忙时间成为闲置、半闲置劳动力。

以鄄城县为例，根据最新人口普查的结果，鄄城县 50-60 岁的，有 10.7 万人；61-70 岁的，有 7.8 万人；71-80 岁的，有 4.6 万人。也就是说，全县 50-80 岁的，总共有 23.1 万人，这部分人基本上都很难外出打

---

① 数据来自菏泽市统计局网站，菏泽统计年鉴 2018。

工。另外,目前全县已有孩子的育龄妇女有 16.1 万人,这部分人中,不少需要在家照顾孩子,不能外出打工。这样算下来,全县农村不能外出的人口,应该在 20 万人以上。这 20 多万人当中的贫困人口,既有一定劳动能力、又有比较强烈就业愿望的占到 65% 左右,除每年有一个月左右的时间用于农忙外,其余时间基本上处于空闲状态。初步估计,这类贫困人口有 6 万人左右。一旦解决了就业问题,这部分贫困群众就能够实现稳定脱贫。

菏泽市农业生产部门的劳动力吸纳机制也受到农业生产"内卷化"[①]的影响。虽然菏泽市大部分为平原地区,较适宜农业的集约化工作。但长久以来的较低的经济社会发展水平制约了其农业生产朝着更高效率的生产方式发展,一家一户的小农经济依然占据农业生产模式的主流,农业生产部门劳动力过密化,农户选择以劳动替代资本、技术等其他生产要素。在乡村振兴、农业农村发展的战略背景下,实现农业效率生产、破除农业"内卷化"困局,释放更多农业富余劳动力是菏泽市未来三农工作的应有之义。

(二)人才外流问题

农业生产部门释放出的劳动力,在国内市场化改革、户籍制度松动的背景下,在上世纪九十年代形成了"民工潮"。由于农业部门和工业部门、城市社会与乡村社会之间在劳动回报率、社会福利等方面的差异,外出打工成为农村居民增加收入的主要手段。在国内,农民工的规

---

① 樊祥成,《农业内卷化辨析》,《经济问题》,2017 年第 8 期。

模逐年增大，2018 年，全国农民工总数为 28836 万人①。2014 年，菏泽市外出务工人口数为 120.57 万，成为山东省劳务输出大市。而这个数字也在不断增长，2016 年，菏泽市外出人口达到 152 万人。大量的劳动力外流在给菏泽市带来打工收入的同时，也导致菏泽市面临乡村空心化等重要经济社会问题。

大量人口外出务工，带来更为严重的问题是人才与精英的外流。在民工潮兴起之后，外出务工过程同时也成为乡村农民中能人的筛选过程，有技术、有想法、有创新能力学习能力的青、中年农民逐渐获得在城市扎下根来的能力和资本，不再回到乡村。而与之相对，那些因为个体能力、家庭因素等无法在城市扎根的农民则选择回到乡村或在乡村与城市间周期性地往返。外出务工是一个"大浪淘沙"的过程，使乡村人才实现从农村到城市空间的稳定转移，并给了在社会阶层上的垂直向上流动机会。能人离乡，对于他们离开的故土而言则是人才流失的过程，这是一体两面的事情。据统计，截至 2014 年，从菏泽市农村流动出去并在城市扎下根来的农民总共有 24 万人，其中相当一部分人属于乡村经济能人。相比于经济生活与农村家庭连为一体的周期性往返外出务工农民，外流人才不再将劳动力再生产与消费环节放在农村，事实上，后者对农村经济社会发展的贡献并不比前者更大。在这个意义上，人才的外流不但导致"乡村空心化"的社会问题，更为地方经济社会发展，以及在未来真正实现"乡村振兴"提出了新的挑战。

在脱贫攻坚、乡村振兴过程中，如何有效地将农村闲置、半闲置劳

---

① 数据来自国家统计局网站"2018 年农民工监测调查报告"。

动力利用起来，实现就业，同时促进农民工，尤其是农民工中的经济能人返乡创业，以及在本地培育经济能人、创业能手，成为摆在菏泽市委市政府面前的重要而艰巨的任务。

二、"扶贫车间"：打通群众就业的"最后一公里"

脱贫是一项系统工程。这要求地方政府在脱贫攻坚工作中，依据本地经济社会特征，将各项政策、工作有机统一起来，以发挥"1+1>2"的作用。扶贫工作不是简单的落实政策，更要因地制宜，探索出适合本地的脱贫路径、工作机制。在脱贫攻坚过程中，帮助贫困户实现就业脱贫在脱贫的各项路径中具有重要地位，"授人以鱼不如授人以渔"，激发贫困户内生动力，实现就业观念转换，依靠劳动实现脱贫，不仅脱贫质量较高，具有稳定性和持续性，而且更能实现地方社会观念转变、社会关系和谐等社会效益。菏泽市在帮助贫困户就业工作过程中，紧抓"就地就近就业"这一重要任务，以"扶贫车间"遍地开花、不断升级为抓手，将群众就地就近就业与能人创业工作有机结合，实现了工作机制和组织形式的创新，为各地脱贫攻坚提供了一个经验样板。

（一）打造平台：以扶贫车间解决闲置劳动力就业问题

2015 年 11 月 23 日，刚刚下过一场大雪，天气非常寒冷，为深入了解贫困群众在寒冬的生产生活情况，菏泽市委副秘书长、市扶贫开发办主任蔡维超带领十多人的工作组，到鄄城县董口镇代堂村进行调研。进到村民吴秀兰家院子后，他迅速对院落西侧"小窝棚"里的一幕产生了浓厚的兴趣。小窝棚是用废旧物料搭建起来的，大约10平方米，中间有一个煤球炉子，8位老太太围坐在周围。每个人前面有一筐头发团，这是人发加工的原材料。她们一边听着收音机，一边有说有笑地梳理着发团。蔡维超主任好奇地问道："大娘，你们这是在干什么？""撕头发。"大娘回答道。"撕一天能挣多少钱？"她们齐声答道："不多，撕一天13块钱，拿出5毛给房东，一月能挣三四百，贴补家用。"经过进一步调研，鄄城县董口镇代堂村有7处利用闲置房屋或搭建简易帐篷的人发制品加工点，为企业从事代工生产，这种小窝棚为群众自发建设的，来源于群众的实践和创造。后来这种形式被视为扶贫车间的1.0版。

1. 扶贫车间发展升级历程

扶贫车间的形式在不断发展、完善、规范。扶贫车间从最初的1.0版发展到2.0、3.0，一直到正在建设的4.0版。这一历程，体现了菏泽市委市政府因地制宜的科学决策和脱贫攻坚工作中的创新举措。

（1）扶贫车间1.0版："小窝棚"阶段。即为扶贫车间诞生时的"小窝棚"形式。如前所述，这是由农民自发组建的，只有简单的小窝棚等形式作为工作场所，工人较少，加工规模极小，但起到了利用闲置劳动力、为贫困户和普通农民增收的效果。

（2）扶贫车间2.0版：试点建设阶段。由于"小窝棚"面积狭小、环境较差、效率较低，群众收入增加有限，达不到脱贫攻坚的目标和要求，需要升级改造。2015年12月，菏泽市在鄄城县董口镇开展试点，将该镇代堂村的闲置活动室、申位庄的闲置粮库等6个地方改造成扶贫加工点，把该镇传统的人发加工、藤编加工、教具加工、扫帚加工、渔网加工、马尾加工搬到了扶贫加工点，在短短一个月的时间里，效果非常明显，每个加工点工人都在 60 人左右，贫困工人占 40% 以上。

2015 年 12 月，时任荷泽市市委书记孙爱军到鄄城县临濮镇调研，实地查看了北董庄、马楼、楼子庄的就业点，给予了充分肯定。特别是马楼村的鲁增娟，在用足自家闲置房屋的同时，又用塑钢瓦把庭院遮起来，使用面积变得更大。他看到后要求鄄城县利用各村的空闲地，建设钢结构的扶贫车间，吸纳贫困群众进车间就业。经过一段时间的试点，发现群众的增收效果比以前大幅提升，企业的积极性也更高，愿意将更多的订单委托给扶贫车间。随着鄄城县试点成功，菏泽市委、市政府决定在全市大力推广扶贫车间这一就业扶贫模式。

（3）扶贫车间 3.0 版：建设推广阶段。2016 年 1 月，时任山东省省长龚正同志到鄄城蹲点调研扶贫工作，对菏泽市推进就业扶贫的做法给予了充分肯定，要求尽快实现扶贫车间有条件的村全覆盖和有一定劳动能力的贫困人口就业岗位全覆盖。市委、市政府将扶贫车间作为脱贫攻坚的重要抓手，市委书记孙爱军多次作出批示，并亲自到县区调研督导，市扶贫开发领导小组坚持每月召开一次现场会或观摩会进行推进。全市整合行业部门资源，发挥市县乡三级财政资金在扶贫车间建设中的主体作用，动员企业等社会力量参与，有钱出钱、有力出力，在有条件的村全部建设扶贫车间。2016 年上半年，菏泽市已建成扶贫车间 669 个，扶贫车间入驻项目达到 5 大产业 65 个门类，带动 22612 名贫困群众在家门口就业。

2016 年 4 月 14 日，山东省脱贫攻坚现场会在菏泽市召开，现场考察学习菏泽市鄄城县的经验，在全省推广扶贫车间这一就业扶贫模式。与此同时，菏泽市委、市政府决定对全市扶贫车间建设、运营、管理制定统一标准，进一步规范完善，提档升级。

（4）扶贫车间4.0版：规范建设阶段。随着扶贫车间的快速推广，一些地方不规范、随意性的问题也随之出现。为此，菏泽市在推动扶贫车间建设的同时，对扶贫车间建设选址、用工情况、规章制度、日常管理等各项要素逐步完善规范，制定了扶贫车间的18项标准。重点突出扶贫车间建设选址，离村头不超过200米，靠近村幼儿园、小学、卫生室等公共场所，建筑面积不低于300平方米，产权归村集体所有，公证机关公证后，交付村委会使用、管理与维护。强化扶贫车间建设管理，统一车间的构造、外型与标识，安装或配备取暖制冷设备、常见病药箱、消防设施等；在县、乡扶贫办分别安装电子平台，通过各扶贫车间的摄像头，随时查看务工安全情况，为调整人员、安排工种提供有力帮助，确保扶贫车间真正成为脱贫致富的"孵化器"。目前，全市建成运营扶贫车间3107个，累计安置和带动38.1万名群众在家门口就业，10.2万名群众实现稳定脱贫。

2.因地制宜：遍地开花的扶贫车间何以成功？

扶贫车间不同于一般工厂企业的车间，它的宗旨是扶贫，这是扶贫车间的特有属性，当然它还有很多的要素构成。一般来讲，扶贫车间是建在村，以不同类型的建筑物为平台，以产业扶贫为载体，以解决贫困群众家门口就业为宗旨，从事电子产品的来料加工、农业特色产品加工等劳动密集型产业，为实现贫困群众挣钱顾家两不误的生产活动场所。它有几个必要条件：

地点要求：建在村，不能是建在县城或是一些开发区内。

宗旨：解决贫困群众家门口就业。

平台：不同类型的建筑物。

载体：产业扶贫。

主要从事：电子产品的来料加工、农业特色产品加工等劳动密集型产业。

最终目标：贫困群众挣钱顾家两不误，实现就业增收脱贫。

始自鄄城县董口镇代堂村的"小窝棚"，为何能在菏泽市遍地开花？这与菏泽市的两个主要经济社会特征是分不开的。菏泽市市委市政府科学把握分析当地经济社会特征，推出多种举措建设扶贫车间，促进了农村群众就地就近就业，实现了脱贫增收，同时收获大量社会效益。菏泽市扶贫车间的成功因素，来自于两方面因素：第一，菏泽市农村经济社会特征；第二，菏泽市市委市政府在脱贫攻坚工作中科学的决策和创新做法。

第一，菏泽市农村固有经济社会特征是扶贫车间存在的基础支撑。首先，菏泽市农村有大量的闲置、半闲置劳动力。通过对扶贫地图数据分析，菏泽市55%以上的贫困人口具备一定劳动能力，而且就业愿望比较强烈，但有的贫困群众没文化、缺技术，出去找不到活干；有的贫困群众年龄偏大或身有残疾，企业不招；有的贫困群众上有老、下有小，不能或不宜外出打工。这部分人，除每年少量时间用于农忙外，其余时间基本无工可做。这个现象在少数民族地区，可能更加突出，涉及语言、习惯等问题，这类群众适宜在家门口就业。其次，菏泽市农村有相应产业基础。菏泽市农村群众一直有从事发制品、条柳编、纺线、纳鞋底等家庭手工业加工传统。近年来，随着工业化进程加快，发制品、服装加工、电子产品、工艺品加工、农副产品加工等劳动密集型企业大多集中在工业区，扩建面临着征地难、手续繁杂，招工用工难、用工贵的问题。一部分企业开始在乡村设立加工点，把一些技能要求不高的简单工序下放到农村，组织不便外出打工的贫困群众利用农闲时间进行手工加工，不仅降低了用工成本，也帮助贫困群众增加了收入。通过调研论证，菏泽市认为，在贫困地区为走不出家门的贫困群众提供一个就业平台很有必要，这是他们实现脱贫的很好的路子。

以扶贫车间的起点鄄城县为例，该县的发制品、户外休闲用品、纺织服装等产业发展迅速。发制品企业达到226家，其中规模以上企业106家。鄄城县规划建设了4个发制品产业园，建成后整个发制品产业可吸纳从业人员8万人以上。鄄城县现有4家户外家具产业龙头企业，总投资25亿元、建筑面积107万平方米的户外休闲用品产业园正加快建设，全部建成后，可吸纳10万多人就业。另外，服装、纺织、电子配件等产业可吸纳3万–4万人就业。同时，鄄城县加大招商力度，面向全国引进劳动密集型产业。所以，鄄城县的产业和企业，吸纳20万名左右的贫困户就业是完全没有问题的。

第二，扶贫车间运行机制合理科学，是其成功扎根菏泽的内部原因。因人设岗，根据贫困群众年老、有病、缺技能、身有残疾等不同情况设置岗位，保证贫困群众只要有就业意愿就有就业岗位；弹性工作制，鼓励车间经营者对就业贫困人口实行弹性工作制，使他们既可以在车间工作，又可以照顾家里老人、孩子、病人，足额领取计件或计时工资；在扶贫车间内创设公益岗，安置有就业愿望又无法完成扶贫车间正常操作要求的贫困人口就业，如保洁员、安全员、门卫等；居家就业，针对个别贫困户无法离开家庭，鼓励扶贫车间将原材料放到贫困户家中，从事来料加工，签订权责明确的劳务协议，完成后由扶贫车间回收产品，实现贫困群众"居家就业"，足不出户便可实现收入增加；为贫困户购买人身意外险，从 2016 年起，菏泽市在全省率先为全市所有建档立卡贫困人口购买小额人身意外伤害保险、大病医疗商业补充保险，构建起"小额人身意外伤害保险＋基本医疗保险、大病保险、大额医疗费用补助、医疗救助＋大病医疗商业补充保险"健康扶贫六道防线，确保贫困人口在扶贫车间内安心工作。

　　此外，还为扶贫车间工作的农民举行技能培训。多数扶贫车间，从项目落地到稳定生产，都要经过一个瓶颈期，一是工人学不会厌工，二是工人嫌钱少弃工。很多贫困人员有肢体上、智力上、心理上的先天不足，他们在工作之初，往往自信心不够，操作起来笨手笨脚，干活慢，工作质量差，给老板造成损失，个人不划算，厌工弃工现象时有发生。菏泽市指导县乡及时聘请了专业人员，对部分工人手把手地教，面对面地谈心，鼓励他们坚持下去，尽快成为熟练工。这个周期一般需要三个月的时间，一旦突破这个瓶颈，会发现一个很好的反响，就是贫困工人会把到车间干活当成一种生活方式，把扶贫车间当成家，格外爱护，感觉活得也非常体面。代堂村扶贫车间 83 岁的吴桂荣老大娘说："做梦也没想到，年轻时累死累活挣工分，这老了老了，却能在家门口当起工人挣工资了。在扶贫车间比在家好，冬天冻不着，夏天热不着，还热闹。"经验证明，凡是对工人培训到位的车间，一般订单稳定，质量有保证，工资水平高，工人干劲饱满，公司和扶贫车间合作关系稳固。推行"短平快"职业技能培训，加强人社、环保、扶贫等部门与有关入驻车间企业衔接协商，围绕扶贫车间的技能培训需求，以集中培训与订单培训相结合的方式，对具有劳动能力并有培训意愿的农村贫困人口实行免费培训项目清单制度，组织开展"技能培训车间课堂""培训大篷车下乡"等专项活动。

第三，从劳动力"向外转移"到"就地就近就业"，破除劳动力转移困局，是扶贫车间成功的根本原因。打通群众就业的"最后一公里"，实现就地就近就业，本质上是将那些长期以来闲置的劳动力吸纳起来，达到人力资源的最大化利用。既然这部分劳动力无法外出，那就把就业机会搬到田间地头，搬到农民的家门口来。同时，通过"扶贫车间"的技术培训、"干中学"以及政府提供的就业技能培训等方式，提升群众的就业能力，转变成为"离土不离乡"的新型工人。

顺应制造业转移的历史发展趋势，解决区域性农业富余劳动力就业问题，不但能为农民增收，更避免了劳动力从乡到城单向转移的负面社会后果。打造平台，筑巢引凤，为本地闲置、半闲置劳动力提供就业机会，大力推进农民就地就近就业，将"民工潮"出现三四十年以来的劳动力向外转移的强势模式扭转，是菏泽市扶贫车间能够遍地开花的根本原因。

专栏 5-1

扶贫车间孵化的"一介草民"，带动群众就业增收

张红鲁是定陶区张湾镇冯张庄行政村张庄村人，2016 年 3 月他投资 40 余万元，注册了天猫商城"一介草民旗舰店"，开发中高端实木产品，斗柜，鞋柜，床头柜实木书桌等系列产品。在 2017 年 5 月，随着生意越做越大，以前的宽敞的车间逐渐变得捉襟见肘。张红鲁多次想扩大规

模，但地块要么距离原材料产地太远，要么租赁成本过高，几次下来，张红鲁也没了办法。偶然一次机会，张红鲁通过镇扶贫办的宣传得知了扶贫项目车间政策，一筹莫展的张红鲁仿佛一下找到了救命稻草。进一步询问后，张红鲁觉得承包扶贫项目车间不仅能解决自己的燃眉之急，还能带动周围的贫困乡亲就业脱贫，可谓一举两得。通过和镇扶贫办的沟通，张红鲁承包了耿家、东街、苏家三个电商扶贫车间项目，合计2087.5㎡，大大缓解了张红鲁加工车间的空间压力。

定陶区张湾镇耿家项目车间、东街项目车间、苏家项目车间均建成于2017年10月底，三个项目均由省级财政专项扶贫资金建成，每个车间耗用资金均为30万元。耿家项目车间787.5㎡，东街、苏家项目车间均为650㎡。实施扶贫项目车间的目的是通过车间吸引中小型企业入驻村内实现村民村内就业，起到带动作用。三个扶贫项目车间主打的产品是中高端实木产品，三个车间内配置了木质加工车床，实现了产品的流水线生产，使得扶贫项目车间的利用率达到最大化。

在张红鲁的带动下，全村40余人实现了家门口就业，有的甚至跟他学起了电商生意。2014年以来，张红鲁积极响应政府号召，成为了创业致富带头人。现在，在他工厂里的贫困户就有11人，张红鲁让年龄较大的贫困户从事打扫卫生、看守货物等较轻便的工作，每月工资1000余元，对于年轻有能力的工人采取计件工资标准，每人每月工资平均3000元。在车间工作给贫困户们提供了另外一条增收途径，在车间工作的乡亲们的生活也逐渐好了起来。同时根据承包扶贫车间时定下的协议，张红鲁每年还会拿出9万元的项目分红发给生活困难的贫困户，截至2019年，累计有99户218人因此受益。2017年，因为事迹突出，他被评为"首届定陶区最美青年"。

在张湾镇乃至定陶区,像张红鲁这样的返乡创业青年,数不胜数,他们依靠国家提供的扶贫项目、小额信贷等种种惠农扶贫政策,靠着自己的拼搏奋斗,不仅自己实现脱贫致富,还在这场脱贫攻坚战役中努力转变角色,扛起重担,不让任何一个父老乡亲在精准扶贫中掉队。

(二)家门口就业:扶贫车间模式下经济效益与社会效益的统一

习近平总书记在深度贫困地区脱贫攻坚座谈会讲道:"一个健康向上的民族,就应该鼓励劳动、鼓励就业、鼓励靠自己的努力养活家庭,服务社会,贡献国家。要改进工作方式方法,改变简单给钱、给物、给牛羊的做法,多采用生产奖补、劳务补助、以工代赈等机制,不大包大揽,不包办代替,教育和引导广大群众用自己的辛勤劳动实现脱贫致富。"[1]菏泽市以扶贫车间的创新做法为抓手,引来了创业能人,培育了本地致富带头人,同时也给贫困群众创造了就业机会,实现了增收脱贫。同时,解决了本地闲置、半闲置劳动力问题,收获了和谐家庭关系等社会成效,可谓"一举多得"。

习近平总书记指出,增加就业是最有效最直接的脱贫方式[2]。菏泽创建扶贫车间,解决了贫困群众就地就近就业问题,成为中央政治局第39次集体学习参阅的精准扶贫案例。同时,不断规范扶贫车间运行模式,

---

① 习近平,《在深度贫困地区脱贫攻坚座谈会上的讲话》(2017年6月23日),人民出版社单行本,第16-17页。
② 习近平,《在东西部扶贫协作座谈会上的讲话》(2016年7月20日)。

探索升级转型道路，建立了人才培育、支持和带动的有效模式，让贫困户脱贫有尊严、有干劲。

菏泽市通过不断加强对扶贫车间的政策引导与服务提升，在配套设施、劳动保护、安全环保等方面给予支持，实现了建设由随意化向标准化、服务由被动化向主动化、管理由无序化向规范化、加工由初级化向品牌化、就业由波动化向稳定化五个提升。全市建成运营扶贫车间3107个，累计安置和带动38.1万名群众家门口就业，10.2万名群众稳定脱贫。扶贫车间模式，充分发挥贫困群众的主体作用，激发贫困群众的内生动力，让贫困群众靠自己的辛勤劳动摘掉贫困帽子，实现了多方共赢。

扶贫车间就建在村头，与学校、幼儿园、卫生室、大队部等紧邻，村内因家有老人或孩子无法外出打工的贫困群众，走路几分钟就到达工作的地点，打工挣钱的同时上能顾老、下能顾小，实现了"挣钱顾家两不误"。如，鄄城县古泉街道办事处常庄村贫困户高秀英和患脑炎后遗症的儿子相依为命，生活比较困难。高秀英看到别人出去打工致富，也动过心思，因为带着生活不能自理的儿子，实在出不去。高秀英2016年下半年开始在村里的扶贫车间就业，先是从事发制品加工，后来从事藤椅编织，现在每月挣1000元左右。她逢人便说："有了扶贫车间，我在家门口就能打工挣钱，还能照顾儿子，政府这个办法实在太好了。"

据菏泽市相关部门2015-2018年汇总数据，在车间内务工总人数为99390人，车间内贫困务工人数25588人，车间内贫困务工脱贫人数19315人，车间外辐射带动人数62690人。扶贫车间共为村集体收入增加4481.45万元，贫困户分红3782.38万元，涉及贫困人口216530人，企业利润66310.62万元。车间内务工人员总工资148487.17万元，车间内务工人员月平均工资 0.21 万元；车间内贫困务工人员总工资 29393.904 万元，车间内贫困务工人员月平均工资 0.145 万元。

扶贫车间吸引了农村劳动力就地就近就业和外出务工人员返乡创业，减少了农村闲散人员，使留守儿童有了陪伴，空巢老人有了依靠，留守妇女有了工作，增加了群众的安全感和幸福感。如，董口镇代堂行政村石寨村村民张巧，54 岁，由于丈夫常年生病无法正常劳作，生活十分贫困。孩子在外上学的巨额费用更使这个家庭雪上加霜。张巧只能靠借款维持生活，去年村里建好了扶贫车间，经过别人介绍，张巧到扶贫车间工作，并进行了技术培训。经过培训以后，张巧学会了包装、缠管等发制品加工工序，这样张巧可以做更多种类的零活，收入也有所增加，每天收入可达 20 多元。张巧牢牢把握住来之不易的就业机会，工作非常积极，在自身努力工作的同时，对村内不懂技术的新来务工人员非常热心，主动帮助解决技术难题，很快就被提拔为管理人员，月收入两千多元。张巧还清了债务，并且有了自己的存款，现已摆脱贫困，过上了自己的幸福生活，张巧的脸上又有了久违的笑容。

农民群众有了工作，从事生产增加收入的多了，串门聊天、玩扑克打麻将的少了；相互交流技能的多了，邻里纠纷、打架斗殴的少了，改善了农民精神面貌和乡村社会风气。鄄城县董口镇刘庄村 60 多岁的刘老太，在家无事可做。看到自己的儿媳带着一帮人干活挺热闹，也想过去做工。一想到从前跟儿子要零花钱时与儿媳发生的口角，不敢张口。刘老太的心思让村干部知道了，村干部找到刘老太的儿媳。儿媳妇当天就买了礼品送到婆婆家，并道歉说："那时没活干、没钱挣，让您受委屈了，现在俺挣钱了，您啥时候缺钱俺啥时候给您，想干点啥就干点啥。"

如今，婆媳俩在一块干活，相处得像母女俩。

通过劳动获得收入、脱贫致富的路径增强了群众的自尊心。以下为问卷数据统计发现的，见表5-1和图5-1。调查发现，81.2%的调查对象表示通过自己劳动脱贫致富明显增强自尊。

表5-1 通过自己劳动脱贫致富是否增强了自尊

原因	人数（人）	百分比（%）
明显增强	250	81.2
增强不明显	54	17.5
没有增强	4	1.3
合计	308	100.0
缺失	1	

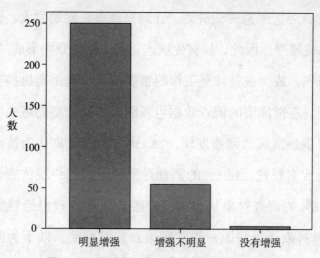

图5-1 通过自己劳动脱贫是否增强了自尊

（三）激发内生动力：让勤劳致富观念蔚然成风

中国人的劳动价值观念在历史中经历了多次转变。传统社会中，社会轻视劳动，劳动者社会地位低下，但同时又重民本，倡勤劳。新文化运动中"劳工神圣"思潮①促进了人们对劳动者的重视，唯物史观及劳动者价值论的传播进一步推动了劳动者地位的提高。新中国成立后，劳动光荣观念深入人心，劳动者地位空前提高。改革开放初期，平均主义的分配方式被破除，"勤劳致富"成为主流劳动价值观。但到了市场经济阶段，劳动以外的要素参与分配，一些人通过非劳动收入获得巨大财富，劳动的价值被淡化，不劳而获思想有所抬头。在此背景下，新时期劳动致富观念的培育极有必要。脱贫攻坚历史任务的完成，也依赖于勤劳致富观念在全社会的培育，"扶贫先扶志"，在贫困人群中养成劳动致富观念，激发内生动力，成为考验贫困地区脱贫攻坚工作质量的重要先决条件。

2014年，习近平总书记讲到"让勤奋做事、勤勉为人、勤劳致富在全社会蔚然成风"②。因此，扶贫先扶志，在人民群众中形成"劳动致富"的观念和风气，成为脱贫攻坚工作的重要抓手，也是衡量扶贫工作深入的重要标准。在菏泽市的调查数据也表明，劳动致富的观念在菏泽市农民群体内已蔚然成风。调查发现，78.1%的调查对象认为贫困户应该通过自己劳动致富脱贫，16.6%的调查对象表示贫困户脱贫应该靠政府政策优待，4.6%的调查对象认为贫困户脱贫应该靠政府给钱给物，另有0.7%的调查对象认为贫困户脱贫应该靠亲友帮助。以下为问卷数据统计，见表5-2和图5-2。

---

① 李怡，《中国近代史上最早的劳工神圣观与中外文化——中国无政府主义者劳动观的功过》，《华中师范大学学报（人文社会科学版）》，2000年第5期。

② 资料来自新华网。

表 5-2　认为贫困户应该如何脱贫

	人数（人）	百分比（%）
通过自己劳动致富	236	78.1
政府政策优待	50	16.6
政府给钱给物	14	4.6
亲友帮助	2	0.7
合计	302	100.0
缺失	7	

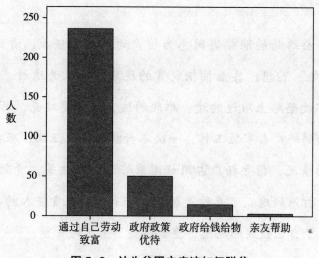

图 5-2　认为贫困户应该如何脱贫

●专栏 5-2●

扶贫先扶志，贫困户杨广占的脱贫故事

　　郓城陈坡乡四合行政村的杨广占，51 岁，2017 年该户承包种植了村里的一部分扶贫大棚，获得了一万余元收益，年底顺利脱贫。2018 年该户放弃种大棚又寻新营生在家里搞起了山羊养殖，共养了 20 多头山羊，

当问起今年收益的时候，杨广占说："比去年种大棚还强嘞，争取卖到小两万。"脸上的笑容不加掩饰。

眼看着杨广占一家现在蒸蒸日上的生活，谁能想到该户两三年前是怎样颓废的状态？杨广占患有冠心病，除住院治疗外每月还要按时服用药物，治病费用高，家庭常住人口5人，其妻子身体弱，3个女儿中有两个未成年，家庭经济困难，2013年底识别为贫困户。杨广占的病给这个家庭罩上了阴霾，也给他自己的心蒙上了一层雾，从此他接受了贫困，安于现状、懒惰不思发展，进入"等、靠、要"的模式。

郓城县公路局的陈福海同志为该户的帮扶责任人，看到了该户的"等、靠、要"思想，甚至抗拒脱贫的现象，他认为这种"精神贫困"正成为脱贫攻坚路上难过的坎、难爬的坡，必须要攻克。打定主意后，陈福海开始到杨广占家做工作，一次不行就两次、三次，根据该户不能外出务工的情况，指导杨广占用好国家好的扶贫政策，贷款种植大棚，鼓舞信心，打消顾虑。可喜的是杨广占一家在帮扶责任人的指导劝说下及时地纠正了自己错误的思想，重新燃起了生活的希望。

扶贫先扶志，治贫先治心，帮扶责任人让帮扶对象的精神、意志和能力不贫困，才能取得精神扶贫的成功，在这场扶贫攻坚战中赢得主动。贫困户本身更不能安于现状"等、靠、要"，也不可有脱贫则安的心理，应鼓足干劲，取得更大发展。

菏泽通过扶贫车间建设，将能人创业与群众就地就近就业统一，在营造"劳动致富"社会氛围上起到了良好效果。"扶贫车间"模式，不仅为承接产业转移、推动乡村工业化找到了有力抓手，也为乡风文明改善提供了有效方法。因家有老人或孩子无法外出打工的贫困群众，走几分钟路就能到车间，打工挣钱的同时上能顾老，下能顾下，实现了就地就近就业，"挣钱顾家两不误"。贫困群众在扶贫车间打工，每天收入 20 元至 100 元不等，有了稳定的收入来源，消除了安于现状、等靠要的依赖心理，增强了自立自强、靠辛勤劳动创造美好生活的信心和志气，使"懒散户转变为勤劳户，等靠要转变为自己创"。最重要的是，当村里绝大部分闲置、半闲置劳动力被吸收到新型农业和扶贫车间工作中去，村里街上游荡、打扑克打麻将、串门聊天的人少了，比拼劳动收入、交流技能的多了，"劳动致富"的观念氛围形成，脱贫自然有了内生动力。

三、人才回流：为乡村振兴注入新动能

中国共产党历来重视人才和创业工作。党的十七大提出"实施扩大就业的发展战略，促进以创业带动就业"的总体部署；党的十九大提出，促进农民工多渠道就业创业 [①]。《关于促进以创业带动就业工作的指导意见》指出，要重点指导和促进高校毕业生、失业人员和返乡农民工创业。菏泽市在能人创业方面，采取多种措施，卓有成效地吸引了大批经济能人返乡创业，同时培育一批本地经济能人，为菏泽市创造了大量非农就业机会，有效促进了贫困户和普通农民增收，在脱贫攻坚工作中

[①]　资料来自新华网。

发挥了重要作用。

（一）完善机制，筑巢引凤，促进能人回流

菏泽是传统农业大市、人口大市，现有户籍人口1025万人，常住人口876.5万人；菏泽也是劳务输出大市，上世纪九十年代以来，菏泽市积极组织开展"西输东接""南下北上"劳务输出活动，推进了农村劳动力转移就业，使劳务输出成为增加农民收入的重要途径。外出人员经过多年奋斗，积累了大量资金、技术和人脉，不少人在外地创办了实业。据调查统计，菏泽人在外创办的企业数量、规模、资产数，与菏泽现有的经济总量基本相当。大规模的在外人口成为菏泽推进区域发展、实现新旧动能转换的宝贵资源。2015年以来，菏泽市把返乡创业工作作为加快菏泽发展、实现后来居上的战略举措和有力引擎，大力实施"归雁兴菏"行动，优化创业生态环境，激活各类创业要素，全力推动"资金回流、产业回乡、人才回归"，返乡创业呈现出人数越来越多、领域越来越宽、成效越来越好的局面，被中国就业促进会评为"2018年地方就业创新事件"。菏泽市的主要做法是：

第一，高位推进，形成上下联动大格局。菏泽市委、市政府高度重视返乡创业工作，专门成立了市长任组长、31个相关部门主要负责人为成员的返乡创业工作领导小组，多次召开高规格、大规模的全市全民创业和返乡创业工作会议，创新设立"市长创业奖"，对在返乡创业工作中涌现出来的先进集体和先进个人进行隆重表彰。在全国率先成立了菏泽市返乡创业管理服务中心，各县区均成立了正科级返乡创业专门服务机构，为做好返乡创业工作提供了强有力的组织保障，全市形成了政府

主抓、部门负责、社会参与、上下联动、齐抓共管的返乡创业大格局。

第二，全面帮促，构建立体创新政策链。出台了《关于促进外出人员返乡创业的实施意见》（菏政发〔2017〕3号）、《菏泽市推进返乡创业工作三年行动计划（2018-2020年）》（菏政发〔2018〕5号）等一系列文件和创新性举措。"返乡创业政策20条"规定，市政府设立2000万元返乡创业专项扶持资金，用于返乡创业园区奖补、典型奖励、创业培训等。2018年8月，菏泽市返乡创业承办银行挂牌成立，开辟了返乡创业人员金融服务绿色通道。全市农商银行储备100亿元资金用于支持返乡创业，专项用于对返乡创业人员及创业项目的支持，同时在贷款利率上给予最大程度优惠，最大限度地对返乡创业提供金融支持。一系列政策措施的出台为返乡创业工作提供了制度基础，产生了极大的轰动效应，吸引了大批成功人士返乡创业。

第三，夯实平台，编织纵横交错服务网。"建立返乡创业服务站"，是菏泽市返乡创业工作的创新之举，得到了国家人社部、省人社厅的充分认可。人社部原部长尹蔚民来菏泽调研时，认为菏泽返乡创业工作"跟得紧、抓得实、行动快"，特别指出菏泽市的返乡创业服务站建设工作"非常突出"；省人社厅党组副书记、副厅长夏鲁青在2018年郓城全省返乡下乡创业工作现场推进会上指出：菏泽积极作为，大胆实践，大力发展"归雁经济"，探索出一条具有特色的全民创业新路，打造出了菏泽经验、郓城模式。

菏泽先后在全国各大中城市创建返乡创业服务站213个，其中市级站36个、县级站177个，建成了覆盖全国省会城市和发达地区的返乡创业服务网络，打造了菏泽老乡沟通交流、合作发展、服务对接的平台。在市内积极打造了返乡创业平台，全市共认定创业示范平台 73 家，其中省级创业示范平台 6 家，市级返乡创业示范园区 24 家。市内外返乡创业服务平台的建设，为返乡创业提供了强有力的支持和广阔的发展空间。不断完善返乡创业信息库建设，组织各县区、各返乡创业服务站积极开展菏泽籍在外工作人员创办企业信息调查统计工作，逐步推进在外人员信息库、返乡创业项目库建设，为深入推进返乡创业工作打下坚实基础。

开展返乡创业工作以来，菏泽市共举办了多次返乡创业项目集中签约仪式，成功签约了大量的优质返乡创业项目，这些项目中有 70% 均为服务站推荐引进。2018 年 4 月 27 日，在成都招商引资招才引智返乡创业项目推介会上，签约的 11 个返乡创业项目中，有 8 个是返乡创业服务站推荐引进；2018 年 12 月 4 日，在南京双招双引返乡创业推介会上签约的 13 个返乡创业项目中，有 9 个是返乡创业服务站推荐引进；2019 年 5 月 21 日在深圳举办的菏泽市返乡创业"双招双引"推介会上，签约的 23 个项目中，有 15 个是返乡创业服务站推荐引进。与此同时各服务站站长已经成为了返乡创业的主力军。南京服务站站长赵建华，去年在家乡成武县，投资 20 亿元建设金埔农业电商产业园项目，该项目占地 800 亩，建成投产后，将带动就业 200 人，入驻企业后将能带动就业 2000 人左右。

专栏 5-3

鄄城县赵希贵返乡创业

赵希贵在外从事藤编加工多年，一直想回家成立自己的公司，但苦于没有固定地方，一直未能如愿。箕山村扶贫车间建成后，赵希贵返乡创立"鄄城县金手指户外家具加工厂"，承租了箕山村扶贫车间，主要从事藤编加工，年加工藤椅1000多万件，产品销往广州、苏州、杭州及新加坡、马来西亚等国内外市场并取得了较好效益。

由于订单量迅速增多，该扶贫车间产品供不应求，赵希贵为满足客户需求，在原车间南邻，又承租了一处标准化扶贫车间，并承租了箕山镇8个扶贫车间扩大生产规模。同时在箕山镇各村开办加工点45个，培育了一批藤编技术熟练工人，辐射带动藤编加工业大发展，箕山镇"藤编特色小镇"初具雏形，实现群众就业15000余人，贫困户820人，增加了群众收入，实现了经济效益、社会效益的双丰收。当月实现税收近13万元。赵希贵承包的扶贫车间已吸纳群众就业86人，其中贫困人员35人，每人每月收入1600-2300元。下一步，赵希贵正在积极和南方客户联系，拓展销售渠道，计划在箕山镇建设藤编加工一条龙生产线，直接加工包装出口国内外市场。

专栏 5-4

曹县赵振兴返乡创业案例

从2008年开始创业以来，赵振兴做过皮毛经营，在内蒙古创办过宏业矿业发展有限公司，先后又进入餐饮、农产品深加工等行业领域。2013年凭借多年丰富的市场经济经验，看到区域商贸服务行业的巨大潜力，创办了菏泽誉鼎食品有限公司。该公司是一家专业从事食品、饮料为一体的大型商贸公司，以牡丹区为中心，市场覆盖各县乡镇，开拓流通、商超、特通多渠道发展模式，拥有银座、茂业、东明明大、东明光洋等商超网点，终端网点已超过一千个，年销售额在 8000 万元以上。

由于对牡丹的喜爱，近年来，还一直从事着牡丹的种植和市场开发等行业。随着不断对牡丹行业的深入了解，赵振兴同志把喜好转变成了事业，成立了鼎益生物科技有限公司，该公司从事牡丹种植、科研、市场开发、牡丹文化交流与传播、旅游观光、园林绿化等等，种植了大量的精品牡丹，并与国内多家景区合作，进行牡丹展览活动，在当地的反响都很强烈，均取得良好的效果。

2017 年赵振兴同志不忘初心，毅然决定返乡创业，积极对市场行情进行调查，并到多地进行调研学习，经过考察分析后，流转土地 1500 亩，倾力打造公司旗下项目——花海世界，努力成为当地最有影响力的旅游胜地。他受到了各级政府和领导的高度关注和大力支持，当地人民更是给予"虽由人作，宛自天开"的美誉。多次被山东卫视、菏泽日报、曹县新闻、曹县民生在线、大美曹县等各大媒体争相报道。自公司创立以来，先后吸纳 500 余人就业，有效拉动了家乡的繁荣和经济的发展，花海小镇成为了曹县旅游产业一大亮点。

（二）开展本地能人培育，打造致富带头人

能人带动是贫困群众实现脱贫的重要途径，通过发挥经济能人作用，不仅能发挥创业的示范带头作用，更能为群众创造工作机会，带动就业增收，从而实现高质量的稳定脱贫。菏泽市注重发挥创业致富带头人在脱贫攻坚中的重要作用，除积极推出举措吸引经济能人返乡创业之外，同时注重本地经济能人培育，探索出一条"带头创业，带动创业，

脱贫致富"的新路子。

第一，积极发掘现有致富带头人。把新型经营主体负责人、村干部、新型职业农民、种养能手、加工大户、电商创业者等群体作为致富带头人主要来源，选出产业基础好、带动能力强的致富带头人，在政策、资金上重点支持，放大"能人"效应，提升带动能力。如定陶区天中街道南城社区支部书记马化彬注册成立了茗嘉兴食用菌合作社，认定为致富带头人后，区财政整合各类资金740万元注入合作社，现合作社11个村社、131户贫困户签订了帮扶协议，以低于市场价20%的价格出售菌种，以高于市场价20%的价格回收产品，免费提供技术指导，所有签订协议的贫困户已全部实现脱贫。

第二，开展创业培训，积极培育新型创业带头人。菏泽市结合市场和创业实际需求，利用各类职业培训学校，创新培训方式，丰富培训载体，举办多种形式致富带头人培训班，做好致富带头人的技能和创业培训。同时，请来阿里巴巴集团、创业专家等开展培训、讲座，解放了思想，换了脑子、学了技术、找了路子，提升了带头致富的能力。与此同时，深入总结致富带头人带贫益贫典型案例，相互学习借鉴，提高能人创业的责任意识和创业能力。

第三，建好用好扶贫基地，为能人"搭台"。按照"产业到村、扶持到户"原则，把培育和壮大特色优势产业作为扶持的重点，加大对特色产业和创业致富带头人的支持力度，鼓励创业致富带头人建立发展扶贫基地，带动贫困户脱贫。一是挂牌一批。把培育和壮大特色优势产业作为扶持的重点，加大对特色产业和创业致富带头人的支持力度，鼓励创业致富带头人建立发展扶贫基地，将带动能力强的产业基地命名为

"扶贫基地"，激发新型经营主体脱贫攻坚社会责任。二是发展一批。把产业好、发展潜力大的产业"能人"作为创业致富带头人重点扶持对象，在壮大产业的同时，也提升了带动脱贫能力。

专栏 5-5

张福振与他的葡萄种植合作社

单县时楼镇康寺村拥有较长的葡萄种植历史，张福振，一个普通的葡萄种植户，从事葡萄种植 10 余年，2013 年创办晶鑫葡萄种植合作社。2017 年县农业局举办新型职业农民培训和职业经理人培训，他积极报名参加，学习新知识，将理论与实践创新结合，取得了较为显著的成效。

2017 年，张福振积极响应党委政府扶贫号召，和扶贫车间对接，吸纳 15-20 户贫困户到酒厂打工，每户贫困户除获得工资收入外，每年还可以从利润中获取 4000 元左右的分红，带动了村庄贫困人员实现脱贫。合作社的年利润 100 多万元，酒厂的投入使用，使合作社的经济效益和社会扶贫效益更加显著。

64 岁的贫困户李广平老人是村里的葡萄种植老手，在张福振的葡萄酒厂投入使用之后，李大爷家的葡萄就被酒厂预定了。李大爷说，小振的厂子收购的葡萄价格每斤要比外面的高出 1 至 2 毛，这样合计下来能赚不少呢。为了提高产量，李大爷积极和村里的农技推广员交流，查阅村里农家书屋里关于葡萄种植的科学方法，还经常参加镇上邀请的县农业农村局的专家的讲座。现在李大爷几乎每天都在自家的葡萄地里忙活，除了吃饭，老伴经常在家见不到他，老伴说，现在他看葡萄可比看俺还亲呢。李大爷笑着说，因为葡萄种植，俺们发了家致了富，可不美着嘞，我不得好好伺候着这些秧苗苗啊。

由扶贫车间带动脱贫的贫困户越来越多，他们得益于扶贫车间独特的运作条件，既可以照看家庭，又可以安心工作，有的还与车间签订生产协议，贫困户的腰包越来越鼓了。

郓城县随官屯镇：培植服装产业筑起脱贫攻坚大舞台

一人就业，全家当年脱贫。随官屯镇依托近年返乡创业机会，大力发展服装加工产业，积极扶持返乡创业青年，引进服装加工入驻"扶贫车间"，吸纳贫困户就业，走上了一条"一人一岗"的就业脱贫之路。

随西村村民李海霞，1993年因为家庭贫困去北京打工，从一个外来打工妹一步步成长为厂里的中层领导，并且在北京安了家。2012年李海霞回随西村过春节，从朋友那里听说家乡的很多人找不到活干，尤其是年龄大一点的留守妇女以及贫困人口更是求职难，便萌生了回家创业的想法。但如果回去，就要面对孩子上学等各方面的问题，于是产生了顾虑。但是对家乡的深切牵挂，帮助乡亲致富的强烈愿望以及个人对梦想的追求，使得李海霞决定返乡创业。

2012年8月，李海霞回到了家乡随官屯镇随西村，租赁一个小厂房，开始了艰难的创业之路。服装厂是订单加工，客户对产品质量要求非常严格，由于工人技术不熟练、产品不合格等问题，当年亏损4万余元。第二年，李海霞加强员工培训和管理，严把质量关，企业很快扭亏为盈走上了正轨。靠着过硬的技术和良好的信誉，李海霞的企业逐步发展壮大。脱贫攻坚战打响后，随官屯镇把全民创业特别是返乡创业作为扩大就业、带动脱贫攻坚作为重要举措来抓，出台了关于支持全民创业和返乡创业的政策措施，列支专项基金用于扶持返乡人员创业，特别是对返乡创业吸纳贫困人口就业者，政府给予一定专项资金予以奖励。2016年，在随官屯镇党委政府的大力支持下，李海霞重新选择厂址，并自筹资金300多万元，同时洪达化工有限公司援助20万元资金帮助李海霞建设扶贫车间，建筑面积1300平方米，厂区建筑面积达到3000余平方米。公司配备全套现代化的服装（针织）制造设备120余台。新的扶贫车间建好后，吸收当地更多群众到扶贫车间就业，目前员工已达到150余人，其中贫困群众40多名，工人月平均工资在2800元左右，最高的月工资达6000元，基本实现了当年入职、当年家庭脱贫。现在，百利安制衣每年为社会创造劳务收入200余万元。每年缴纳扶贫车间租金2.7万元。

（三）"归雁兴菏"：乡村振兴的新动力源

自开展"归雁兴菏"行动以来，菏泽市全市共有18.4万人返乡创业就业，领办创办实体企业6.9万个，带动就业45万人，菏泽市返乡创业工作不断取得新的成绩，探索出了返乡创业"菏泽模式"。

返乡创业人员创办扶贫车间吸纳贫困群众就业，已成为菏泽市"一人一岗"就业扶贫的重要方式。全市3107个扶贫车间60%以上由返乡创业人员经营。一部分返乡创业人员发挥优势，领办创办专业合作社、农业龙头企业等新兴经营主体，让贫困群众共同分享全产业链增值收益，带动了更多群众脱贫致富。郓城县刘强带着多年在外积累的农业运营技术和经验回到家乡，发起成立郓城县百蔬园果蔬大棚种植专业合作社，采取"合作社+基地+贫困户"的方式，贫困户通过土地入户、就地务工等形式进行运营，合作社流转土地 1200 亩，吸纳周边 18 个村、1000 余人就业，解决 350 个贫困户就业。

菏泽市坚持将创业致富能人领办农业龙头企业与带动贫困户脱贫增收相结合，推行"龙头企业＋基地＋农户"精准扶贫模式，企业在扩张、发展产业的同时，积极参与脱贫攻坚，通过流转土地实现解放生产力，通过吸纳务工实现二次就业，通过技术培训实现收入增加，构建了企业与贫困户榈融互推、同频共振的良性发展局面。注重激发贫困群众内生动力，在产业发展的过程中，"能人"负责创业，提供发展平台，有技术、有头脑的贫困群众优先依托平台，通过自身努力，实现自我脱贫。

通过发达城市和现代化大工业的锻造，菏泽市当年很多外出务工的青年现在成为技术骨干、管理精英和企业老板，他们的返乡下乡创业，为农村发展注入了新的活力和动力。2018 年，菏泽市评选的"菏泽十大新农人"，有 7 人是返乡创业者。牡丹区安兴镇探索出了"老乡带老乡、老乡带老板"的返乡创业新模式，实现了部分产业整体回迁、外出人员集中回流，建起了生态农业产业园、返乡创业园等。安兴镇村民田绪振 2016 年从北京回到家乡，投资创办菏泽鼎盛创意模型技术开发有限公司，带回一批当年跟他一起外出赴京打工的模型专业技术人员，带动周边村民就业 150 余人。安兴镇在苏州务工人员较多，苏州万丽服饰公司总经理在菏泽籍员工的宣传推介下到安兴考察，带着当年去打工、现在成技术骨干的安兴籍人员，于 2015 年到安兴投资创办万成服饰有限公司，吸纳稳定就业、灵活就业人员共计 1600 余人，现已成为安兴镇的骨干企业。

通过促进农民工返乡创业、经济能人回流，积极培育本地经济能人，菏泽市实现了在精准扶贫阶段困难群众就业问题的解决，同时，能人创业过程的联动效应逐渐培育了一批本土农民创业者的成长，为未来乡村振兴阶段菏泽市农村地区的人才振兴、经济社会发展找到了新的动力源。

四、经验与启示

菏泽市通过建设扶贫车间，将群众就地就近就业与能人返乡创业有机结合，不仅实现了贫困户和群众的就地就近充分就业，脱贫增收，更带动本地经济社会发展，为未来乡村振兴战略的实施奠定了基础。

第一，系统决策，为多种工作机制的结合统一找抓手。系统决策，就是要在治理目标分解的同时，找到一个有力的切入点，以点带面，一个工作机制与其他工作机制有机结合，最终实现多个治理目标的共同实现。通过系统的决策，科学分析工作过程中的关键问题和突破点，掌握了多个政府治理工作的"支点"，实现政府治理手段"1+1>2"的效果。菏泽市在探索群众就业增收工作机制时，结合本地实际，将引导传统产业发展、发展电商、吸引经济能人返乡创业以及帮助本地农民创业几个方面的工作统合到一起，探索出"扶贫车间"的创新工作模式，实现了群众就地就近就业与能人创业相统一，取得了经济与社会双重效益。菏泽经验表明，在脱贫攻坚工作过程中，通过系统决策，探索多种工作机制的连接点和抓手，实现经济效益和社会效益的统一，实现脱贫攻坚和乡村振兴的有效衔接。

第二，让人才嵌入当地社会，与政府治理目标统一。企业家是推动经济发展的主体。地方政府吸引、培养经济能人、返乡农民创业，使其成为企业家，本质是为当地经济发展服务。菏泽市在吸引能人返乡、培育本地能人的工作方面，采取多种措施吸引本地外出的经济能人返乡，首先就解决了社会文化适应性问题。同时，本地创业过程中，不论是返乡创业经济能人还是培育本土经济能人，人才都能有效地将自己潜入到当地社会关系网络之中，对于少部分本地社会关系网络薄弱的创业能人，政府采取措施予以帮扶，有针对性地解决经济能人创业过程中面临的困难。此外，将人才的引进与培育与本地政府的治理目标统一。扶持人才创业需要政府投入相应的治理资源，相应治理资源的投入应与政府的治理目标统一，能够促进本地经济社会发展。菏泽市在吸引返乡创业人才和人才培养过程中，始终坚持"脱贫攻坚"这个抓手，不盲目追求高附加值产业，而是在人才选择上始终将"脱贫攻坚"和"乡村振兴"的治理目标作为衡量手段，不能为本地带来大量就业机会的、劳动力素质要求过高的产业和创业项目等不盲目引进，实现了人才引进、培育与当地政府治理目标的统一。

第六章

"淤筑村台，创新发展"：
资源集约利用与生态乡村
建设相统一

　　黄河流域是我国重要的生态屏障和重要的经济地带，是打赢脱贫攻坚战的重要区域，在我国经济社会发展和生态安全方面具有十分重要的地位①。黄河下游滩区作为河道的组成部分，既是行洪、滞洪、沉沙的空间，也是群众生产生活的场所。滩区基础设施薄弱，经济社会发展滞后，群众生活面临诸多困难，是打赢脱贫攻坚的重要战场。菏泽市境内黄河 185 公里，形成滩区 504 平方公里，滩区居住人口 14.7 万人，其中贫困人口 25667 人。长期以来，滩区与滩外群众生产生活差距明显，是全市经济社会发展的主要短板。党的十八大以来，菏泽市脱贫攻坚聚焦黄河滩区，举全市之力，创造性地以"就地筑村台"为主要迁建模式，圆了滩区百年安居梦，拓宽群众脱贫致富路。"就地筑村台"实现了资

---

　　① 习近平，《在黄河流域生态保护和高质量发展座谈会上的讲话》，《求是》，2019年第 20 期。

源集约利用与生态乡村建设的有机统一，是菏泽打赢脱贫攻坚战的"一号工程"，也为实现乡村生态振兴奠定扎实基础。

一、特殊的发展空间与脆弱的生态条件

早在 1946 年，中国共产党就成立了黄河治河委员会，开启治黄历史的新篇章。新中国成立后，历届领导人高度重视治黄事业。1952 年 10 月，毛泽东巡视就来到菏泽对岸兰考县，在黄河岸边发出"要把黄河的事情办好"的号召。改革开放以来，邓小平、江泽民、胡锦涛等党和国家领导人都曾亲临黄河，筹划治黄战略。[1] 习近平总书记对于黄河治理也时常牵挂，2014 年赴菏泽对岸的黄河兰考东坝头段考察，不仅询问黄河防汛情况，而且了解黄河滩区群众生产生活情况。2018 年 6 月 12 至 14 日视察山东时，总书记提出了坚持精准扶贫精准脱贫，紧盯"黄河滩"、聚焦"沂蒙山"、锁定"老病残"的要求。2019 年 9 月 18 日，总书记又在郑州主持召开"黄河流域生态保护和高质量发展座谈会"并发表重要讲话，强调要着力加强生态保护治理、保障黄河长治久安、促进全流域高质量发展、改善人民群众生活、保护传承弘扬黄河文化，让黄河成为造福人民的幸福河。如何补齐黄河滩区这块菏泽民生发展"短板中的短板"，啃下脱贫攻坚"硬骨头中的硬骨头"，成为菏泽市打赢脱贫攻坚战的"坚中之坚"。如何在脱贫攻坚中实现生态保护与高质量发展

---

① 《创作新时代的黄河大合唱——记习近平总书记考察调研并主持召开黄河流域生态保护和高质量发展座谈会》，《人民日报》，2019 年 09 月 20 日，第 1 版。

的目标，成为菏泽治理黄河滩区时必须同时思考和解决的难题。

（一）黄河滩区为菏泽最突出的民生短板

历史上，黄河下游河道"善淤、善徙、善决"，曾发生过27次大的变迁，影响面积约25万平方公里，也形成了大量直面水患的"滩区"地带。黄河滩区处于洪、涝、旱、沙、碱五害俱全的特殊地带，是多灾、贫穷、落后的区域。菏泽境内河道长度185公里，流经东明县、牡丹区、鄄城县、郓城县，形成13处滩区，涉及16个乡镇、240个行政村、458个自然村，其中村庄和耕地均在滩区的自然村有208个。菏泽滩区面积504平方公里，居住人口14.7万人，主要分布于东明、鄄城两县。历史上，作为黄河入鲁第一站，"自古菏泽灾害多"，平均36年遭受一次黄泛之苦，所及之处，重则圮村舍，溺人畜，原地物荡然无存；轻则家破人亡，壮流四方。[1]

新中国刚刚成立，黄河水利委员会根据下游河道特点和堤防工程状况，确立"宽河固堤"为核心的治理方针，建成了由堤防、河道整治工程和蓄滞洪工程组成的防洪体系。为使河道具有较大的过洪能力，菏泽境内多处河段采取"宽修堤防"的治理方式，黄河大堤距宽一般为5—10公里，最宽达20公里以上。黄河大堤的加宽加高，使黄河大堤安全问题得到解决，但也在大堤临河一侧形成了广阔的滩地。滩地汛期是洪水漫延之地，平时则是滩区群众生活居住的场所，是农业生产的土地。特殊的地理位置使得滩区群众长期遭受黄患的危害，生命财产得不到安全

---

① 菏泽市水利志编纂委员会编，《菏泽市水利志》，济南出版社1991年版。

保障。2002年黄河调水调沙实验以前，河水几乎年年漫滩，黄河流量达
到2000m³/s就会形成漫滩，漫滩之后堤内是一片汪洋。此后，经过多
年的治理，尤其是"小浪底"工程的完成，菏泽黄河滩区水患风险极大
减小。

　　然而，由于滩区作为"河道"的特殊功能、公共服务设施发展滞后
等一系列因素，滩区群众的生活状况长期落后于滩外群众，生活水平与
滩外群众形成鲜明对照。历史上，滩区贫困发生率长期居高不下，早在
"八七扶贫攻坚计划"中，黄河滩区就被列入扶贫开发的重点区域。但
由于发展制约因素多、历史欠账多，滩区群众的生活生产条件长期是菏
泽市的最明显的民生短板。直到2004年，山东省滩区人均纯收入2505
元，为全省农民人均纯收入的71.6%，其中菏泽滩区人均纯收入仅1428
元，为全省农民人均纯收入的40.8%；市内滩区主要分布的鄄城县、东
明县的贫困发生率分别为近50%和44.5%。东明县2017年全县黄河滩区
未脱贫人口214344人，占全县贫困人口的44.2%，是全市乃至全省的
深度贫困区域。2017年，滩区农民人均纯收入远低于东明农民人均纯收
入和鄄城县农民人均纯收入。

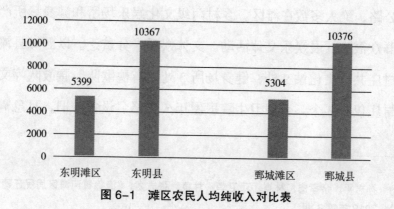

图6-1　滩区农民人均纯收入对比表

　　生活在这块民生"洼地"，滩区群众的生产生活面临诸多不便与艰辛，"住房难、行路难、浇地难、吃水难、上学难"等成为滩区发展必须解决的障碍。其中，"建房难"是滩区群众生活的最大的难题，"因房致贫"也是滩区老百姓最主要的致贫原因。由于滩区一侧是黄河大堤，一侧即是黄河河床，承担了黄河涨水时行洪的功能。老百姓要在这里建房，首先得就地垫起高数米的土台，以防止涨水时漫过房屋。家家户户各自垒房台，成本一般和房屋造价相当，这里的百姓需要用两倍的投入才能住上和滩外一样的房屋。许多滩区群众的多年积蓄都用于筑建房，造成沉重负担。新华社记者采访的近百位黄河滩区居民中，平均每户居民一辈子建房约 4 到 5 次，最多的一户达到 9 次。[①]一辈子不停地"拉土垫台、拆房建房"是滩区以及离开滩区老百姓普遍的记忆，告别"三年攒钱、三年垫台、三年建房、三年还账"的困苦局面成为滩区群众最急切的希望。

　　由于建设限制以及散乱的村落分布情况，滩区公共服务也严重滞后滩区外农村。不少村级道路、田间道路或年久失修或未硬化，村民出行难、农产品运出难。例如，位于鄄城县滩区的旧城镇，46% 的村庄没有通公路，绝大多数在滩区。乡村两级文化娱乐场所和健身场所严重不足，群众很难开展娱乐文体活动。文体娱乐十分贫乏。以鄄城县滩区为例，村庄共有文化站 9 处，健身场所 3 处，有秧歌队、腰鼓队等文化队伍的村庄仅有 3 个。乡镇卫生院房屋年久失修、设备陈旧，且急需专业

　　① 孙志平、余孝忠、林嵬、邓卫华、甘泉、张志龙，《豫鲁黄河滩区居民迁建调查》，《瞭望》，2018 年第 6 期。

医护人员，村庄多数没有卫生室。医疗卫生条件有限，滩区卫生所数量少，鄄城县滩区仅有 6 处。卫生室大都设在乡村医生自己家，条件十分简陋，缺乏必要的医疗设备。推行新型农村合作医疗制度以来，虽然农民参合率逐年提高，但由于医疗费用报销数额有限，加之滩区群众经济积累较少，群众看病难、看病贵现象仍然存在，群众因病返贫现象还比较突出。[①]

习近平总书记强调，"要优化教育资源配置，逐步缩小区域、城乡、校际差距，特别是要加大对革命老区、民族地区、边远地区、贫困地区基础教育的投入力度，保障贫困地区办学经费，健全家庭困难学生资助体系"[②]。然而，由于滩区的特殊环境，导致滩区长期教育投入不足，师资力量匮乏，教学设施落后，校舍大多破旧狭小，远远达不到省定基本要求。部分适龄儿童要到乡镇驻地上学。学校设施普遍欠缺或较差，有些课程无法开展。由于滩区条件差，新老师不愿意去，目前教师特别是小学教师年龄老化严重，缺少青年教师，尤其缺乏英语和音体美教师，师资力量弱。

总之，尽管经过多年的治理，黄河"害河"的标签不再，但黄河滩区落后的面貌依然有待进一步改善。无论是对于全面建成小康社会，还是实现黄河长治久安，解决滩区的问题都是菏泽市委市政府必须补齐的民生短板。然而，滩区复杂的水文地理条件和长期的历史欠账，使得改

---

① 山东省水利勘测设计院，《菏泽市黄河滩区脱贫迁建项目可行性研究报告》。
② 习近平，《在北京市八一学校考察时的讲话（2016 年 9 月 9 日）》，《人民日报》，2016 年 9 月 10 日。

善滩区生产生活条件变成菏泽脱贫攻坚的硬仗。

（二）黄河滩区高质量发展的制约因素

菏泽黄河滩区之所以成为菏泽脱贫攻坚的主战场，原因不仅在于当地群众要面对"安居"之难，而且更面临"乐业"之困。一是，滩区要经常直接承受黄河洪水带来的经济损失。二是，受洪水的威胁，限制了许多工、副业项目的发展，绝大多数仍是以农为生，收入增加缓慢。三是，受自然条件制约，交通等基础设施较差，客观上形成了环境上的闭塞。四是，受传统的生产生活方式影响较深，改革开放意识相对滞后。在政策扶持下，农业产业虽然有较大发展，但受地理环境影响，滩区农业沿袭传统种植模式，亩均效益不高；畜牧水产业，限于前期投资大、成本高等因素制约，发展仍然缓慢，没有形成规模优势，收效带动作用不明显。

长期以来，黄河滩区乡村经济基础比较薄弱，村级集体经济基本处于空白，滩区位置偏僻，地理环境差，安全系数低，投资风险大，外商不愿投资建厂，招商引资非常困难。商贸服务业发展滞后，工业几乎是空白，没有一家规模以上企业，滩区群众享受不到工业发展带来的红利，外出务工为滩区群众增收的主要渠道。2017年，滩区外出打工人数共37624人，占人口比重的28%。受黄河滩区信息闭塞和劳动力综合素质的影响，滩区劳动力外出打工增收效果并不明显。

表 6-1　2017 年菏泽市黄河滩区主要乡镇外出打工群众比例

乡镇名称	人口（人）	外出打工人口（人）	比重（%）
旧城镇	17894	4652	26%
长兴集	52646	12055	23%
焦园乡	43178	10914	25%
沙窝镇	12076	7964	66%
菜园集	8867	2039	23%
合计	134661	37624	28%

　　滩区农业以传统农作物小麦、玉米为主，经济作物品种少，综合效益较低，农业机械化程度低，劳动组织化程度低。近年来，滩区内的土地流转和农业结构调整工作开始起步，工商资本在土地适度规模经营和现代农业发展方面进行了积极的探索，林果业、畜牧养殖业和沿黄观光农业初步发展，但滩区生态高效农业的发展起步晚，没有形成规模及特色品牌，农业效益不理想，示范带动效果不明显。

　　滩区第二产业严重落后，各类项目入驻困难。由于国家政策限制投入政策的影响，黄河滩区工业基础极其薄弱，主要以农产品深加工和手工业为主。受土地技术资金的限制，依靠"内生动力"发展难度极大。长期以来，由于区位偏远、交通不畅、基础设施配套差，国家虽然投资较多，但落户在黄河滩区的项目较少，制约了滩区经济的发展。农业龙头企业不愿或不敢在滩区建立原料生产加工基地，导致农业企业数量少、规模小、加工能力弱，滩区资源很难得到高效利用。

　　滩区第三产业配套较差，集聚带动作用不强。受地势低洼等地理条件的限制和影响，滩区镇（社）区建设起步较晚，配套服务功能区划不明确，集中供水、垃圾、污水等污染物集中处理设施尚未建设；辖区内主要道路路况较差，道路不能形成路网循环；医院、学校、文化娱乐等服务设施尚不健全；公厕、宾馆、酒店、加油站、燃气站等设施不完善，商贸服务主要以日常生活性服务业为主，辐射半径小，从业人员整体素质不高，服务意识和管理水平有待提升，滩区人才资金要素外流严重，无法满足外来人口需求，不具备辐射带动作用。

因此，要推动滩区的高质量发展，不仅要加大投入力度，还要积极贯彻新发展理念，不停留在传统的发展思路。为此，菏泽市立足滩区地理、生态、发展传统等实际，探索解决滩区问题的新思路、新模式。其中，挖掘滩区地理和生态优势，成为破解滩区发展的重要思路。

（三）黄河滩区重要的生态功能

"黄河流域是我国重要的生态屏障和重要的经济地带，是打赢脱贫攻坚战的重要区域，在我国经济社会发展和生态安全方面具有十分重要的地位。[1]"对于滩区而言，则面临着人居安全、行洪安全以及生态安全三方面的挑战，而且滩区的生态安全不仅关乎菏泽市的绿色发展，菏泽作为黄河入鲁第一市，滩区的生态直接影响着下游的饮水安全。因此，滩区的发展不仅面临着沉重的历史负担，而且必须改变传统的产业发展思路，在滩区这样的生态脆弱之地找到一条绿色发展之路。

滩区是生活艰苦、发展困难之地，由于作为河道的特殊区位，滩区

---

① 《创作新时代的黄河大合唱——记习近平总书记考察调研并主持召开黄河流域生态保护和高质量发展座谈会》，《人民日报》，2019年09月20日，第1版。

同样具有较高的生态价值，生态环境尤其脆弱。滩区拥有丰富的湿地生态资源，是黄河下游重要的生态安全屏障。其生态系统主要功能包括涵养水源、补充地下水、消减洪峰、防止洪涝灾害；湿地多样性保护；防风固沙、农业及林果生产。因此，滩区的基础设施建设和产业发展存在诸多"生态红线"，同样面临着保护与发展的矛盾，如何化解这些矛盾成为滩区发展的重要挑战。

除了自然的生态功能，滩区还面临着人居环境难以治理的难题，由于基础设施建设难以投入或投入不足，滩区人居产生的各类污染物难以充分实现无害治理。此外，由于滩区现有村庄道路破损，多数村庄没有硬化路面，供水保证率低、污水及雨水排放无序、垃圾随处堆放，生活环境及生态环境有待进一步提升。一方面是发展的限制，一方面又是更高的环保要求，如何在更高的发展目标和多重约束条件中找到绿色发展之路，成为菏泽黄河滩区脱贫必须破解的难题。面对这样的困境，人口异地安置成为实现"缓解生态脆弱地区的人口压力，实现环境保护和减贫的双重目标"[1]的必然选择。然而，菏泽市既有的发展局面无法提供相应的土地资源，滩区群众"故土难离观念"也构成了易地搬迁的巨大阻力。

二、举全市之力实施滩区脱贫迁建工程

党的十八大以来，补齐黄河滩区这块"短板"，帮助滩区群众实现

---

① 王晓毅，《移民的流动性与贫困治理——宁夏生态移民的再认识》，《中国农业大学学报（社会科学版）》，2017年第5期。

"安居梦",成为确保全面小康社会道路上不落一户、不漏一人的必然要求。2014年,九三学社中央相关同志到菏泽调研黄河滩区扶贫开发情况,充分调研后撰写《关于黄河下游滩区扶贫开发的调研报告》,从而揭开了黄河滩区脱贫迁建工作的序幕。在中央和山东省的支持下,菏泽市坚持新发展理念、坚持精准扶贫精准脱贫基本方略,集约利用资源,探索出了菏泽特色的滩区迁建模式和黄河流域高质量发展的创新思路。

(一)物理空间再造与土地资源集约相统一

菏泽滩区的减贫与发展既面临困局,也存在优势。一方面,黄河河道与大堤之间的特殊空间是菏泽滩区解决发展问题的必然前提,传统"易地搬迁"在滩区面临巨大挑战。另一方面,虽然滩区生活与生产存在种种限制,但滩区丰富优质的土地资源又构成了当地的主要资源禀赋。改善滩区群众的生产生活条件既不能以牺牲滩区的土地资源为代价,也不能增加群众的生产生活成本。因此,如何挖掘滩区土地价值成为激活滩区脱贫优势的重要选择,对此,菏泽市创造性地探索和完善了"就地就近筑村台"的迁建模式,在解决滩区住房安全问题的同时,也实现了增加和整合土地资源的目标。此外,菏泽市通过宅基地复垦的土地增减挂钩收益,进一步降低了滩区迁建的建设成本。

"生存条件恶劣、自然灾害频发的地方,通水、通路、通电等成本很高,贫困人口很难实现就地脱贫,需要实施易地搬迁。"[①]"一方水土

---

① 中共中央党史和文献研究院编,《习近平扶贫论述摘编》,中央文献出版社2018年版。

难养一方人"的困境下，易地扶贫搬迁往往是解决滩区发展难题的重要出路。菏泽早在 1956 年，根据中央关于《全国农业发展纲要》草案中的移民垦荒指示，就曾动员滩区部分群众前往黑龙江落户。[1]1996 年"96·8"洪水暴发，滩区经历险情，为从根本上解决滩区群众安全问题，山东省委、省政府做出了实施黄河滩区村庄搬迁的重大决策。此次搬迁，将部分便于搬迁的群众移居至滩区外，但由于搬迁后耕作半径增大，新村公共基础设施缺乏等原因，出现了一些搬出滩区的群众又回返原有房屋居住的情况。2004 年，滩区又充分利用政策，争取亚洲开发银行贷款和省级财政配套资金在长兴集乡滩内淤筑南、北两个总面积 60.12 万平方米的防洪村台，建设了七号新村、八号新村，七号新村已搬迁安置 5 个村、1400 户、5120 人；八号新村已安置群众 500 户、2400 人。

从两种搬迁安置方式情况看，临近大堤的村庄，适合滩外就近易地搬迁，稍远的村庄再采取这种方式弊端则较多。一是滩外土地通过前两次搬迁已经占用一部分，再次外迁需要征用大量滩外耕地，造成新的失地农民，滩外群众工作协调难度大，易引发一些新的社会矛盾。二是滩区群众迁至滩外，耕作半径将远远超过 1.5 公里的标准，不利于农业生产，群众抵触情绪较大。离大堤稍远的村庄，采取就近筑防洪大村台安置方式，是国家在治理黄河滩区"废堤筑台"政策上的延续和提升，很大程度上解决了滩外安置的诸多问题，从七号新村建设实践来看：一是极大增加了滩区群众生产生活的安全系数。二是较少改变滩区群众生活

---

[1] 菏泽市水利志编纂委员会编，《菏泽市水利志》，济南出版社 1991 年版，第 276 页。

习惯和耕作半径，有利于滩区群众的生产生活。三是新村规划建设标准高，路、水、电等基础设施配套，学校、卫生室、文化广场等公共设施齐全，有助于改善群众居住条件和生活环境。四是通过旧村址复耕，人均增加耕地 0.5 亩。

面对脱贫攻坚"不落一人"的要求，如何彻底解决滩区发展的问题、实现滩区群众安居乐业成为菏泽市必须面对的难题。经过长期的调研和反复的论证，菏泽最终确定了以"就地就近筑村台"为主要模式的滩区迁建工程。基于滩区现实条件和两种搬迁方式的利弊分析，菏泽对滩区防洪村台建设、群众安置的可行性进行了多方论证，按照"就近安置、节约土地、便于群众生产生活"的原则，立足于 20 年人口自然增长的需要，制定了滩区社区的总体布局和建设规划。

表 6-2　不同安置模式比较

模式	优点	缺点
异地建村	①安全同时兼顾生产	①成本高； ②需要上级政府主导协调土地。
原村加固	①保护原有村庄肌理，成本低 ②农业生产方便 ③有一定的发展空间	①占用行蓄洪区蓄洪库容； ②汛期容易形成"孤岛"。
新建村台	①安全性高 ②耕作半径适合 ③较好保留原有社会组织，成本适中	①新村台台顶人均 60 平方米的标准； ②产业空间不足。
城镇安置	①安全性高，享受城镇的生活	①脱离原有社会结构，社会成本较高； ②适宜具有一定农业生产技能的居民。

如果说"就地就近搬迁"是实现滩区群众安居梦的一大创新，那么"淤筑村台"则是另一重要的创新。村台填筑主要采用吹填方案，先在村台四周采用黏土填筑围堤，然后在围堤内吹填砂形成台身，最后在

村台表面覆盖一层黏土。吹填技术是指利用挖泥船挖取河、湖、海中的泥沙，通过排泥管线强力输送到指定地点进行填筑，使地面达到一定高度，经沉积固结后形成陆地加以利用。该技术自二十世纪七十年代初开始应用于黄河淤背固堤工程，目前已广泛应用于河湖清淤、村台填筑、填海造陆、滩涂开发等项目。每个村台建设需要经过修筑围堤、吹沙淤台、半年沉降三个阶段，结实牢固后才能在上面建房。

尽管有着长期的技术积累，但开展如此大规模的吹填在工程史上尚属首次，需要解决大量工程技术难题。在村台吹填期间，菏泽相继克服黄河含沙量少、河面管线经常破裂、黄河泄洪流量高等种种不利影响，通过增加抽沙管线、加强施工力量、压缩维修时间等措施，确保了吹沙淤填进度。以东明县为例，自两个试点村台正式吹沙淤填以来，东明县24个村台吹沙淤填工作历时 23 个月，共动土 8240 万立方米，其中吹沙淤填 6870 万立方米。在村台吹沙淤填前，24 个村台共清理占地 1.8 万亩，转移群众 1611 户，伐树 18 万棵，迁坟 5503 座，架设高压干线 12 条 90 公里，安装变压器 405 台，铺装抽沙管线 163 条 980 公里。

迁建可以节约土地资源和节省资金用于生产生活。迁建集中后可大量节约土地，原村庄拆除后复垦，可整合土地资源，开发利用。菏泽滩区迁建共涉及三个县区、8 个乡镇、77 个行政村、182 个自然村、145589 人，新建 28 个村台（含两个试点村台）、外迁 6 个社区。迁建以前，滩区村庄用地规模为 2051 公顷，人均村庄建设用地 152.3 平方米，土地使用较为粗放。通过集中安置在 28 个新建村台上，采用就近安置的原则进行合村并点。新建村台用地规模共 1407 公顷，人均 104 平方米。搬迁后可腾退耕地 644 公顷（9660 亩）。全市总投资约 124 亿元，建设资金通过中央和省财政补助资金、政策性融资（地方政府债券、专项建设基金、政策性贷款）、农户自筹资金、金融机构贷款、统筹涉农资金、利用土地增减挂钩政策等渠道筹集，其中省级以上承担 65.06 亿元，群众自筹约 14.5 亿元。

总之，通过"就地就近搬迁"和"吹沙淤筑村台"，菏泽市"原地再造"了滩区群众的生产和生活空间，破解了"一方水土难养一方人"难题，充分落实了习近平总书记对于易地扶贫搬迁"要根据当地资源条件和环境承载能力，科学确定安置点"的要求。与此同时，通过集约化的社区建设节约和重新规划了既有土地资源，减轻了政府和群众的搬迁负担。新建的 28 个村台为滩区群众的生产生活提供了全新的空间，不仅是保障住房安全的重要举措，也为滩区高质量发展提供了良好的物理空间。

（二）区域整体规划与满足差异性需求统一

从流域治理的角度看，滩区的发展构成整体，因此滩区迁建的发展需要统一规划与统筹安排。然而，如果从基层治理的角度看，滩区迁建涉及人口众多、需求多样，如何充分满足群众对美好生活的差异性需求，则成为迁建的另一大难题和挑战。为此，菏泽市不仅在规划阶段充分考虑滩区发展的多样性与发展性，而且深入开展群众工作，充分了解民意，最终实现了滩区迁建整体规划与满足差异性需求的统一。

1. 整体设计，统一规划

作为全省滩区迁建的主战场，山东省委、省政府给予了菏泽市极大的关注和支持，省委刘家义书记多次到黄河滩区一线调研，龚正省长牵头成立省黄河滩区脱贫迁建领导小组，主持编制黄河滩区脱贫迁建总体规划。黄河滩区脱贫迁建作为菏泽市脱贫攻坚的标志性工程，时间紧、任务重、难点多，是一项复杂的系统工程，要统筹协调做好总体谋划，加强顶层设计，把方方面面的积极性、资源、政策、资金充分调动起来，拿出一揽子措施，统筹推进黄河滩区脱贫迁建工作。不仅成立了专门的领导小组，形成了一揽子专项工作方案，而且建立了完善的一线工作机制。

2016年12月1日，菏泽市委、市政府下发了《关于成立菏泽市黄河滩区脱贫迁建领导小组的通知》，组建了由市委、市政府主要领导同志任组长的黄河滩区脱贫迁建领导小组。各县区也成立了相应的黄河滩区脱贫迁建领导小组。按照"市级统筹、县负总责、乡村具体抓落实"的原则，逐级签订责任书，层层扛起主体责任，用心用情用力抓好落实。多次组织召开滩区脱贫迁建领导小组会议，并通过全市扶贫开发工作会议、滩区脱贫迁建座谈会、现场会及部门联席会议，研究解决资金、土地、拆迁、建设等问题，保障了工作快速推进。东明县、鄄城县、牡丹区全面落实指挥部作战机制，均成立了指挥部，靠上协调服务，一个村台一个指挥部。全市共有600余名工作人员驻扎一线，现场办公，全力推进滩区居民迁建工作。2018年4月，根据省委、省政府出台的《黄河滩区居民迁建专项方案》，菏泽市也有针对性地制定了涉及25个部门在内的《菏泽市黄河滩区居民迁建专项方案》。

滩区发展规划不仅做到了自上而下组织实施，还体现在对于滩区整体风貌的分类规划。依据滩区不同区域的特色资源，将新建村台分为"田园生活型"、"中华文化型"和"黄河文化型"三种类型进行规划设计，充分体现了滩区生态和人文资源优势，实现了滩区发展差异性与整体性的统一。规划综合分析村台交通区位条件、资源分布情况、原有村庄产业特色等因素，根据《山东省黄河滩区居民迁建建设专项规划》中确定的迁建社区产业发展类型，对 28 个新建村台进行发展引导。确定 4 个综合发展型村台、16 个现代农业型村台和 8 个旅游带动型村台。

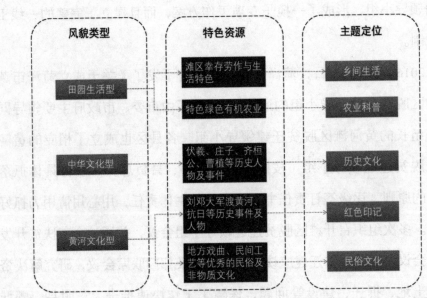

图 6-2　分类引导村台景观风貌类型

2.分类引导，满足差性异需求

迁建不仅需要解决大量工程建设难题，也需要做好搬迁群众的动员工作。滩区迁建涉及人、地、房、钱等一系列复杂问题，赢得群众的理解与配合对于迁建工作顺利进行意义重大。在实际工作中，如何在滩区农村复杂的治理情景以及群众差异性的需求中，实现整个迁建工程的统筹推进成为迁建工作的另一大难题。为此，菏泽市涉及迁建的主要县区充分发挥党组织的基层战斗堡垒作用，做好群众工作，在短时间内深入了解群众实际需求，充分做到了为民生工程得民心。滩区居民迁建涉及群众调查摸底、政策协调、资金筹措、安置区建设、旧村复垦、后续社会保障等诸多方面，需各级各层面合力推进，统筹协调难度大。同时，迁建既要搬得出，又要稳得住，更要保证群众能就业可致富，后续发展任务非常艰巨。滩区群众工作难度主要体现在以下几个方面：

一方面，在社区规划设计上，群众需求不一，众口难调，在社区规划设计时，须充分考虑大多数群众的意见；另一方面，错落有致、内涵丰富、一村一特色的规划设计需求，与省确定的规划原则、资金规模、补助办法之间存在的矛盾不好解决。在群众个人居住条件上，按照规划方案设计的住房面积，与一些群众期盼差距较大，面临的房屋分配、群众搬迁、旧村拆迁复垦等问题很多。在安置社区建设统建和自建问题上群众意见不一，部分群众认为统建需要额外缴纳税费且担心质量问题。在外迁社区涉及土地调整上，比如东明县沙窝镇经过村庄间的数次调地才得以完成，一旦处理不当，极易引发矛盾，成为工程开工的老大难问题。

在实际搬迁工程中，滩区坚持深入做好群众工作，充分宣传、充分动员、充分了解群众需求，在有效避免此前搬迁弊端的基础上，充分了解并满足了差异性的需求。滩区迁建通过科学的整体规划与细致的群众工作相结合，既实现了滩区建设工程的整体性与系统性，也最大程度满足了滩区居民经济、社会和文化等方面的差异性需求。例如，在动员不同村庄整合进一个村台时，坚持"地相近、人相亲、俗相同"的原则，且设计了多种模式供不同村台选择。而新规划的社区住宅就分三种，单层独院、两层独院及单层老年公寓，单层或两层独院占地 166m²，户型分为 75m²、100m²、120m²、160m² 四种，老年公寓每间 50m²。

专栏 6-1

鄄城县为最大限度地得到群众的理解和支持，把宣传发动作为群众工作的重中之重，充分利用一切宣传工具和宣传途径加大宣传力度。一是通过明白纸、宣传车、村喇叭、横幅、标语、举办培训班、发放光盘等多种方式，宣传黄河滩区迁建的重要性和必要性，使迁建政策家喻户晓。二是组织村干部及部分群众代表到外地实地参观考察。三是开展走访、座谈、召开村民代表会、发放《群众意愿调查表》等活动。四是成立村民自治委员会，言传身教，发挥示范带头作用。五是发挥老干部德高望重作用，知人善任，解决群众疑难杂问题。通过一系列行之有效的宣传工作，使群众开阔了眼界，转变了观念，统一了思想，形成了积极支持、踊跃参与的良好舆论氛围，为工作顺利开展奠定坚实群众基础。如旧城镇安庄村，是一个 1900 人的大村，群情复杂，由党员、群众代表、村内能人组建的村民自治委员会在土地调整、清障等方面充分发挥职能，以身作则，率先垂范，起到了有效的推动作用。

东明县焦园乡是全市西南部最偏远的滩区乡镇之一，也是全市黄河滩区脱贫迁建主战场。在实际工作中，焦园乡把滩区迁建作为脱贫攻坚的重要抓手，全方位改善黄河滩区的生产生活条件。在菏泽黄河滩区脱贫迁建工程总指挥部的正确领导下，在县派驻焦园乡 10 个村台指挥部的一线指挥下，持续实行一个村台、一名科级干部挂帅、一套班子作战机制，充分发挥乡村班子战斗堡垒作用和党员干部先锋模范作用，钉在一线，斗酷暑、战严寒，攻坚克难、昼夜奋战，确保 10 个村台稳步推进。8 号试点村台被列为第一批美丽村居建设省级试点村庄。

（三）脱贫迁建与宜居社区建设统一

总书记指出，"要推动乡村生态振兴，坚持绿色发展，加强农村突出环境问题综合治理，扎实实施农村人居环境整治三年行动计划，推进农村'厕所革命'，完善农村生活设施，打造农民安居乐业的美丽家园，让良好生态成为乡村振兴支撑点[①]"。农村生态环境的改善是实施乡村振兴战略重要任务之一，"生态宜居"在乡村振兴总要求中排在第二位。中共中央办公厅和国务院办公厅印发的《农村人居环境整治三年行动方案》强调，农村人居环境是一个突出的短板，指出"改善农村人居环境，建设美丽宜居乡村，是实施乡村振兴战略的一项重要任务"。菏泽滩区迁建的实施不仅瞄准了滩区群众"建房难"的困境，也面向乡村振兴生态保护的要求，实现了现存产业发展与生态保护的统一。

村台为滩区的发展提供了全新的"基础"，不仅具备抵御"百年一遇"洪水的功能，也为滩区生活生产发展提供了更高的起点。由于是对既有滩区土地资源的重生整合利用，村台上的社区建设不仅可以规避已有规划的诸多弊端与障碍，而且有条件落实最新的社区规划理念与技术。为此，菏泽市委、市政府出台了《关于进一步做好黄河滩区脱贫迁建工作的实施意见》，把科学规划安置新社区作为迁建重要工作之一，要求"要突出规划引领，引入超前规划设计理念。提炼黄河滩区传统建筑风貌特征，精心选择建筑风格、建筑材质、色彩组合、装饰构件和景

---

① 习近平，《在参加十三届全国人大一次会议山东代表团审议时的讲话（2018年3月8日）》，《人民日报》，2018年3月9日。

观小品。做好建筑群体组合和公共空间布局，建筑风格简洁大方，形制和色彩与当地建筑风格协调。注重彰显黄河地域特色，传承黄河文化渊源，实现'一台一品、一台一韵'，为打造乡村振兴'齐鲁样板'贡献菏泽力量"。

这些规划的落实不仅意味着滩区告别长久以来的艰难生活，还使他们在新的起点上与美好生活更加接近。东明县长兴集乡2016年已完成迁建的竹林新村不仅为后来的滩区迁建工作积累了经验，同时也展示了迁建后群众美好生活。竹林新村位于东明县城西南23公里处，距现长兴集乡政府驻地3公里，辖东竹林、西竹林、新刘乡、老刘乡、毛庄五个自然村。竹林新村是保障滩区群众居住安全实施的一大安居脱贫工程，2016年基本搬迁完成，为全乡滩区迁建开了好头。整个新村按照新型农村社区规划设计，主户型统一为两层楼房上下六间，柏油路、路灯、自来水、卫生室、学校、污水处理厂、娱乐活动广场等基础配套设施齐全，为滩区群众提供了安全优美的居住环境，搬迁群众过上了安居乐业的生活，也从根本上解决了大多数搬迁群众的贫困问题。

相比竹林新村，新近淤筑完成的村台在新的建设条件下，有了更高的建设标准。对此，菏泽市做出了"超前谋划产业发展，立足黄河滩区实际，高标准、高起点、高水平编制滩区产业发展规划"的要求，努力实现"一村一品、一台一韵"，积极打造美丽乡村示范点和乡村振兴的样板，将昔日的"黄河滩"变成美丽的"花果园"，让滩区群众家园更美好、生活更幸福。围绕这些目标的实现，菏泽市在相关规划标准的基础上，专门出台了《菏泽市黄河滩区脱贫迁建建设专项方案》，规划要求，在实施外迁社区和筑村台社区建设时，同步实施农村改路、改房、改厕、改水、改暖等基础设施建设，实现道路硬化、村庄亮化、厕所改造、村庄绿化、环境整治、污水和垃圾治理等；同步完善集便民服务、劳动就业、社会保障、文化娱乐、医疗卫生等功能于一体的社区服务中心等公共服务设施。确保农村道路户户通，全部使用无害化卫生厕所，保障滩区迁建居民住房安全，迁建社区污水处理设施满足需要。

滩区迁建社区和产业园区建设融入城镇体系布局，以农民生产方式和生活方式转变、就地就近市民化为路径，同步推进农村产业园区和迁建社区建设，并纳入当地城镇化体系统一规划和管理。坚持社区、园区同步推进、同步建设，结合县域、镇域产业布局，以打造特色小镇的理念，优化农村产业园区规划，推动工业向园区集中、人口向城镇集中、居住向社区集中，努力探索布局合理、设施完善、环境优美、特色鲜明的现代化"两区同建"新型城镇化发展道路。

在满足基本生活生产建设的基础上，滩区建设还充分考虑了滩区文化与自然特征，力图构建黄河水岸风情带，塑造自然与人文特色相互交融的美丽田园景观风貌。例如，在新规划社区的规划设计阶段，设计部门深入研究了滩区地方乡土建筑的特征，包括传统民居形制、构造、材料、建筑装饰等因素，从而开展基于传统特征的建筑特色营造。在充分融入地方传统民族的形态特征与文化元素的同时，新建成的社区建筑还加入了现代节能环保材料。

总之，滩区迁建在解决滩区群众"安居"问题的同时，也兼顾"宜居"，不仅让群众住得安心，也让他们住得舒心。滩区迁建坚持了"补短板"与"谋发展"并举的原则，不仅要让困难群众尽快摆脱贫困，也在解决贫困问题的同时实现进一步的发展。

（四）乡村产业发展与生态保护统一

产业兴旺，是解决农村一切问题的前提。搬得出且能致富是扶贫搬迁的主要挑战和根本目的，也是乡村振兴战略的重点。乡村振兴战略要求从"生产发展"到"产业兴旺"，反映了乡村振兴适应市场需求变化、加快优化升级、促进产业融合的新要求。菏泽市利用滩区迁建重新规划农村社区和土地的契机，充分升级滩区产业发展格局。同时坚持绿色发展理念，实现了产业发展与生态保护的统一。

1. 制定专项方案

针对滩区产业发展，菏泽市专门成立了"黄河滩区脱贫迁建农业产业扶持工作领导小组"，加强对黄河滩区脱贫迁建农业产业扶持工作的组织领导。全市农业系统对黄河滩区脱贫迁建农业产业扶持工作进行再动员、再部署，形成县、乡农口部门上下联动、齐抓共管的推进机制。各滩区县区因地制宜制定本地区黄河滩区脱贫迁建农业产业扶持规划或方案，并将目标任务细化落实到有关滩区乡镇，提出具体要求。

结合山东省《黄河滩区居民迁建专项方案》，菏泽市制定了《黄河滩区居民迁建专项方案》，方案坚持安居与乐业并重、迁建与产业发展同步。滩区将充分利用自然生态禀赋和 40 万亩肥沃土地，借助村庄整合搬迁，积极申报国家级农村一二三产业融合发展先导区，高标准规划建设高效农业生态旅游示范园区。大力发展特色现代农业，积极引入休闲农业、观光农业等新模式，着力培育一批优质农产品种植养殖基地、观赏基地。依托黄河国家湿地公园、高村黄河文化苑、庄子文化湿地园等自然人文景观，充分挖掘利用黄河文化资源，规划建设黄河文化博物馆、黄河文化传统村落、黄河文化生态旅游长廊等，努力将黄河滩区打造成为具有浓厚黄河风情、集休闲观光于一体的"生态宝地""旅游胜地""宜居福地"。

2. 实施六大工程

为有效实施黄河滩区脱贫迁建产业发展，促进农民增收致富，着力在基础设施改造、深化农村改革、推动绿色发展、实施品牌战略、加快产业融合、强化科技创新等方面实施以下六大支撑工程。

（1）实施基础设施改造工程，提高农业综合生产能力

一是加强农田基础设施建设。更新改造滩区老化机电设备，完善灌排体系，提高灌溉水利用率，建设高效节水灌区。加大整地改土力度，通过平整土地，完善配套田间排灌沟渠、桥涵闸建设，建设田成方、渠相连、路相通、旱能浇、涝能排的高标准农田。二是提高耕地质量水平。实施耕地质量提升计划，通过深耕深松、秸秆还田、增施有机肥料等措施改良土壤，提高有机质含量。推广应用水肥一体化，普及测土配方施肥，减少化肥、农药使用量，加快土壤改良修复。大力发展农业机械，提高机械作业水平，推广适度规模经营，把资源优势转化为经济优势。三是加强设施农业技术装备升级改造。加强设施农业规划建设，加强陈旧设施改造，新建一批性能优良、便于自动化操作的蔬菜日光温室和拱圆大棚、工厂化食用菌车间，完善水电路等基础条件，推广标准化、智能化技术，提高设施农业技术装备水平。

（2）实施农村改革助力工程，增强产业支撑能力

一是积极推动土地流转。引导滩区农户采取多种方式依法自愿有偿流转土地经营权，支持滩区农户以土地经营权入股发展土地股份合

作社，采取统一经营或引入社会资本发展特色产业等方式，增加滩区农户的财产性收入。二是加快集体产权制度改革。支持有条件的滩区迁建村，分类推进集体产权制度改革，在全面清产核资的基础上，将集体经营性资产和纳入改革范围的其他资产，折股量化到本集体经济组织成员，赋予农民对集体资产股份的占有权、收益权。支持符合条件的村级集体经济组织优先承担农业财政项目，财政投入、减免税费等形成的资产归农村集体经济组织所有。三是培育社会化服务组织。发展多种形式的社会化服务组织，为滩区农户提供低成本、便利化、全方位服务，推进农业生产服务的社会化、合作化、专业化。支持农机等各类社会化服务组织，采取土地托管、代耕代种和联耕联种等不同模式，为滩区老弱病残贫困户开展农业生产托管服务，共同分享土地规模经营收益。

（3）实施绿色发展引领工程，提高可持续发展能力

一是大力发展生态循环农业。支持滩区建设生态循环农业示范基地，通过集成推广农业清洁生产、资源循环利用、废弃物无害化处理技术，促进基地内乃至周围区域农业生产废弃物生态消纳和循环利用、农牧结合互动，产业融合发展，改善农业生产环境，打造生态循环农业示范样板。积极开展生态循环农业示范园区、示范基地创建活动，探索建立农业废弃物无害化处理、资源化利用和农业标准化生产服务体系，形成区域中循环、基地小循环的生态循环格局。二是积极开展农业面源污染防治。围绕"一控两减三基本"目标，支持在黄河滩区全面推广应用测土配方施肥技术，鼓励施用有机肥、配方肥、缓释肥、生物肥料和沼液、沼渣。积极推广应用高效、低毒、低残留农药，推行农作物病虫害绿色防治技术，推进专业化统防统治，减少化学农药使用量。大力推

广使用0.01mm以上标准地膜，开展废旧地膜回收利用，推广可控降解地膜栽培技术，实现地膜栽培的清洁生产，消除"白色污染"。到2020年，滩区内测土配方施肥覆盖率达到90%，绿色防控覆盖率达到30%。三是积极推进农业废弃物资源化利用。围绕黄河滩区改善农业农村环境、提供清洁能源和有机肥料，大力推广"果—沼—畜""菜—沼—畜"循环农业模式。以秸秆肥料化、饲料化、燃料化、基料化利用为重点，大力推广应用秸秆精细还田、秸秆青贮、秸秆气化、秸秆养殖食用菌等技术，配套建设秸秆收贮体系。到2020年，滩区秸秆综合利用率达到92%以上。

（4）实施品牌农业建设工程，提高产业竞争能力

一是培育黄河滩区公用品牌。突出滩区绿色生态的资源环境优势，围绕粮食、蔬菜、果品等产业，着力培育发展特色优势农产品基地，培育一批区域特色明显、市场知名度高、发展潜力大、带动能力强的黄河滩区农产品品牌，做响"黄河滩"农产品区域品牌，率先打造"富硒西瓜"等代表性产业品牌。构建"有骨干龙头产业、有龙头生产基地、有知名产品品牌、有质量追溯体系、有充分市场认可度"的"五有"产品品牌体系。二是开展标准化生产和"三品一标"认证。加强绿色食品、有机食品、无公害农产品认证。结合农产品质量安全创建，在黄河滩区全覆盖开展农产品质量安全追溯体系建设。加快推行标准化生产，推广"合作社＋基地＋农户"模式，将农业标准化示范区、农业科技推广示范区与"三品一标"认证紧密结合，打造黄河滩区名优农产品。三是强化品牌形象宣传推介。滩区各县区积极做好滩区农产品品牌信息发布和消费索引，借助展会、网络、电台、电视台、报纸等各种媒体和渠道宣

传、推介、展示滩区农产品品牌。

（5）实施农业"新六产"培育工程，创新发展新模式

一是开展农产品电子商务培训。积极利用农民手机应用技能培训、新型职业农民培育等现有培训项目，依托相关高等院校的师资力量，面向滩区的农业企业、农民合作社、家庭农场，开展农产品电子商务培训，着力提高其农产品电商的实际应用能力，培育一批懂业务、会操作、能带头脱贫致富的实用型农产品电商人才。二是推动线上线下融合发展。推进农业大数据、物联网、云计算、移动互联网等新一代信息技术应用，建立信息发布机制。鼓励新型农业经营主体与城市快递网点和社区直接对接，开展生鲜农产品"基地＋社区直供"电子商务业务。鼓励农副产品生产加工企业与阿里巴巴、京东、苏宁云商等第三方电子商务平台建立购销渠道，扩大网上销售。三是加快推进产业融合。以市场需求为导向，以完善利益联结机制为核心，以推进农业供给侧结构性改革为主线，在"种养加""贸工农""产加销"一体化的基础上，积极培育新产业、新业态、新动能，推动产业链相加、价值链相乘、供应链相通，实现"三链重构"，着力打造一二三产业跨界融合的终端型、体验型、智慧型、循环型等"新业态"。

（6）实施农业科技支撑工程，提高发展质量和效益

一是开展专家技术指导活动。发挥省市现代农业产业技术体系创新团队和县农业局专业技术人员的重要作用，组织人员深入滩区开展技术帮扶和科技服务。二是加强滩区基层农技推广体系建设。积极引导农技推广、科研教学、经营性服务组织等各方力量，开展多种形式的联盟与合作，切实提高农技推广服务质量和效率。大力培养滩区农业科技示

范主体，有效解决农技推广"最后一公里"问题。三是加大新型职业农民培育力度。组织实施新型职业农民培育工程，立足农业主导产业、特色产业和优势产业发展实际，增强培训的针对性和实效性，分产业分层次开展精准培育，重点培育专业大户、新型经营主体领办人和科技带头人，培育一批爱农业、懂技术、善经营的新型职业农民。

总之，实施六大工程为滩区群众脱贫致富奠定了良好的基础，明确了滩区产业发展的基本方向。六大工程坚持新发展理念，因而也为滩区生态保护提供了保障，避免各类产业发展带来的环境和生态风险，从而实现产业发展与生态保护的统一。

三、让黄河成为造福人民的幸福河

2019 年 9 月 18 日习近平总书记主持召开黄河流域生态保护和高质量发展座谈会并发表重要讲话，做出了"着力加强生态保护治理、保障黄河长治久安、促进全流域高质量发展、改善人民群众生活、保护传承弘扬黄河文化，让黄河成为造福人民的幸福河"的重要指示。党的十八大以来，菏泽市紧盯黄河滩，围绕滩区群众安居乐业所做的一系列工作，正是总书记重要指示的生动诠释。

（一）实现滩区群众安居梦

2019 年 5 月 30 日，菏泽市黄河滩区居民迁建村台社区工程开工仪式上，东明县焦园乡八号试点村台主体工程建设启动。焦园乡前汤村一位 68 岁的老人汤守信喃喃地说道："要有新家了，再也不怕水了。因为黄河水，我盖了 3 次房子，自己垒的台子有 3 米多高。我还是盖得少的，有人一辈子盖了十多次房子。"[1]老人的心声是一生安居梦的真切表达，也是 14 多万滩区群众对美好生活向往最生动的呈现。正如习近平总书记所指出的，"让人民过上好日子，是我们一切工作的出发点和落脚点。我们将坚持在发展中保障和改善民生，不断满足人民日益增长的美好生活需要，不断促进社会公平正义，使人民获得感、幸福感、安全感更加完善、更有保障、更可持续[2]"。

远离黄河的洪水威胁是滩区群众几代人的梦想，年年和黄河抗争，也严重拖累了当地群众脱贫致富的步伐。新中国建立后，中共菏泽市（县）委、人民政府领导人民群众进行了大规模的兴修水利活动。然而受限于特殊的水文地理条件以及历史发展包袱，滩区群众的生产生活状况一直滞后于滩外群众。党的十八大以来，脱贫攻坚战全面打响，滩区发展迎来了新的契机。在中央、省、市各级领导的关心下，滩区确定了"就地就近淤筑村台"的迁建方案。

截至 2020 年底，完成投资 95 亿元；28 个村台中，4 个已搬迁入住，24 个完成主体建设，正在进行室内外装修和配套建设，预计 2021 年上半年全部完成建设；6 个外迁社区全部建成，正在搬迁入住。待滩区 28 个村台社区全部建成，菏泽将一举解决千百年来市内黄河的水患问题，将中国共产党领导人民治理黄河推进到一个全新的阶段。滩区群众不仅

---

① 《滩区迁建托起 14.7 万群众"安居梦"》，《农村大众》，2019 年 9 月 9 日，A1 版。
② 《抓住世界经济转型机遇 谋求亚太更大发展》（2017 年 11 月 10 日），《人民日报》，2017 年 11 月 11 日。

不再因房致贫，而且圆了长久以来的安居梦。

（二）拓展滩区发展致富路

菏泽市滩区迁建坚持习近平总书记关于易地扶贫搬迁"搬得出、稳得住、能致富"的要求，不仅把解决群众住房安全作为首要目标，而且将"能致富"作为迁建的重要内容。滩区按照"优质、高效、生态、绿色、安全"现代农业发展要求，着力打造"一带、一线、三大基地"绿色产业发展格局。"一带"即沿堤高效生态特色农业产业带；"一线"即把黄河大堤打造成生态休闲旅游精品路线；"三大基地"，包括富硒作物种植基地、生态循环种养加基地、高效设施农业基地。

2020年，滩区正在建成一批具有一定规模的集旅游观光、特色采摘、黄河文化、科普教育、文化创意于一体的休闲农业与乡村旅游示范园区，打造出一批农业旅游精品路线；在滩区各县区选择建设一批产业特色明显、规模效益突出、示范带动能力强的现代农业产业园；发展精品农产品生产基地，提高农业产业扶贫带动能力，全面提升黄河滩区现代农业发展水平。滩区农民收入较快增长，滩区群众与全市人民同步进入小康社会。

到2025年，黄河滩区农业产业结构将更加合理，农村一二三产业深度融合，农产品供给质量和效率显著提高，物质装备水平大幅提升，科技支撑能力明显增强，生产经营体系不断完善，农业生态环境持续有效改善，形成产业体系完善、科学技术先进、物质装备优良、组织管理高效、生产方式绿色、品牌优势明显的可持续发展新格局。

（三）打牢滩区生态振兴基础

规划实施中，通过持续带动黄河滩区农业产业发展，有效改善滩区农业生态环境和农村生活环境，提高农民生产生活质量和健康水平。一是有助于调整滩区农业内部结构，一业为主，多种经营，立体种植、种养结合，逐步实现"整体、协调、循环、再生"的农业生态理想模式，提高资源利用率和农业生态系统的生产力，增加农业经济收入。二是有助于促进农村一二三产业融合发展。依托滩区农业产业发展特色采摘、农耕体验、农业公园等，可以缩短产销环节，减少中间成本，提高利润空间。同时农业与其他产业交叉融合，比如农业与文化、观光旅游业的融合，赋予农业科技、文化和环境价值，极大拓展和提升农业功能。三是有助于培育现代农业新业态。设施农业、生态农业、休闲观光农业和农村电子商务等新兴业态不仅产出高、效益好，而且生态环保，社会效益良好，具有强大的生机活力和广阔的发展前景。

建设绿色农房。根据当地村庄和住房改造规划、地理位置、自然资源条件、能源种类和能源利用方式、传统做法以及农民的生产和生活习惯，因地制宜地采用经济合理的新材料、新技术和新工艺，注意与周边自然环境的和谐共生。推广墙体保温技术，使用绿色建材，开展绿色施工，建设健康舒适绿色农房。改善人居环境，提高居民生态意识。随着滩区迁建林业各项工作的实施，绿地面积大幅增加，滩区景观得到较大美化，人居环境也将得到改善。同时，通过林业建设，树立"绿水青山就是金山银山"的理念，建立生态文明社区，构建"美丽乡村"，增强人们投身生态环境建设的自觉性和积极性，强化了滩区群众的生态意识、绿化意识和环境保护意识。

·专栏 6-2·

村台排水工程规划

村台单独处理：由于村台有高度差，在低处设置处理设施不适合防洪，所以不适合村台联合处理。每个村台污水集中收集后排入污水处理站处理。

处理工艺：根据当地出水水质、投资经济等要求，推荐采用 A2O 处理工艺，污水处理站的出水水质必须达到一级 A 标准要求。

污水处理设施：规划 1 个村台配备 1 处污水处理站，共建设 28 座污水处理站。

雨水工程：采用"雨污分流"。雨水排放要采用暗渠方式，就近排入池塘、河流等水体，或集中存储净化利用。

（四）传承和弘扬黄河文化

黄河文化是中华文明的重要组成部分，是中华民族的根和魂。要推进黄河文化遗产的系统保护，深入挖掘黄河文化蕴含的时代价值，讲好"黄河故事"，对于延续历史文脉、坚定文化自信以及为实现中华民族伟大复兴的中国梦凝聚精神力量都具有价值。历朝历代都重视黄河治理，留下了许多可歌可泣的事迹，东明县境内现有高村合拢碑、高村黄河历史文化长廊、高村险工、霍寨险工、老君堂控导工程等黄河工程，有黄河公路大桥、黄河铁路大桥等基础工程，有庄子观、庄子墓等历史文化名胜，可为发展黄河文化旅游提供旅游资源。黄河孕育了古老的华夏文明和古老的齐鲁文明。历史上的黄河是重要的航运通道，黄河沿岸形成了许多造船风俗、民工风俗、船商风俗等，保存着众多的文化遗址和风物遗存，有着深厚的文化底蕴，为发展黄河文化旅游提供了丰富的资源。

通过对现村庄特色进行梳理，迁建充分发掘了村台历史文化、建筑风貌等特色，选取具有保留价值的、有乡村旅游开发潜质的村台。对传统民居院落等物质文化遗产和生产、生活民俗等非物质文化遗产进行保护、传承和提升，打造菏泽市黄河滩区"乡村记忆村落"，探求村台迁建中保护滩区传统文化遗产的新模式。建筑风格宜简洁大方，形制和色彩与黄河滩区当地的建筑风格协调，注重彰显黄河地域特色、传承黄河文化渊源、创新传统建筑形式，塑造彰显独特地域环境和文化特征的黄河滩区景观新名片。就地就近筑村台社区农房的建筑型制设计过程中参考黄河滩区建设相关标准图集的内容，尊重和体现当地传统特色。

总之，在迁建过程中，菏泽市不仅延续了滩区群众长期以来所积累的防洪避洪经验，而且挖掘了滩区各类"黄河元素"作为新社区建设的文化资源。因此，滩区迁建的完成，不仅是开辟了滩区经济社会发展的新篇章，也为传承和弘扬黄河文化创造了新的载体。

四、经验与启示

菏泽滩区迁建不仅是习近平总书记关于扶贫工作重要论述的生动实践，是易地扶贫搬迁、生态扶贫等论述的实践创新，也构成了实施乡村振兴战略生态振兴、产业振兴的积极探索。菏泽滩区发展的经验不仅为打赢脱贫攻坚战提供了有益的样本，也为实施乡村振兴提供了启示。

首先，补齐经济社会发展短板。"全面建成小康社会，关键是要把经济社会发展的'短板'尽快补上，否则就会贻误全局。""补短板"是学习领会习近平总书记扶贫工作重要论述的关键词和重要线索，不仅揭示了脱贫攻坚对于全面建成小康社会的战略意义，也为打赢脱贫攻坚战提供了重要的指引。菏泽市聚焦黄河滩区——菏泽脱贫攻坚"短板中的短板"，通过就地筑"村台"的方式解决了长久困扰滩区发展的难题，补齐地方经济社会发展短板；实现了全面建成小康社会不落一人的目标，补齐全市民生发展短板。在滩区脱贫迁建实践中，菏泽首先找准了滩区这块菏泽经济社会发展的短板，也找准了"建房难"这一群众生产生活的主要难点，进而通过"就地就近筑村台"实施迁建工程。滩区迁建的完成，不仅意味着滩区群众住房难的问题得到有效解决，也从根本上改变了滩区发展的落后面貌，同时也推动了菏泽市经济社会发展全局的升级。这些探索和成效深刻体现了"补短板"的思维方法，是习近平总书记扶贫工作重要论述生动的地方实践。

其次，激活地方生活生产传统。关于易地搬迁，习近平总书记深刻地指出"一些贫困群众虽然生活艰难，但故土难离观念很重。要坚持群众自愿、积极稳妥，尊重群众意愿，加强思想引导，不搞强迫命令[1]"。菏泽的"就地就近迁建"充分落实了总书记的这一要求，在此次迁建的

---

[1] 习近平，《在中央扶贫开发工作会议上的讲话》（2015年11月27日），《十八大以来重要文献选编》（下），中央文献出版社2018年版，第41页。

规划和实施中，都充分尊重群众的意愿，充分挖掘地方生活生产的传统。因此，不仅迁建方案本身获得了群众的支持和认可，而且相关的产业发展规划也符合群众的利益诉求和地方传统。从而避免了此前滩区出现的群众搬迁后，又返回原住所的问题。另一方面，我们也看到，对于易地搬迁而言，尽管存在"一方水土不能养一方人"的问题，但对于地方群众而言，"一方水土"本身仍有其特殊的意义和价值，需要挖掘其生产和生活潜在优势。

再次，生态保护与区域发展耦合。滩区迁建中，菏泽市注重滩区产业开发与生态资源保护相协调，大力发展绿色生态农业，调整优化产业结构，切实把生态优势转化为产业优势和发展优势，构建生产美、生态美、生活美"三生三美"融合发展新格局。这些新的发展格局，不仅没有阻碍滩区群众的脱贫致富以及滩区经济社会发展的转型升级，而是成为了滩区发展的有利条件和独特优势。因此，滩区脱贫迁建也构成了习近平总书记关于"绿水青山就是金山银山"理念的生动诠释，生态保护与区域发展，只要找到了耦合的路径，就可以做到保护与发展相得益彰。

最后，集约利用各类发展资源。对于贫困地区而言，发展并非是简单投入带来的增长，而是要调整资源利用结构，整合内生与外部资源。滩区的迁建也生动地体现了这一点，通过村庄宅基地的整合、土地增加挂钩、黄河吹沙淤填等措施，滩区建设不仅大大地降低了建设成本，减轻国家和滩区群众的经济负担，也通过土地平整和集约利用，进一步拓展了滩区发展的潜力。这样的发展思路对于经济水平相对滞后的地区具有重要意义，提供了一条突破资源约束的发展新路。

第七章

「重塑体系、强化保障」：
实现助老扶幼与乡村文明
建设有机统一

带领困难群众一道进入小康社会是全面建成小康社会的根本需要，更是社会主义的本质要求。习近平总书记指出，要发扬中华民族孝亲敬老的传统美德，引导人们自觉承担家庭责任、树立良好家风，强化家庭成员赡养、扶养老年人的责任意识，促进家庭老少和顺①。总书记强调，对困难群众，要格外关注、格外关爱②。总书记的指示字字千钧，给菏泽市的助老扶幼工作指明了方向。菏泽市在脱贫攻坚以来的实践中充分落实党中央决策部署，同时开展了大量因地制宜的创新实践，探索打造了政府尽职能、社会尽责任、市场尽能力、邻里尽乡情、亲人尽义务、个人尽力量的"六尽"共同体，逐步建构起综合性、差异化的帮扶救助体

---

① 习近平，《在深度贫困地区脱贫攻坚座谈会上的讲话（2017 年 6 月 23 日）》，人民出版社单行本，第 16–17 页。

② 习近平，《在首个"扶贫日"之际作出的批示（2014 年 10 月 10 日）》，《习近平扶贫论述摘编》，中共中央党史和文献研究院编，中央文献出版社 2018 年版，第 34 页。

系。通过构筑"六尽"综合保障体系，助老扶幼，不断提升贫困群众的生活质量；移风易俗，培育文明乡风，彻底斩断贫困的"穷根"。

一、幼有所育与老有所养的紧迫性

受制于身心、所受教育、经济能力等方面的弱势，贫困老人和特困儿童等特定人群一直以来都是脱贫攻坚的难点。许多业已实现整体脱贫的村庄，剩下未能脱贫的人口基本上都是贫中之贫，困中之困，是最难啃的"硬骨头"。

中国目前还是一个发展中国家，但已提前步入了老龄化社会。目前中国老龄化水平为17.3%，据相关的人口预测，到2053年中国超过60岁的老龄人口将达到峰值的4.87亿，相应地，老龄化水平将会升至34.9%，超过发达国家平均水平约2个百分点，超过世界平均水平13个百分点，成为人口老龄化程度最为严重的国家之一。在当前中国城市化背景下，随着农村青壮年劳动力的进城，农村老龄化的形势就更加严峻了。2020年，菏泽有61.4万贫困人口脱贫但仍然享受政策，需要继续帮扶持续巩固。从人口结构上看，60岁及以上老年人32.4万人，占52.8%；身患病残的29.5万人，占48%；无劳动能力和丧失劳动能力27.7万人，占比45.1%。这些群体收入渠道少、自理能力差、生活条件苦、脱贫困难。

中国城市化加速，城市的就业机会迅速增加。类似于菏泽市这样的农业型地区，农村绝大多数青壮年劳动力都已经进城务工经商，比如在菏泽市的单县，全县外出打工人员就有22万之多。对农民的家庭而言，青壮年劳动力进城务工经商增加了家庭的现金流收入，留守在农村的老年父母如果身体健康，一般仍会继续耕种自家的承包地，获取一份相对固定的农业性收入。因为农村的生活成本比较低，农业型地区的农民家庭就通过家庭年龄和代际分工的形式获得了务工经商和务农的两部分收入，从而实现了家庭收入的最大化。但与此同时，在外务工经商也带来了村庄老年人独居与空巢、大量留守儿童的问题。更为严重的是，农民外出务工经商也很容易遭遇风险和意外，这将直接导致家庭因主要劳动力的丧失而陷入困境，产生孤寡老人和特困儿童的问题。比如在入户调研过程中，通过和特困家庭的孩子的接触，发现特困家庭的孩子普遍内向，寡言少语，看人的眼光飘忽不定。很多孩子甚至不敢正眼看人，不敢大声回答问题，部分孩子已经出现说谎、交流障碍等心理疾患。通过与这类家庭的孩子监护人的交流，发现特困家庭的家长对孩子的教育期望值普遍较低，对孩子的未来缺乏信心，很多家长在言谈中普遍表现出在孩子小学毕业后就让他们跟着亲戚、邻居出去打工的想法。

不仅如此，在快速城市化和人口乡城流动频繁的背景下，菏泽市农村社会也处于巨变之中，其表征就是村庄生活秩序的失序，这对农村精神文明建设构成了重大挑战。

村庄生活秩序的失序集中表现在家庭生活和村庄社会两个层面。首先是家庭生活的失序。急剧的社会变迁使得农民家庭的形态、内部的结构和家庭成员间的相处之道发生了重大变化，这集中体现在代际关系的失调上。在城市化和消费主义生活方式的刺激下，农村社会中传统的代际间的"抚育—赡养"式的平衡关系逐渐被打破，代之以父代对子代无限的付出和子代对父代有限的反馈的失调的状态。比如村庄社会普遍存在着高额彩礼、"一动不动"、"万紫千红一片绿"等陋习，带坏了社会风气，造成了铺张浪费，甚至导致因婚致贫现象，基层群众苦不堪言。从实地调研的情况来看，前几年菏泽农村的彩礼差不多要 15 万元。沉重的彩礼负担的出现固然有村庄社会中适婚青年男女性别比失衡的客观原因，但根本原因还是在于父代对子代厚重的代际支持。在村庄社会中，传宗接代的人生任务压力促使父代必须想尽一切办法来完成子代的婚配，否则不仅愧对先人，也难以承受村庄舆论的压力。对于大多数的父代而言，为了给子代结婚，不仅要付出高额的彩礼、办宴席，还要给子代在村庄里建房甚至到县城里买一套房等各种花费。为此，父代往往通过透支自己未来劳动力的方式，甚至举债的方式来完成自己的人生任务。在为子代操持完婚事后，父代还要给子代的小家庭以各种支持，如帮忙带孙辈等，因而他们通常也难有能力再为自己的养老积累资源。而与之形成鲜明对照的是，子代对父代的反馈却非常有限。因此，失调的代际关系将父代卷入不断为子代付出的洪流之中，农村家庭关系面临着失序的风险。

其次是村庄社会的失序。比如人情的异化，红白事铺张大操大办、浪费等现象。人情往来本来是熟人社会中建构和维系人际关系的基本机制，农民在差序格局式的交往过程中相互走动、相互帮助，使个体在熟人社会中找到认同感、归属感和意义感。但近年来，人情异化在菏泽农村以不同的方式表现出来。人情的项目越来越多；人情的礼金越来越高；"办酒"越来越频繁，甚至成为敛财的工具；酒席的档次越来越高，花费越来越多等。农民都不堪重负，苦不堪言，却又无可避免地被卷入其中。无论是哪种形式的人情异化状态，其所昭示的都是人情已经丧失了村庄社会中人与人之间相互交往的润滑剂的功能，即其已经逐渐褪去公共性的内核。也就是说，异化的人情往来挑战了熟人社会中人与人之间相互交往的基本底线，进而导致了村庄社会秩序的紊乱。

综上所述，在农村人口流动、家庭急剧变迁和社会剧烈转型的背景下，包括贫困老人和特困儿童在内的农村贫困人群普遍面临着生计发展、家庭照顾以及社会参与的多重困境。这需要进一步创新扶贫的工作方法，加大特困人员救助供养、医疗救助和临时救助工作力度，完善孤儿、困境儿童、留守儿童、残疾人、老年人福利保障和关爱体系，全面落实习近平总书记提出的"兜底保障一批"的总要求，加强脱贫攻坚兜底保障工作，确保兜底保障"兜得住、兜得准、兜得实、兜得牢"。

二、完善助老扶幼"六尽"保障体系

以习近平同志为核心的党中央高度重视扶贫工作，将脱贫攻坚作为全面建成小康社会的底线任务，对脱贫攻坚做出了一系列战略部署。社会保障作为一种重要的政策工具，对减贫和保障困难群体生活都具有重要作用，因而具有不可替代的反贫困功能。菏泽市围绕对贫困老人和特困儿童的支持做出了一系列创新的工作实践和探索，充分激活政府、社会、市场的职能，以及邻里、亲人和受助者个体的力量，打造助老扶幼实践中政府尽职能、社会尽责任、市场尽能力、邻里尽乡情、亲人尽义务、个人尽力量的"六尽"保障体系。

（一）完善农村贫困老人的"周转房"养老服务

菏泽市委、市政府把养老作为保障和改善民生的重中之重，连续多年把加快发展养老服务业摆上重要议事日程，多次召开会议研究部署，取得了很大成效。现在，一大批专业化的养老服务组织和机构发展起来，以养老院、护理院、社区养老服务中心、社区日间照料中心、农村"幸福院＋周转房"为代表的社会化养老服务设施快速在城乡落地生根，以社会福利院、社会福利中心、乡镇敬老院为代表的公办养老机构社会化改革、转型升级快速推进，养老服务标准不断完善，养老服务人才队伍得到充实加强，养老服务业实现了跨越式发展

1. 菏泽市农村贫困老人养老服务的工作举措

首先，加强顶层设计，突出政策引领作用。一是将养老服务体系建设列入《国民经济社会发展规划》《政府工作报告》，纳入全市科学发展和重点民生项目考核，与大项目、城镇化建设等重点工作同部署、同落实、同考核，集中优势资源强力推进。成立了由政府分管领导任组长、多个部门共同参与的养老服务体系建设领导小组，建立了联席会议制度，定期召开专题会议进行调度，促进了工作落实。先后出台了《关于加快社会养老服务体系建设的意见》《关于加快发展养老服务业的意见》《菏泽市养老服务业转型升级实施方案》等系列政策文件及部门配套文件，形成了较为完备的养老服务业发展政策框架体系。二是建立资金保障机制。加大对养老机构建设、运营、服务人才等方面的政策扶持力度。按政策规定，对新建、扩建养老项目每个床位市级补助 1700元，改建项目每个床位市级补助 700 元；城市日间照料中心每处补助 5

万元，农村幸福院每处补助 0.5 万元，其中，医养结合型养老机构，在省级补助的基础上，新建、改建补助标准分别提高到 2000 元和 900 元；对入住机构的老年人分类提高补贴标准，每人每年 300-900 元不等；对本科、专科毕业生从事养老服务工作符合条件的，在省级分别给予 2 万元、1.5 万元一次性补助的基础上，市分别再给予 2000 元和 1500 元的一次性补助。市县级均设立了发展养老服务业专项资金账户，全市福利彩票公益金 50% 以上用于支持养老服务业发展。2012 年以来，全市养老事业发展累计投入超过 10 个亿，及时可靠地保障了养老服务业发展需要。三是政策整合持续加强。有关部门在规划约束、土地供应、财政补贴、税费优惠、投融资等方面，加强沟通协调，完善支持措施，促进政策整合，优化市场环境，全方位支持养老服务发展。

其次，夯实基层基础，强化体系支撑作用。菏泽市把养老服务建设作为工作重点，加强规划，大力推进，养老基础设施建设发展迅速。一是全市建成城市社区日间照料中心 215 处、农村幸福院 1500 余处，为社区居家养老服务奠定了基础。二是全面提升敬老院养老服务质量。自 2012 年起，全市共投入资金 12.6 亿元，高标准、高质量建设 56 处建筑面积平均达 2500 平方米以上的中心敬老院，开展中心敬老院规范化管理服务改革工作，将其收归县区人民政府统一管理，成立科级管理单位，由民政局代管，致力于将其打造为农村区域性养老服务中心。三是加强人才体系建设。连续多年组织参加省级培训 300 余人次，市级培训养老服务与管理人员 400 人次、县级培训老年人家庭护理员 9000 余人，养老机构院长培训率达到 100%。将菏泽医学专科学校附属医院设立为菏泽市养老护理员培训基地，适时举办养老护理员培训班，逐步建立起学历教育、职业教育和在职教育相结合、省市县三级联动的养老服务人才培养体系。

再次，引入新要素，促进市场驱动作用。一是引入民间资本。积极践行"政府搭台、社会唱戏"的工作思路，通过政策杠杆撬动民间资本进入养老机构建设领域，涌现出民建民营、民办公助、公办民营等一批养老服务机构，如枫叶正红老年养护服务中心、阳光老年服务中心等大型民办养老机构等。二是培育引进专业服务组织。通过外引内延、招大培强等方式，推动大型养老机构、企业等规模化承接、连锁化运营社区居家养老服务设施，全市培育引进了山东孝润养老服务有限公司、山东枫叶正红养老发展有限公司等专业社区居家养老服务组织7家。三是开展志愿服务。积极引导社工、义工、志愿者为老年人提供日常照料、文艺汇演、心理慰藉等义务服务。

最后，坚持典型引路，塑造典型示范效应。一是在曹县率先探索推进"互联网＋养老"模式，突出平台网格化管理，实现了"两台一网"居家养老服务模式，辖区内老年人可通过平台享受日间生活照料、医疗康复、定送餐服务、精神慰藉等基本服务。二是做好全国居家和社区养老服务改革试点。成功申报了全国第三批居家和社区养老服务改革试点，成立了由政府主要领导任组长、副组长，民政、财政等16个部门主要负责人为成员的改革试点领导小组；密集出台了《关于进一步加快社区养老服务设施建设的实施意见》《菏泽市居家和社区养老服务改革试点补助资金管理办法》等系列文件；先后召开了全市示范性社区养老服务中心建设现场会、全市居家和社区养老服务改革试点工作动员会、全市推进社区居家养老服务工作和中心敬老院规范化管理现场会议等；聚焦居家和社区养老服务网络构建、居家和社区养老服务中心（服务站）设施建设、政府购买养老服务等工作，精心组织，强力推进。目前，全市示范性居家和社区养老服务中心投入运营 9 处，规划打造综合性康复服务中心 10 处，建成养老服务信息平台 9 个，开通 12349 养老服务热线，开展特殊和困难老年人筛查摸底，适老化改造工作全面启动，积极落实养老服务场地，全市居家和社区养老服务改革试点工作取得显著成效，并在国家阶段性综合验收中取得了较好成绩。三是加快推进农村老年人相对集中居住养老试点工作。为统筹农村幸福院和养老周转房建设与管理，建设新型幸福院，打造"幸福院 + 周转房"集中居住养老模式，省民政厅确定在泰安、临沂、聊城、菏泽等 4 市的 20 个省定重点扶贫县（市、区）开展农村老年人相对集中居住养老试点，全市 9 个县区被确定为试点县区。2020 年，全市共建成养老周转房 2279 套，入住贫困老人 2848 人。

2. 菏泽市养老服务的实践创新：农村养老周转房

农村住房安全有保障是脱贫攻坚"两不愁、三保障"的一项硬指标，也是中央关心、社会关注的重大民生工程。省委书记刘家义同志对贫困群众住房安全问题十分牵挂，2017 年 8 月在菏泽调研时提出："危房改造除了分散改造建设外，还有没有其他改造方式？比如在村集体土地上进行集中建设，让老人们不但能够住上舒适的房子，还能彼此相互照应。"刘家义书记的这一指示要求，为菏泽市探索解决贫困老人的安居和养老问题指出了新的思路。近几年来，菏泽市对这一问题进行了积极的探索与实践，在一些村庄建起了养老周转房，完善相关制度措施，较好解决了地从哪里来、钱从哪里出、房子怎么建、后续怎样管、老人怎么照顾等问题，有效提升了农村贫困老人住房安全和生活质量水平。

（1）农村养老周转房的主要做法

一是统筹利用村庄的闲置土地，解决好"地"的问题。以美丽乡村建设、新农村改造等政策为契机和抓手，坚持"四靠近"原则，即靠近村两委大院、靠近村卫生室、靠近村幸福院或幼儿园、靠近乡村大舞台，充分利用农村原有空闲宅基地、学校、厂房等建设用地，因地制宜推进农村养老周转房建设。在单县的高韦庄镇安韩庄、李子园、郑庄、大刘庄、马寨5个村，主要是利用闲置的学校、厂房等18.3亩，建设了53套养老周转房；高刘庄、安庄、仵袁庄、二郎庙、张刘庄、高王庄、尚庄7个村，主要是通过租用、买断或置换村民闲置的宅基地，整合26.5亩土地建设了83套养老周转房。马寨村党支部书记张付亮介绍，他们是利用闲置的原村小学用地建起的养老周转房，这块地就在村"两委"大院旁，位置在村里是最好的。与67岁的张友春老人攀谈时，他说："这个地方紧靠大路，我们万一有个病有个灾，救护车能直接开到门口。这里绿化也是村里最好的，其他地方都没这儿好。"

二是多方筹集建设资金，解决好"钱"的问题。坚持政府主导，统筹使用各类可整合使用的扶贫资金，并积极吸纳社会捐助资金用于周转房建设和运营。危房改造补贴资金是建设农村养老周转房的主要资金来源，单县高韦庄镇在充分利用这部分资金的前提下，有效整合利用涉农扶贫资金，确保了养老周转房建设的资金需求。据了解，单县的高韦庄镇12个行政村养老周转房建设总投资约600万元，镇党委、政府积极向县扶贫办、住建局、民政局等部门争取，筹集了危房改造资金173万元，慈心一日捐资金96万元，其余资金由镇村自筹，确保了项目建设顺利推进。以高刘庄村为例，建设 5 套养老周转房共投资 15.6 万元，其中，争取省危房改造资金补贴 7 万元，其余 8.6 万元通过整合扶贫资金、慈心一日捐资金等筹集。同时，住建、民政、文体部门帮助配套建设了道路、下水道、室内洗手盆、厕所、娱乐室、健身器材等功能设施，有效改善了居住环境。

三是统一设计、施工和建设，解决好"建"的问题。采取统一设计、统一标准、统一建设的"三统一"方式解决建设问题。统一设计，即结合国家政策，征求贫困户意愿，在设计上坚持多种户型，满足不同住房需求。每处建设 3-5 套周转房，每套建筑面积 45-52 平方米，原则上为一室一厅一厨一卫"四合一"的布局。在多层或高层楼房中配套集中式周转房的，原则上将一楼建设成周转房，以确保方便老年人生活。统一标准，即新建住房基础设施统一配套，有独立的厨房、卫生间，有齐全的水、电、路、下水道等设施。统一建设，即由乡镇进行招标，由具备资质的施工单位统一承建，全面保障工程建设质量。

在 2016 年第一批养老周转房建设时，高韦庄镇党委、政府广泛征求各方意见，协调市住建局进行了统一设计，确定每套建筑面积 52 平方米，一室一厅一厨一卫"四合一"的布局，配备床铺、棉被、橱柜、方桌、洗手盆、坐便器等生活设施，在居住区还配套建设了棋牌室、活动场所等健身休闲设施。2017 年，在总结第一批建设经验基础上，综合考虑建筑成本、居住需求等因素，将第二批周转房建筑面积调整为 45 平方米，户型不变，既最大限度节约了土地，又满足了老人居住需要。新建周转房都是混凝土浇筑的，入住老人普遍反映："住在这样的房子里不用担心刮风下雨，与原来真是一个天上、一个地下。"为方便老人就医，仵袁庄等不少村配套建设了卫生室，老人感冒发烧足不出户就能得到诊治。

四是严格入住条件和管理，解决好"用"的问题。建设好的周转房以村为单位统一管理维护，周转房产权归村集体所有，评选出的入住人员享有房屋的使用权。入住坚持"三个优先"，即：建档立卡贫困老人优先，家中房屋为危房且本人确实无能力改造的优先，没有子女或只有女儿且已出嫁或虽有子女但子女确无赡养能力的优先。贫困老人入住周转房前，由村委会与老人的赡养人签订孝赡协议，老人入住后赡养人要履行赡养义务，要确保照顾好老人日常生活，村委会保障赡养人土地承包权、原宅基地使用权等继承权。对不履行赡养义务的赡养人，按照村规民约进行批评教育，对批评教育后仍不改正的，取消其土地承包权、原宅基地使用权等相应继承权。

为确保养老周转房在实践中切实发挥应有的作用，制定了严格的入住条件，主要是"三个必须"：入住老人必须为建档立卡贫困人口，必须家里房屋为危房且本人确实无能力改造，必须没有子女或只有女儿已出嫁及个别虽有子女但无赡养能力。入住前，由村委会与老人的子女或侄子女等签订孝赡协议，确保老人入住后能够得到照顾、去世后有人办理后事。入住后，大多数老人分灶做饭，有的村组织老人搭伙做饭，还有的村为老人统一提供伙食。

五是加强配套设施建设，解决好老人"日常生活"的问题。在硬件等配套设施建设方面，结合"新型社区建设""美丽乡村建设""农村道路硬化户户通""农村改厕"等政策，完善相关的配套设施。硬化养老周转房的室外地面；利用养老周转房的房前屋后种上植物；周转房室内有电视，方桌板凳，沙发茶几，明显位置有伟人像和"感党恩、听党话、跟党走"喷绘挂件，卫生间有洗手盆和冲水马桶等，卧室有床、衣柜、棉被，有防暑取暖设备，厨房有炊具、菜橱；院内有公用的棋牌室或娱乐室，以及健身器材等设施。聘用低龄贫困老人为公益岗人员，公益岗人员在开展工作的过程中，要耐心引导，尤其对待特殊工作对象时要有忍耐心，以乐观心态处理事务，坚持"五清理一规范"，做到"庭院清、厅堂清、卧室清、厨房清、厕所清"和"穿戴及生活方式规范"。

（2）农村养老周转房的实施成效

一是解决了住房问题，增强了贫困老人的安全感。根据脱贫攻坚工作要求，要全面完成农村危房改造任务。而农村鳏寡孤独贫困人口普遍年龄较大、长期患病，五保金、低保金是他们主要的收入来源，即便在享受 1.2 万元左右的危房改造资金补贴之后，依然没有能力承担剩余资金，这成为危房改造工作的最大制约因素。即使有能力的老人，因年龄大了，不愿再操心盖屋子，也有的虽然盖了屋子，但质量标准不高。建设农村养老周转房，让贫困老年人优先免费入住，有效解决了这一问题。单县高韦庄镇马寨村的张学法 72 岁，是村里的"五保户"，以前住的是上世纪的土坯房，一到刮风下雨天，村干部怕出意外就把他接到自己家里，他本人也成天忧心忡忡，"给我钱也盖不起房子，我这年纪大了，也不愿操心了"。让他想不到的是，自己成了第一批搬进周转房的住户。现在，他在房屋外的空地上开辟了一块小菜园，不仅能自给自足，还能照顾其他邻居吃饭。调研中我们看到，高韦庄镇养老周转房布局整齐划一，设施一应俱全，院落干净整洁，环境优美宜居，入住的老人脸上都带着开心质朴的笑容，都把习近平总书记的画像贴在家里最显眼的地方，真切感受到他们对党的感恩之情。

二是用活了危房改造政策和资金，增强了贫困老人的获得感。受危房改造标准限制，农村危房改造后的房屋面积普遍较小、设施简陋，一旦户主去世，房屋容易闲置或被其继承人拆除重建，造成资金浪费。农村养老周转房建设有效整合了各类政策资金，房屋建设标准较高、配套设施齐全，实现了贫困户免费循环入住，提高了扶贫资金使用效益。调研了解到，由于养老周转房的条件好、配套全，有的非贫困群众都想交钱入住。在单县高韦庄镇安韩庄村遇到一位村民正在帮老人搬家入住，他对81岁的曾现根说，"你这下可好了，想不到光棍汉都住上这么好的房子了，我有三个儿子，还不如你呢，干脆我也交点钱搬来和你做伴吧"。虽然听似玩笑话，却反映出建设养老周转房这一做法得到了群众认可。

三是实现了就地就近养老，增强了贫困老人的归属感。建设农村幸福院和乡镇中心敬老院是当前解决农村养老问题的主要模式，但在实际工作中却存在一些问题。比如，农村幸福院主要解决贫困老人的日间照料问题，大都不具备住宿条件；乡镇中心敬老院虽然可以住宿，但对于相距较远的老人来说，因缺少熟面孔，入住后孤独感强烈，子女照料也不方便。养老周转房具备就近、经济、便捷、自由等特点，老人的生活需要和精神慰藉在这里都能得到很好的满足，实现了"离家不离村、离亲不离情"的集中供养，还出现了"返乡养老"的现象。马寨村的马继堂，74岁，在山西生活了30多年，去年他老伴突然去世，几个孩子因无血缘关系都不愿尽赡养义务，无奈之下老马回到了老家。"没有户口，也没有地，家里只有两间土墙房子，为了他养老的事，我们没少作难"，村支部书记张付亮介绍说。村委会积极上报镇党委，协调解决了老马的户口问题，又安排他住进了养老周转房。"真是感谢党的好政策，没想到能住上这么好的房子，过上这么好的日子"，谈到现在的生活，老马非常激动。

养老周转房　给孤寡老人一个幸福的家

如何让农村贫困老人老有所养、老有所依、老有所乐、老有所安？成武县不断完善养老帮扶模式，以幸福院及闲置空宅为载体，实行集中供养，让老人们安享晚年。

成武县党集镇闫庄村 85 岁的闫董氏老人，孩子都不在身边，平时吃饭总是凑合着随便吃点儿。自从到了村里的周转房，她每天都能按点吃上热乎饭，休闲时间还可以跟大家说说话、打打牌，重新感受到了生活的乐趣。

在这儿，老人只要每月预交 100 块钱，就可以解决一日三餐，每天伙食均按照荤素搭配，这样的集体食堂，是为孤寡老人们量身打造的。

这些老人原来大部分都住在危旧老房里，生活没有保障，成了脱贫攻坚的最大难点。该村村支部书记刘守斌介绍说："农村外出打工的也很多，留守老人、空巢老人很多，在家生活很不方便，有的老人天天喝方便面，确实感到老年人，生活上很困难。"

据了解，闫庄村共有 1095 人，其中，建档立卡贫困户 18 人。为了让贫困老人的生活得到妥善安置，闫庄村把原先的学校改成了贫困老人集中供养中心，设有日间休息室、娱乐活动室、厨房、餐厅等，并配备床位、桌椅等基本生活器具，为 10 多位 60 岁以上的老年人提供了休闲娱乐的好去处。

这样把他们集中起来，有的打牌，有的爱说说笑笑，有的看电视，让孤寡老人在一块生活很愉快。

"离家不离村、离亲不离情。"如今，村里的周转房让贫困老人们实现了老有所养、老有所乐、老有所为，晚年生活幸福美满。

四是塑造了农村孝善养老的风气，增强了贫困老人的认同感。由于养老周转房建在村里，距离近、熟人多，入住老人的亲属谁来得多、谁孝顺，大家都一目了然。老人之间相互夸赞自己的晚辈孝顺，亲属之间也是相互比着孝顺，唯恐别人说自己不赡养老人，营造了"孝善养老"的良好氛围。调研中，我们看到不少侄子、侄媳帮助老人打扫卫生、晾晒被褥、洗衣做饭，与老人开心聊天的情景。据村干部介绍，就是因为现在老人住进了养老周转房，"孝善养老"的风气比原来更浓了。

（二）推广农村特困儿童的"博爱学校"救助服务

2011 年菏泽市民政局、菏泽市财政局下发了《关于发放孤儿基本生活费的通知》，按照社会散居孤儿每人每月不低于 600 元，福利机构集中供养的孤儿每人每月不低于 1000 元标准。2012 年菏泽市人民政府出台了《菏泽市人民政府办公室关于加强孤儿保障工作的通知》，提出建立孤儿基本生活保障制度、落实孤儿医疗救助经费、落实孤儿教育保障政策的要求，从基本生活、就医、就学等方面对孤儿提供经济支持。2014 年菏泽市民政局、菏泽市财政局下发了《关于建立困境儿童基本生活保障制度的意见》，自 2014 年 1 月 1 日起为全市四大类困境儿童发放基本生活费，基本生活费标准为每人每月不低于 300 元。这一阶段，孤儿、困境儿童保障的突出特点是成为相对独立的政策保障对象，其概念和保障范围更加明确，保障待遇和力度较前期大幅度提升，主要侧重于财政兜底性的经济保障。

1. 菏泽市农村特困儿童救助服务的工作举措

脱贫攻坚以来，菏泽市儿童政策保障体系更加完善，且不断扩面、加深。2017 年菏泽市人民政府出台了《关于加强困境儿童保障工作的实施意见》，提出对因家庭贫困导致生活、就医、就学等困难的儿童，因自身残疾导致康复、照料、护理和社会融入等困难的儿童，以及因家庭监护缺失或监护不当遭受虐待、遗弃、意外伤害、不法侵害等导致人身安全受到威胁或侵害的儿童实施更加全面的保障。保障内容包括完善基本生活保障、提升医疗保障、推进教育保障、强化康复服务保障、促进就业住房保障等五个主要方面。提出了构建儿童福利服务体系、健全监护责任机制、优化儿童关爱保护机制，并建立起农村留守儿童关爱保护和困境儿童保障工作联席会议。

在这一文件的指导下，菏泽市孤儿、困境儿童保障工作深入开展。主要有以下特点，一是孤儿、困境儿童保障水平全面提高。孤儿、困境儿童基本生活保障水平不断提高，目前达到机构养育孤儿每人每月不低于 1400 元、社会散居孤儿每人每月不低于 920 元、困境儿童每人每月不低于 500 元的水平。推动民政部面向孤儿医疗救治的"明天计划"从机构养育孤儿扩展到全体孤儿，2019 年菏泽市部署开展了全体孤儿体检工作，并根据体检情况做好孤儿的进一步医疗救治。二是农村留守儿童关爱保护进入政策保护视野，菏泽市人民政府下发专门通知部署开展农村留守儿童关爱保护工作，重点开展监护责任落实、控辍保学、户籍办理和打击非法侵害等工作，努力减少儿童留守现象。目前菏泽市儿童监护责任通过委托监护等方式实现了全落实，留守儿童失学辍学和无户籍现象得到控制。三是在基层建立起儿童关爱保护队伍。市民政局2016年出台相关文件在全市部署开展孤儿摸底排查工作，并建立起覆盖县乡两级的农村留守儿童关爱保护队伍，并于2018年将这一队伍职能扩展为农村留守儿童关爱保护和困境儿童保障，通过专门系统实行实名制管理。四是发挥儿童关爱保护机构职能。菏泽市儿童福利院新院2012年投入使用，近年来成立了专门的儿童康复中心、体检中心和治疗中心，机构内儿童养治康教水平不断提升。2018年菏泽市将流浪乞讨未成年人救助保护中心转变为未成年人社会保护中心，机构职能和关爱对象极大扩展。

2. 菏泽市农村特困儿童救助服务的实践创新：博爱学校

习近平总书记指出：要紧紧扭住教育这个脱贫致富的根本之策，再穷不能穷教育，再穷不能穷孩子，务必把义务教育搞好，确保贫困家庭的孩子也能受到良好的教育，不要让孩子们输在起跑线上[①]。为贯彻落实好习近平总书记视察菏泽重要讲话以及关于落实教育扶贫政策、切断贫困代际传递的重要指示精神，全面贯彻党中央、省委省政府关于脱贫攻坚的总体部署，根据"两不愁三保障"工作要求，坚持精准扶贫、精准

---

① 习近平，《在中央农村工作会议上的讲话（2013年12月23日）》，《十八大以来重要文献选编（上）》，中央文献出版社2014年版，第681-682页。

脱贫基本方略，以补齐教育短板为突破口，以教育控辍保学为重点，以义务教育阶段离异、单亲、孤儿、特困、残疾等深度贫困家庭子女为主要对象，创办了单县博爱学校。2018 年 8 月单县公立博爱学校建成，这是山东省首所特困家庭子女专读学校。学校占地 106 亩，有教学班 4 个、学生 122 名、教师 16 名。学校自成立以来在控辍保学和教育扶贫兜底中发挥了重要作用，赢得了上级领导、社会各界和人民群众的广泛赞誉，相关做法被多家媒体报道，省委省政府在 2019 年的 20 项民生实事重点任务中提到在全省"推广单县博爱学校办学经验"。

（1）博爱学校的主要做法

一是确保资金投入，形成学校日常运行的长效机制。博爱学校的建设和运转资金主要来自于三部分。首先是教育投入。县教育局及时拨付启动资金，用于学校开学后正常运转，同时根据学校规模和学生数，及时拨付学校义务教育公用经费和贫困寄宿学生生活补助费。其次是社会捐赠。积极协调各有关部门、爱心企业、社会各界和公益慈善组织，在人力、物力、财力上给予博爱学校大力支持，推动后续学校建设和教育教学工作正常运行，积极营造扶危济困的良好社会氛围。实行慈善捐助登记制度，建立两本功德簿，一本记录捐款，一本记录捐物，确保每一次捐助都有记录并及时入账管理。实行捐助协议制度，与捐助单位和个人签订《慈善捐助协议》，充分尊重爱心单位和个人的意见，确保专款专用、专物专用。严把"收支两条线"，规范审批报账程序，厉行勤俭节约，反对铺张浪费，确保款物用到实处、用出实效。实行账目定期公示制度，接受全体师生和社会监督，确保善款善物使用公开透明。强化内部审计，县教体局内审部门加强对捐助资金的财务账目审计工作，确保资金使用规范合理。最后是政府兜底。建立财政资金兜底机制,在教育资金和社会捐助资金不足的情况下,由县财政实施兜底投入,全力确保学校日常运营。

二是加强教育配套设施等硬件建设,确保日常教学活动的展开。依据前期调研并经多方论证和考察,确定在单县东城初级中学原校址的基础上创建单县博爱学校。学校原有 3 层教学楼 1 座,系 1998 年建造,2 层办公楼 1 座,系 1999 年建造,基础设施均已老化。依据《山东省普通中小学办学条件标准》,由单县政府先期投资 160 余万元于 2018 年暑假期间对教学楼、食堂、宿舍等基础设施全部进行集中翻新改建,并配备了现代化的教学设备、生活设施和功能室,包括音体美教学器材、多媒体教学一体机,教室和宿舍空调,校园监控系统,微机室、科学实验室、音乐教室、美术教室、图书室、舞蹈室、书法室、心理辅导室等。如今,学校环境优雅,办学条件完备,已逐渐成为孩子们调整心理状态、提高生存技能、提升生活能力、学习文化课程的理想场所。

三是教师队伍等软件建设,保障日常教学质量。依据首批录取学生数,按照师生比要求,结合学校实际情况,配齐配强学校领导班子和各科教师和生活教师。从全县遴选政治素质高、业务能力强、富有爱心的老师,充实到单县公立博爱学校教师队伍。

四是严格入学标准和入学程序,落实教育精准扶贫。为避免深度贫困孩子因无人照看和监管而过早流落社会,切实填补深度贫困儿童抚养空白,经过严格界定,招生范围主要是面对没有父母或者父母没有教育能力的特困家庭儿童。首先是父母双亡的孤儿,跟随年迈多病的祖父母生活或者跟随亲戚生活的孩子;其次是父母一方死亡或者下落不明的孩子，照顾其生活的亲人又存在不同程度的身体残疾、精神疾病、智力障碍，甚至年迈、体弱多病等情况；最后是父母一方或双方患有重大疾病或存在智力障碍的家庭的孩子，家庭无力对其承担抚养和教育责任。学生入学，首先由所在行政村写出书面申请，并由所在乡镇（办事处）予以证明后，携带贫困证、低保证等相关证件到学校递交申请。然后由学校领导班子成员组成考察小组到孩子家庭和所在学校进行实地考察，并通过学校、村支书、监护人、邻居等全面了解其家庭困难状况以及学习和生活情况。经考察符合博爱学校入学条件的孩子，随时办理入学手续。

（2）博爱学校的实践成效

一是实现了教育扶贫的兜底任务，增强了特困家庭的获得感。单县系农业大县、劳动力输出大县，留守儿童多、贫困家庭多，全县共有留守儿童1.8万余人、建档立卡贫困户在校生10839人，其中特困家庭儿童2485人、孤儿和亚孤儿115人，深度贫困儿童教育工作任务重、压力大。博爱学校将深度贫困家庭子女集中在一起进行心理疏导、学业教育和生活技能培养，为孤儿、亚孤儿提供了优质、公平的教育，让他们跟其他小朋友一样，能够在祖国的同一片蓝天下健康幸福地成长。孩子们在学校吃得安心、住得舒心、学得用心、玩得开心，博爱学校完成了教育扶贫的兜底任务，实现了"招收一个孩子，挽救一个家庭"的目标，阻断了贫困的代际传递，增强了特困家庭的获得感。

二是施行全员育人制度，增强了特困儿童的认同感。采取"1+N"的全员育人方式，让学校所有老师承担起对孩子们的结对帮扶工作，每个老师都重点帮扶几个学生，并随时掌握帮扶对象的思想动态、生活和学习情况，为孩子排忧解惑，及时与家长沟通，共同引导其健康成长。结合孩子们的心理健康状况和容易出现的心理问题，着重强化了心理辅导课程设置，专门委派心理专家每周到校为孩子们进行心理疏导和心理健康教育，让每个孩子都能拥有健康的心态和人生的自信。学校还专门配置了和面机，不定期组织师生一起动手包饺子、做馅饼，在改善生活的同时，又培养了师生感情。这些措施和活动极大地增添了孩子们对学习、劳动的热爱，增强了他们对生活的认同感。

三是注重对学生综合素质的培养，增强了特困儿童对社会的归属感。在确保开齐开足各类课程的基础上，充分考虑孩子的全面发展，还开设了舞蹈、武术、篮球操、戏曲、手工、朗诵等六个兴趣班，每周按时组织活动，促进学生内涵发展。注重劳动实践教育，在校园内开辟了班级菜园，开设了劳动教育课，让孩子们充分体验劳动的乐趣，感受收获的幸福。通过主题班会、餐前诵读、礼仪课堂等多种灵活方式加强对孩子们在生活细节上的文明礼仪教育。积极开展国旗下讲话、感恩演讲比赛、雷锋日关爱老人、我们的节日等主题教育活动，让学生在实践中学会爱国家、知勤奋、懂感恩、有爱心。孩子们在老师的精心陪伴和引导下，逐渐克服了很多粗习、陋习和恶习，养成了良好的学习和生活习惯。现在的孩子们，排队入厕，文明游戏，安静就餐，垃圾入筐，言语文明，行为得体，礼貌待人，乐于助人，彼此之间互相学习，相互感染，文明和道德的种子在孩子们的内心发芽成长，灿烂的笑容重新回到了孩子的脸上。现在，孩子们珍惜学习的机会，感恩各级组织和社会的关怀，努力使自己成长为对祖国、对社会有用的人才，对社会的归属感得到极大的增强。

四是锻炼了教师队伍，增强了教师的职业认同感和成就感。县教育局建立健全相关的制度，加大对博爱学校的支持和投入，全面改善学校办学条件，扩大学校办学规模，强化师资队伍建设和学校内涵建设。依据录取学生数，按照师生比要求，结合学校实际情况，在教师调配上优先满足博爱学校的师资需求，从全县遴选政治素质高、师德高尚、业务能力强、富有爱心的老师，充实到单县公立博爱学校教师队伍，配齐配强学校领导班子和各科教师和生活教师。广大教师在参与博爱学校的筹建、日常教学和管理的过程中，体验到教师职业的光荣与伟大，增强了教师的职业认同感和成就感。

（三）推进新时代文明实践活动

为弘扬以孝为先的传统文化，菏泽市大力开展孝善养老，引导子女履行赡养义务，助力农村贫困老人精准脱贫。

1. 新时代文明实践活动的工作举措

一是加强宣传引导。以解决贫困老人的赡养问题为目标，以宣传弘扬孝善文化为引擎，依托乡村文明行动，在全市范围内弘扬"百善孝为先"等优秀传统文化。在发放宣传页、书写宣传标语等传统宣传方式的基础上，创新运用微信等平台大力宣传孝善文化，旨在使孝善文化在群众心中扎根、发芽。

二是签订赡养协议。通过签订赡养协议的方式，约束子女尽孝，规定赡养人义务和责任。单县李田楼镇明确要求赡养人每年供应每位被赡养人至少300斤面粉、30斤油料、1200元以上赡养费，以及其他日常生活用品。被赡养人与赡养人共同生活的，被赡养人的生活水平应不低于家庭成员生活水平。

三是设立孝善基金。积极推行设立孝善基金，各村通过选举产生村级孝善敬老理事会，负责孝善基金的筹集、发放、管理和监督村民赡养协议的执行等工作，确保基金运作规范、有序、安全。牡丹区沙土镇按缴纳赡养金总额的 10% 给予孝善奖励金，子女每给老人们 500 元，政府就拿出 50 元奖励老人。贫困户子女积极响应，共缴纳赡养金 175.55 万元，政府补贴 17.555 万元，148 户、328 位贫困老人实现稳定脱贫，568 户、1095 位贫困老人巩固脱贫成果。

四是正面激励和负面打击相结合。一方面，对赡养贫困老人的典型人物及事例广泛宣传，发挥孝善养老先进模范的带头作用，凝聚孝善养老的正能量。另一方面，对有能力履行赡养义务却拒不赡养老人的子女，依法教育惩处。2018 年 6 月 4 日，成武县四部门联合下发通告，对思想教育做不通，有能力但拒不履行赡养义务的，由司法部门根据职能依法惩处。

2. 以红白理事会为抓手推进移风易俗实践

为加强乡风民风建设、全面提升社会文明程度，倡导婚丧嫁娶文明新风尚，遏制铺张浪费、大操大办现象，在乡村社会广泛建立红白理事会，充分发挥红白理事会在移风易俗实践中的作用。

通过健全规章制度，配齐配强队伍，在村庄建立起红白理事会。把那些德高望重、群众威信高、公道正派的党员干部、老同志充实到理事会里去，提倡由村支书兼任红白理事会会长，确保红白理事会成员中至少有一名村"两委"干部。经常性地举办村红白理事会成员培训班，增强其做好移风易俗工作的自觉性和主动性。单县郭村镇 30 个行政村都建立了红白理事会，村红白理事会制定婚丧事移风易俗的相关制度，并纳入村规民约。比如白事按照"丧事简办，厚养薄葬"的要求，推广"八一律，八推行"：一律不三叩九拜，推行哀悼告别；一律不披麻戴孝，推行黑纱白花；一律不吹号打鼓，推行播放哀乐；一律不大摆灵堂，推行节俭祭奠；一律不设宴待客，推行一碗份菜；一律不丧后酬劳，推行丧事从廉；一律不木棺入葬，推行石棺入殓；一律不三年祭奠，推行不待宾客；红事按照"喜事新办，文明节俭"的要求，推广"六一律，六推行"：一律不索要高额彩礼，推行自主创业；一律不索要高额媒礼，推行免费介绍婚姻；一律不宴请乡邻，推行随礼不坐席；一律不攀比摆阔，推行集体婚礼；一律不搭台唱戏，推行音响代替；一律不办（生育、祝寿、升学、乔迁等）其他喜事，推行仪式节俭。

成武县为加大移风易俗培训力度，县委党校将移风易俗培训纳入村两委班子培训内容；镇（街、区）采取集中培训、划片培训、分期培训、经验交流等形式，每年对所有村居红白理事会成员进行轮训；着力遏制高额彩礼，推广"一镇一婚介，一村一红娘"新式婚介模式，加强对"民间媒人"的管理，规范他们说媒保婚的相关行为，提升其职业素养，在全社会树立"索要彩礼可耻、创业致富光荣"的理念，高额彩礼逐步得到遏制；围绕乡村振兴战略，组织实施"铸魂强农"工程。开展"新农村、新生活"培训活动，培养时代新农民，激活脱贫攻坚内生动力。

一系列的移风易俗的实践减轻了群众的婚丧嫁娶负担，文明的乡风、民风逐渐形成。

3.树立正向"面子观"，以榜样引领新风尚。

长期以来，市场经济在给农村社会带来巨大物质财富的同时，也在不断冲击着农村社会传统价值观和伦理规范，使得既有维系农村社会和家庭生活的秩序规范不断失效，而新的适应社会主义市场经济的秩序规范又没有及时产生并发挥作用，农民社会生活和家庭生活在局部出现了秩序混乱。这表现在家庭生活中，则是孝善养老的传统价值观念弱化，老年人养老问题不断显现，婆媳关系、妯娌关系、父子关系中的张力不断凸显，且因子女未尽养老义务出现老年人贫困问题。在脱贫攻坚中，菏泽市通过对农村社会的充分调动，实现正向"面子观"的全面树立，以榜样引领新风尚。

具体做法包括：开展"好媳妇""好婆婆""好女儿"评选活动，评出来后通过村民大会公布，公布结果通过海报、电视广播、微信群等方式进行广泛宣传。推行"乡村夜话"活动，即在村两委组织下，每个固定时间段组织村民聚在一起论家常、评政策。40多年前，菏泽农村地区就有一种在夜晚聚在一起拉呱说事的生活习惯，而"乡村夜话"是对这种生活习惯的重拾。办"孝善敬老饺子宴"，即成立群众性社会组织孝善敬老理事会，理事会按照"自愿缴纳、家庭为主、子女首孝、社会互助"的原则募集敬老资金，每月固定时间将70岁（不同县区具体年龄不同）以上老人聚在一起吃饺子。设"新时代文明实践银行"，即通过"文明钞票"将养老、移风易俗、环境整治等村庄公共事务参与等方面的典型做法和先进经验量化，并进行排名评选。

无论是政府主导的评选活动，还是通过"新时代文明实践银行"进行的社区性评选活动，都起到在群众中树立榜样的作用。而榜样树立起来后，通过"乡村夜话""孝善养老饺子宴"等公共活动，就能够形成村庄公共舆论。拉呱聊天，你一言我一语，将各家各户生活中存在的问题曝光出来，遇到儿媳妇不善待老人的，"你看人家的儿媳妇，再看你家的儿媳妇，怎么能这样呢？"等等说法一旦出现，就能够以村庄舆论的形式对当事人形成压力，使其在村庄中"没面子""抬不起头"，从而促使其改变原有不善待老人行为，向村庄评价体系中"好儿媳妇"学习。而"乡村夜话"等活动不仅讨论家长里短，还会评论村庄中正在推行的国家政策。评论的过程，其实也是国家政策深入人心的过程，也是政策在村庄执行中就"群众如何参与、怎么参与"达成一致的过程。由此，在脱贫攻坚产业项目、基础设施建设项目中，菏泽农村广大群众表现出极大的参与积极性。在笔者所调研的单县张集镇街里村，村庄道路建设中，路基平整、路旁绿化等工作，都是村民义务参与完成的。

专栏 7-2

"花小钱办大事"——单县刘土城村乡风文明建设纪实

2018 年 12 月中旬，单县组织"城乡环卫一体化"抽查并排名，最终结果是龙王庙镇刘土城村排倒数第一，该村党支部书记在县电视台作表态发言。这一结果刺激了刘土城村两委班子，"问题到底出在哪里"，成为村两委干部不得不去思考的问题。经过调查发现，原因是群众没有参与其中，"前面扫后面扔"使得环境整治工作不可持续，成为问题的症结所在。

"垃圾分类、清洁卫生看似是环境卫生工作，实质是群众生态文明观念和意识没有跟上来。"龙王庙镇镇长说。而将群众动员起来，将环境卫生工作作为乡风文明建设的一个平台，成为刘土城村两委干部的重点工作。"我们抓了两手，一手是组织建设，一手是文明实践活动。"刘土城村支部书记刘洪启总结说。

在组织建设上，按照县委政府统一要求，落实街长制。街长由村两委班子成员提名，村民代表大会讨论通过后任命。结合当地村庄特点，一般一个自然村红白喜事都由相对固定人员负责（俗称"管事"），他们为人热心积极、群众威望高。因此，街长大都由这些"管事"担任。每位街长负责所在街道的村容村貌、清洁卫生、绿化美化等日常巡查劝导和信息反馈工作。因街长在群众中的威信高，"说的话群众愿意听"，"实在不听的我街长亲自到你家门口扫垃圾，一般都会说这是不给街长面子，两次下来也就愿意听了"。街长制推行以来，有效改善了村庄环境，但如何在全村群众中形成注意环境卫生的文明风尚，则需要相关实践活动发挥作用。

为此，刘土城村充分利用"乡村夜话""孝善敬老饺子宴""新时代文明实践银行"等实践活动，将环境卫生等方面工作融入到这些活动中，取得了良好效果。通过"乡村夜话"，党员干部和群众代表聚在一起，商议村庄规划、基础建设、垃圾分类、美丽乡村的发展等事务。自2019年2月25日至3月15日，龙王庙镇刘土城村就举办了三期培训班，每天参与培训的村民从最初的二三十人，发展到六七十人，再到最后的一百来人。村民参与学习的积极性被充分调动起来了，三期培训班的学习总人数达到3000人次。通过"乡村夜话"，将党和政府的脱贫攻坚、乡村振兴尤其是生态振兴政策被群众知晓、认可，形成"不注意卫生工作就是没面子"的村庄舆论。"人活一张脸，这非常重要。"村支部书记刘洪启说。

2018年9月份开始实行"孝善敬老饺子宴"，每月（农历初九）举办一次，全村 75 岁以上老人聚集到一起，免费吃饺子。与其他村庄不同的是，饺子宴"谁来办"采取认领的形式，即哪些人报名愿意承担饺子宴费用（一般一次 1000 元到 1200 元不等，为避免盲目攀比，饺子宴的最高费用标准有明确规定），需要提前向村两委报名，一个人一年只有一次机会，不得重复举办。在饺子宴中，村两委干部会当众指明此次饺子宴是由哪一位承担的，并向他表示感谢，"这其实也是很有面子的事儿"。老年人在一起聚一聚，拉拉家长里短，一是可以改善精神状态，二是对村庄凝聚力也大有好处。因年轻人出外务工较多，刘土城村专门建立微信群，将外出务工的全部拉进来，举办饺子宴会及时上传图片。举办的有面子，暂时没有来得及举办的有压力。这看似与清洁卫生等村庄公共事务无关，"其实不然，饺子宴也是集体活动。通过这个活动老百姓的心齐了，慢慢知道哪些事情是有面子的，哪些事情是没有面子的，腰缠万贯不关心村公共事业也不一定有面子，反而会被群众看不起。"刘洪启说。

"新时代文明实践银行"将乡风文明建设推向一个新台阶。刘土城村在县委县政府相关政策要求基础上，制定奖励办法，规定参与包括环境卫生在内的村庄公共事务、敬老爱老等家庭事务、协调邻里纠纷、义务帮助贫困户等社会事务，注重仪表和良好行为习惯等个体行为等等诸方面的细化奖励，奖励面值不等的"文明钞票"。"文明钞票"与钱物无直接关系，但却可以获得村民大会表彰等社会福利。按照每个季度"文明钞票"面值的多少，评选"文明富豪榜"。"'新时代文明实践银行'，相当于给每个村民建立一个'行为银行'，村民正能量的行为都可以得到文明实践钞票奖励。文明实践钞票与钱和物没有直接关系，而与福利资源挂钩，使用的永远是名次，名次靠前的村民可以随时得到意想不到的荣誉和福利，村民行为好了，文明实践钞票多了，得到的好处越来越多，从而让好人不吃亏变现实，以此解决村民正能量行为的原动力问题。"刘洪启总结说。

通过上述工作，刘土城村将村庄环境整治纳入到乡风文明建设工作中，组织动员群众，将环境整治作为弘扬文明乡风的平台。正因为群众被动员起来，2019 年以来，刘土城村用于村庄环境整治工作的费用支出每月不足 1500 元（主要是文明钞票抽奖活动）。短短半年时间，刘土城从全县"城乡环卫一体化"中的倒数村，一跃成为先进村和县乡风文明建设示范村，真正实现了"花小钱办大事"。

三、重塑乡村共同体提升乡风文明

助老和扶幼属于社会保障的范畴，不能也无法完全市场化和产业化。作为关系国计民生的重大问题，关于助老和扶幼的社会保障政策和措施要从贫困老人和特困儿童群体分布的特征出发，尤其要考虑广大农村贫困老人和特困儿童的各自的需求，以及这些需求赖以存在的社会基础。

就针对农村贫困老人的养老政策和措施而言，不能仅仅强调养老的产业属性，追求过于高大上的养老服务和强调老年人作为服务客体的一面，而是要重视养老的社会属性，设法激活家庭、村庄、社会和国家等诸多主体在养老服务方面的功能，通过专业活动的开展，引导和调动老年人作为参与主体的能动性。就针对农村特困儿童的福利政策和措施而言，如果特困儿童缺乏需求偏好的表达机制，他们就只能被动地承受项目实施的后果，这不仅会强化他们"等靠要"的思想，而且这种直接瞄准个人的"点状式的"福利供给还会进一步加剧特困儿童群体的分散性，使他们更加难以组织和团结起来。

也就是说，国家和地方政府越是想通过现代化的技术和手段提高资源对接农民个体的瞄准率，反而会付出意想不到的高昂交易成本，将大量的资源耗费在复杂的技术与制度设计上，并且会因为大水漫灌式的普惠性而稀释所投入的巨量资源，引来无数的麻烦甚至矛盾。

习近平总书记指出，要推动形成城乡基本公共服务均等化体制机制，特别是要加强农村留守儿童、妇女、老人关爱服务体系建设①。为落实总书记要求，菏泽市加大对农村助老和扶幼方面的投入，升级改造农村助老和扶幼软硬件设施。为解决农村贫困老人的养老问题，近年来大力在农村推广养老周转房建设，通过邻里互助、亲友相助、志愿服务等途径，推动农村互助式养老模式，实现了农村贫困老人的养老需求；为解决农村特困儿童的学习、生活和成长问题，率先在单县建立了博爱学校，为其提供免费的、与其他小朋友一样的优质、公平的教育，使他们成长为人格、心智健全的人。

菏泽市的这些创新实践低成本地动员和利用了既有的存量资源，其核心的机制就在于通过"重塑共同体"，为贫困老人和特困儿童创造出了人格化的社会交往机会。对农村贫困老人而言，养老周转房在解决贫

---

① 习近平，《在十八届中央政治局第二十二次集体学习时的讲话（2015年4月30日）》，《人民日报》，2015年5月2日。

困老人住和吃的问题同时，最大程度保持或还原了其原生态的生活环境和熟人社会网络，实现了"离家不离村，离亲不离情"的养老需求，同时还激活了熟人社会中人与人之间的社会关联，增强了村庄的社会资本；对农村特困儿童而言，通过集中起来，以师生之间、同辈群体之间的活动，以及一系列社会实践活动的形式来进行心理疏导、学业教育和生活习惯训练，加强了他们与同学、老师和社会的联系，重新塑造了他们对同学、老师、社会和国家的认同。也就是说，菏泽市在助老扶幼方面的一系列创新实践所折射出的解决问题的经验或者理论逻辑就在于"重塑共同体"。

"共同体"这一概念来自于德国社会学家滕尼斯《共同体与社会》一书。滕尼斯将共同体与社会做了二元对立式的类型划分。在滕尼斯那里，社会是一种以利益和契约为基础的社会联系和组织方式，比如现代企业、城市社区和政府等；相对而言，"共同体"要早于"社会"，是一种以统一和团结为特征的社会联系和组织方式，主要是在自然形成的群体（比如家庭这样的初级社会群体），或者在小规模的、历史形成的联合体（比如基于血缘和地缘关系而形成的村落）中实现的，是由关系亲密、守望相助的同质性群体所构成的，是自然生长、浑然天成的整体。菏泽市在助老扶幼方面的创新性实践正体现了重塑共同体的一种努力，其核心要件在于日常交往层面的熟人化，日常生活层面的互帮互助和心理层面的共同体认同。其中日常交往中的熟人化是最为关键的因素，只有在熟人社会中才能实现人格化的社会交往，而足够频繁的人格化的社会交往会催生邻里间的互帮互助和共同体的认同。

（一）日常生活层面的熟人化

共同体是人格化的社会交往的产物。人格化的社会交往是基于特定角色和身份的社会交往[①]，比如建立在血缘基础上的亲密关系、建立在地缘基础上的邻里关系、建立在兴趣爱好基础上的朋友关系、建立在业缘基础上的同学和同事关系等。在人格化的社会交往中，信息高度透明，彼此知根知底，难有所谓的隐私存在的空间，只有达到这种程度，关系才能得以维持并被持续地再生产，最终凝固成为一种社会结构。在共同体的关系结构里，每一个人都是作为特殊性的个体而存在的，人们之间的关系因而是特殊主义取向的，即个体之间打交道的方式和态度是因人而异的，而每个个体正是在这样的交往过程中找到自己在共同体中的位置和认同感。

共同体的形成与人格化的社会交往密切相关，而人格化的社会交往又与空间的规划和布局密不可分。"空间"通常包括物质空间和社会空间两种，物质空间是指建造的环境和格局，多由建筑、道路、公共设施等构成，它为街坊邻居提供了一种交往的场所，是人与人之间的互动得以发生的物质基础。建筑配置、道路系统等因素因为提供或者限制了邻里间接触的机会，从而影响了邻里间的互动关系，比如村庄里可供农民纳凉的大树就可能为社会交往提供了平台和机会；社会空间是指空间中社会成员间的联结形式和意义感，所有的实体对个体而言都是有意义

---

① 熊易寒，《社区共同体何以可能：人格化社会交往的消失与重建》，《南京社会科学》，2019 年第 8 期。

的，通过指派意义给空间，人们在特定的场所定位自己，如邻里、村庄、社区和城市等。建成环境的实体和空间的意义感帮助我们组织起我们的日常生活。

养老周转房一般都建在村庄的人口比较集中的中心地带，贫困老人养老的空间为其长期生活的、成员彼此熟悉的村庄。村庄是一个"熟悉"的社会，这种熟悉是一种在多方面的、频繁的接触中所体验到的亲密的自己人的感觉。熟人之间的交往是很少需要正式的文字和过多的繁文缛节，脚步声，甚至气味都可以是"自报家门"的方式。熟人社会是经过亲密的、长期的共同生活而形成的，成员间的关系是长成的，日积月累就习惯成自然了。贫困老年人在熟悉与亲密的村庄共同体中安度晚年，避免了他们对陌生环境的再适应过程，他们留在自己熟悉的村庄和人际关系网络中养老，可以继续保持邻里间的互动交往，从而获得情感支持和角色支持。以村庄为依托的周转房养老实践，满足了贫困老年人的心理和情感需求，在熟悉的村庄养老没有改变老年人生活的人文环境，他们能与自己的亲戚朋友保持接触，由于集中居住且熟人化程度很高，老人们能相互串门，一起闲话家常，就不会感到孤独和寂寞，精神上也变得充实，贫困老年人在自己人的社会空间的养老生活因此必然是温情脉脉的。

这与在敬老院养老形成了鲜明对比。敬老院的养老生活建立在非熟人社会中，人与人之间的关系无法仅靠习惯、人情与信任，而要靠制度。从我们调研的情况来看，五保老人很少愿意进入到脱离了村庄社会的敬老院生活，原因是敬老院里没有自由，没有真正基于关心所提供的服务。在敬老院，有各种各样的规章制度，连出门都要登记，平时敬老院的大门都是紧锁的。在成武县党集镇的敬老院访谈，就有一位叫袁有才的老人因为骑车外出玩耍发生车祸而骨折，花了两万多元才治好。这件事情发生后，敬老院的管理人员往往都尽量避免老人到外头去。也是因为不愿意有太多约束，成武县党集镇刘老家村的刘友臣老人在2018年底从镇上的敬老院搬回到村里的周转房里生活了，用他自己的话说就是"自己庄上的人看着心里舒服"。

任何个体都不是孤立存在的，都是生活在既定的社会结构和关系网络之中的，都依赖于特定的社会关系网络获得包括信息、情感、服务等方面的支持。由于各种各样的原因，特困儿童从他们熟悉的初级社会关系（与父母）中脱离出来，失去初级群体的情感支持，导致他们产生社会孤立和个人的原子化倾向，同时也无法融入次级群体关系，比如在学校中时常处于边缘和隔离的处境，这会让他们产生沮丧、焦虑、不安全感等异常行为。博爱学校的成立，将特困儿童集中起来，配备集体食堂和宿舍等基础设施，通过以一系列的师生之间、同辈群体之间的活动，努力塑造出共同体的氛围，让他们健康成长。2019年2月底，盛永昌小朋友来到学校，一进校门就哇哇大哭，与他同村的一个小孩也在博爱学校，但由于他们不是一个自然村的，所以不认识。这时候忽然有个同学不知道是什么原因说认识他，就抱着一个篮球走过来给他，他俩就一块去玩了。中午饭他吃得比较好，晚上过去看了一下，生活老师搂着他睡，问他"这里好不好"，他说"好，吃得好，小伙伴、老师都对我好，也不想家了"。他来了之后上二年级，但他连小学一年级的题都不会做，原来缺的东西太多了，老师们都单独给他补课。正是通过这样的软硬件建设，博爱学校的学生体验到了被尊重、被重视、被认可的感觉，获得了基于共同体生活的认同感和归属感，因而有利于他们健康地成长。

（二）人际交往层面的互帮互助

仅仅有频繁的日常交往和互动并不足以形成共同体，关键在于这种日常交往和互动是基于私人身份或角色的人格化交往，还是基于社会地位或职业的非人格化交往。只有频繁的人格化社会交往才能让人们成为朋友、熟人，进而实现日常生活层面的互帮互助。

养老周转房的实践是一种以村庄为主体的农村养老服务模式，其得以建构的关键就在于调动地方社会中诸多行动主体的主动性和能动性，实现邻里、村庄、政府与社会组织的协同参与，满足贫困老年人多样化的养老需求。在养老周转房的建设和日常运营过程中，政府和相关部门提供资金和政策支持，同时对养老服务的日常运营给予规范与监督；村两委组织负责具体运作，动员村庄内部资源，以及援引政府与社会组织的力量及时满足贫困老年人的需求；邻里则满足了老年人的休闲娱乐需求，有利于老年人的心理健康；举办饺子宴等活动则为村庄老年人提供了交流的平台。

在养老周转房的日常运转中，聘用低龄的贫困老人为公益岗人员，为其他贫困老年人提供基本照料服务，提供照料服务的低龄贫困老年人可以获得一定的服务补贴。双方不仅是养老服务的供给方与需求方，而且还具有村庄共同体的互帮互助特征。公益岗人员每天至少一次到工作对象房中走访、开展工作，其余时间根据工作对象实际情况，进行不定期服务，为老年人提供精神慰藉和情感支持；及时帮助工作对象做简单家务，主要服务内容有：帮助生活不能自理或不能完全自理的工作对象及时晾晒被褥、清洗衣物、打扫庭院，保证其生活的基本卫生条件，每天帮助整理一次室内物品，每周帮助清洗一次衣物、晾晒一次被褥，每月全面打扫一次庭院，每季度拆洗一次被褥等；公益岗人员既是工作对象的服务员，也是通信员，在遇到突发疾病或自己无法处理的其他应急情况时，第一时间联系家庭医生及其亲属，使工作对象得到及时救助；根据工作对象的精神状态，提供精神服务，特别对留守老人进行精神慰藉，陪同聊天、散步、文化娱乐活动等。在村庄熟人社会环境中，因为信息完全透明和对称，互帮互助过程中就不会有为界定权责所必备的复杂制度设计和安排，可以做到低成本和低风险，因而也就不会遭遇到敬老院常有的道德风险。村庄在居家养老服务中的主体作用，有助于动态掌握老年人的需求，及时予以满足，充分实现了贫困老年人"老有所养、老有所依、老有所乐"的目标。

就针对特困儿童教育扶贫而言，原有的扶贫是一种"点状式的"扶贫。特困儿童分散在各个村庄，社会和相关部门送来米、面等物质资源，可以解决他们的温饱问题，但是却无法回应他们在成长过程中遇到的人格和心理层面的问题，因而也就无法保障受教育的效果。人都需要身边可持续性的资源和社会关系的帮助。博爱学校将一群特困儿童集中起来进行教育，开设各类兴趣班，每周按时组织活动；在校园内开辟了班级菜园，开设了劳动教育课；配置和面机，不定期组织师生一起动手包饺子、做馅饼。这些活动培养了师生感情，孩子们在老师的精心陪伴和引导下，逐渐克服了很多陋习和恶习。现在的孩子们，排队入厕，文明游戏，安静就餐，言语文明，行为得体，礼貌待人，乐于助人，彼此之间互相学习，相互感染，文明礼貌和道德的种子在孩子们的内心发芽成长。

（三）文化心理层面的共同体认同

认同是个体的心理归属状态，是个体因为生活中的互动而产生的对空间、群体的信任和归属感。只有通过高度信任、共同情感、共享信息和规范等形成紧密而有序的联系，才有可能产生共同体的认同。

中国人的信任不是普遍主义取向的信任，而是一种特殊主义取向的信任。很大程度上，信任建立在彼此的了解和熟悉之上，所谓"知根知底"，让渡一定程度的隐私，这些都是建立信任关系的充分和必要条件。左邻右舍高频率的互动使得村庄社会少有秘密可言，人们也鲜有隐私观念及隐私保护的意识。乡村社会的成员彼此熟悉，信息高度对称，因而造就了高信任。这种高信任在人口流动频繁的当下虽然有所削弱，但相较于城市社会，乡村社会的信任程度仍然是很高的。不仅如此，农村文化生活总体上趋同，群己权界模糊，村庄社会的社会交往通常是人格化的，频繁的人际互动累积成特殊的信任、伦理和道德义务，"你中有我，我中有你"。在这个意义上讲，共同体是一个分享传说、故事、流言和闲话的社会群体。

在养老周转房实践过程中，村两委发动了"乡村夜话"活动，组织了老年人互助组织，国家财政和乡村组织给予支持。除此之外，饺子宴、老年人协会等能满足老年人的休闲娱乐需求，周转房里都兴建了娱乐室，供老人看电视、打牌、下棋和聊天，贫困老人大部分时间都在娱乐室度过，娱乐室每天人很多，不仅有住在周转房里的贫困老人，村里的其他老年人也已经将去娱乐室玩当做日常生活的一部分了。所以只有采取自愿组织的老年人互助形式，才能保证老年人互助的质量，也才能化解老年人互助中可能出现的风险和降低老年人互助的成本，最大程度地调动老人自身的参与积极性，让他们渐渐形成大致相似的生活方式和地位认同，进而促进了他们对村庄共同体的认同。

注重对学生综合素质的培养，教育孩子们珍惜学习机会，牢记各级组织和社会的关怀，勇敢坚强，勤奋学习，诚实守信，知恩图报，努力使自己成长为对祖国、对社会有用的人才。博爱学校让孩子们在学校吃得安心、住得舒心、学得用心，玩得开心，这改变了他们之前在村庄和学校受排斥和区隔的地位，通过健全学生成长档案，持续关注孩子们后续成长和发展，让他们无论将来走到哪里，都力争做到用自己的仁爱之心关爱他人，温暖社会，从而建立起对社会的共同体的认同。

四、经验与启示

脱贫攻坚是当前阶段性的工作目标，但减贫却是一个持久不衰的话题，致富奔小康、实现乡村振兴是全社会共同努力追求的目标。菏泽市在社会保障减贫和社会救助兜底式扶贫方面的探索和实践，不仅对于其他尚未脱贫的地区而言具有重要借鉴意义，而且在兜底式扶贫方面的实践起到了移风易俗、乡风文明转变的效果，更重要的是这一系列实践所体现的"重塑共同体"的努力能为后续的乡村振兴奠定文化和制度基础。

第一，以乡村共同体的积极构建，夯实农民主体地位。乡风文明建设需要坚持农民本位和村庄本位，当前乡风文明建设的基础在于明白农民究竟需要什么样的文化建设？乡村究竟能够进行怎么样的乡风文明建设？事实上，农村和农民需要的绝不是阳春白雪式的、精英式的和消费性的文化，而是与农民的日常生活世界息息相关的文化。乡风文明建设需要以村庄为载体和抓手，以村庄内部的存量资源为前提条件，以农民群众为主体，引入广大农民的广泛参与，激发村庄内生的活力。因此，乡风文明建设需要探索出一条真正触摸到农民日常生活的、低成本且易推广的路径，使农民真正参与其中，从而化解乡风文明建设的"最后一公里"难题，达到重塑村庄生活共同体的目的，进而为乡村振兴战略的实施打下坚实的基础。

第二，以乡村共同体构建，增强并激活村庄社会资本。在乡村人口特别是青壮年劳力大量外流的背景下，村庄共同体建设要吸纳大量年轻人参与是不可能也不必要的。当前的村庄共同体建设应当以老人和儿童为中心。长期以来，老人已经成为志愿者活动的主力军，比如很多地方建立了老年人协会；然而，村庄对于少年儿童的吸引力还没有得到应有的重视，因为我们大多数的村庄在规划和空间安排上并没有注意到这一点。也就是说，要通过一系列专业活动的开展，不断增强村庄的社会关联，增强村庄的社会资本，提升村庄的自组织力。因此，要特别重视与既有的村庄资源对接，注重挖掘和培养村庄内部的人才，逐渐让其成长为承担乡村振兴任务的主体。

第三，以乡村共同体构建提升农民组织化程度。将农民组织起来，是中国共产党取得革命胜利和社会主义建设成功的最重要的经验，其历史遗产就是现在仍然存在的村庄社会的基层组织。这是我们必须正视的且必须用好的制度优势。通过建设强有力的基层组织，就可以真正将农民的主体性调动起来，参与到乡村振兴的事务当中。

第八章

"攻坚克难、砥砺前行":
解决区域性整体贫困的菏
泽实践

概括来看，菏泽脱贫攻坚实践不仅较好补齐了区域性发展短板，高质量完成脱贫攻坚任务，还谋求长远，避免"就扶贫论扶贫"工作模式，将脱贫攻坚与区域整体发展相结合，形成了脱贫攻坚与乡村振兴衔接的综合模式，探索构建了解决相对贫困的长效机制，探索了一条地方治理体系和治理能力现代化的实现路径。菏泽脱贫攻坚实践经验，是习近平总书记关于扶贫工作重要论述的生动实践，打造完成了全省全国脱贫攻坚的市级样板。

一、中国反贫困理论的生动实践

菏泽的脱贫攻坚是习近平总书记关于扶贫工作重要论述在东部欠发达地区的生动实践，为解决区域性整体贫困提供了参照；也是探索相对贫困治理与实施乡村振兴战略的先试先行，为 2020 年后乡村减贫与发展积累有益经验。其中包涵的政策逻辑与理论逻辑对于全国各地农村减贫与发展的诸多方面都具有重要的启示意义。

第一，以"论述"为根本遵循进行脱贫攻坚二次顶层设计。习近平总书记关于扶贫工作重要论述是习近平总书记治国理政思想的重要方面，不仅包含了解决贫困问题的方法路径，也为国家治理诸多领域提供科学指引。菏泽的脱贫攻坚以此为根本遵循，建立起体系完备、结构合理、操作性强的地方脱贫攻坚市域顶层设计，为解决区域性整体贫困提供了制度基础。《脱贫攻坚责任制实施办法》中，关于县的责任做出了详细的规定，而对市则提出了"市级党委和政府负责协调域内跨县扶贫项目，对项目实施、资金使用和管理、脱贫目标任务完成等工作进行督促、检查和监督"的要求。山东省在此基础上，进一步提出建立"市抓推进、县乡抓落实的工作机制"，这为菏泽市的改革创新提供了创新的空间。基于"区域整体贫困"的特点，菏泽市的脱贫攻坚不仅充分落实了党中央和省委有关决定和意见，还发挥市域贫困治理的优势进一步压实脱贫攻坚主体责任。

第二，凸显"论述"中关于"补短板"的重要思路。习近平总书记指出"各级党委和政府在贯彻落实五中全会精神、谋划当地'十三五'发展规划时，要抓住主要矛盾，对什么是最突出的短板做到心中有数[1]"。同时要求，要把脱贫攻坚作为"十三五"期间头等大事和第一民生工程来抓，坚持以脱贫攻坚统揽经济社会发展全局。这些指明脱贫

---

[1] 习近平，《在中央扶贫开发工作会议上的讲话》（2015年11月27日）《十八大以来重要文献选编》（下），中央文献出版社2018年版，第34页。

攻坚在中国经济社会发展中的重要意义——既是改善贫困地区民生的重大战略，也是促进经济社会发展的有力抓手。而"补短板"则成为理解总书记这些论述的关键词，既有重要的指导意义，也蕴含了深刻理论逻辑。菏泽黄河滩区经济发展缓慢，是经济社会发展的突出短板。滩区群众生活贫困，各项基础设施条件落后，"行路难、住房难、上学难、择偶难、饮水难、就医难、致富难、发展难"，黄河滩区是菏泽市脱贫攻坚的深度贫困地区，是发展短板中的短板。党的十八大以来，菏泽市积极落实党中央各项决策部署，从实际出发，因地制宜，找准突破口，把黄河滩区作为脱贫攻坚的重点区域和全市经济社会发展的"短板"，以解决住房安全问题为切入点，集中改善提升"水、电、路、学、医"等基础设施条件和公共服务水平，彻底改变滩区居民"三年攒钱、三年垫台、三年盖房、三年还账"的现状，让滩区群众和其他地区群众一样到2020年同步迈入小康社会。

第三，坚持"论述"中精准扶贫精准脱贫基本方略。习近平总书记指出，"脱贫攻坚已经到了啃硬骨头、攻坚拔寨的冲刺阶段，所面对的都是贫中之贫、困中之困，采用常规思路和办法、按部就班推进难以完成任务，必须以更大的决心、更明确的思路、更精准的举措、超常规的力度，众志成城实现脱贫攻坚目标"[①]。菏泽市通过一系列的创新举措，因地制宜地有效解决了精准扶贫、精准脱贫的"四个问题"，不仅高质量地完成了既定脱贫任务，也探索形成了市域脱贫攻坚的"菏泽样本"，

---

① 习近平，《在中央扶贫开发工作会议上的讲话》（2015年11月27日），《十八大以来重要文献选编》（下），中央文献出版社2018年版，第34页。

即发挥市域贫困治理优势压实主体责任，同时充分激发县域脱贫攻坚内生动力，实现了县域贫困治理的"集群创新"。围绕"对扶贫对象实行精细化扶持、对扶贫资源实行精确化配置、对扶贫目标实行精准化管理"的目标，菏泽市历时近两个月，对87项指标、1387万条数据进行了梳理标注，在全国第一个绘制了三张"扶贫地图"，彻底弄清了"贫困人口在哪里，贫困村在哪里，哪里贫困人口多，哪里贫困人口少，归谁管，由谁扶，怎么扶，如何退"。

第四，落实"论述"的各个方面的具体要求。关于菏泽的扶贫工作，总书记指出，一是要紧紧扭住发展这个促使贫困地区脱贫致富的第一要务，立足资源、市场、人文旅游等优势，因地制宜找准发展路子，既不能一味等靠、无所作为，也不能"捡进篮子都是菜"，因发展心切而违背规律、盲目蛮干，甚至搞劳民伤财的"形象工程""政绩工程"。二是要紧紧扭住包括就业、教育、医疗、文化、住房在内的农村公共服务体系建设这个基本保障，编织一张兜住困难群众基本生活的安全网，坚决守住底线。三是要紧紧扭住教育这个脱贫致富的根本之策，再穷不能穷教育，再穷不能穷孩子，务必把义务教育搞好，确保贫困家庭的孩子也能受到良好的教育，不要让孩子们输在起跑线上。首先，菏泽牢牢坚持习近平总书记要求的紧紧扭住发展第一要务不动摇，激发内生动力"拔穷根"。通过抓财源建设、抓扶贫项目、抓就业扶贫，大力推进扶贫车间建设，积极招引劳动密集型项目向贫困乡村布局，探索出了一条以扶贫车间为载体、帮助贫困群众就地就近就业的"造血式"扶贫路子。其次，牢牢坚持习近平总书记要求的紧紧扭住农村公共服务体系基本保障不懈怠，编密织牢贫困群众保障网。聚焦"老弱病残幼"等特困群体，针对特困儿童教育难题，全市建立12所养教并重的全日制寄宿式公益学校，确保建档立卡贫困家庭中孤儿、特困、残疾等孩子有学上；针对贫困老人养老安居难题，探索建设了2279套集生活居住、日间照料、休闲娱乐等于一体的养老周转房，妥善安置贫困人口2848人。最后，牢牢坚持习近平总书记要求的紧紧扭住教育脱贫致富的根本之策不松劲，不让一个孩子输在起跑线上。坚决阻断贫困代际传递，全面贯彻落实困难学生资助政策，实现从学前教育至高等教育学生资助政策全覆盖。利用菏泽技师学院平台实施技能扶贫"大篷车下乡"和"千人计划"项目，在全市举办烹饪、面点、电焊和电子商务等各类培训22期47个班次，培训学员2723人。贫困群众学了技术，有的在家门口就能摆摊布点，有的则走南闯北打市场，实现了"一人就业、脱贫一家。"

二、脱贫攻坚与乡村振兴衔接的综合模式

在脱贫攻坚实践中，菏泽围绕贯彻落实习近平总书记关于扶贫工作重要论述，践行协调发展理念，创造性将产业扶贫与乡村经济结构调整、就地就近就业与能人创业、黄河滩区生态保护与高质量发展、助老扶幼与乡村文明建设、组织帮扶与激发内生动力等方面有机统一起来，聚焦减贫基础条件、内生发展动力、发展文化和治理体系的培育，引导各类要素更多向贫困村贫困户流动，加快补齐农村基础设施建设和公共服务短板，不但顺利完成了脱贫攻坚任务，还切实对标了党的十九大报告提出的"实施乡村振兴战略"要求，初步实现了脱贫攻坚与产业振兴、人才振兴、文化振兴、生态振兴、组织振兴的有机统一，探索出

一条脱贫攻坚与乡村振兴相衔接的有效路径，进一步巩固了脱贫攻坚成果，这是菏泽脱贫攻坚的主要着力点和基本经验。

近年来，在党中央和国务院的有力领导和统一部署下，地方各级政府将脱贫攻坚作为首要政治任务来抓，脱贫攻坚取得举世瞩目的成绩。但也应该看到，由于时间短、任务重，各地将大量人力、财力、物力集中于脱贫攻坚各项工作执行中，这在短时间内较好完成脱贫攻坚任务要求的同时，也陷于"就扶贫论扶贫"的工作模式中，脱贫攻坚工作与地方整体经济社会发展需求匹配度不高，一定程度上降低了资源使用效率，限制了扶贫长效机制的形成与完善。总结菏泽脱贫攻坚实践经验可以发现，菏泽立足地方实际，将脱贫攻坚各项重点工作推进与地方经济社会发展需要紧密结合起来，以脱贫攻坚促地方经济社会整体发展，以地方经济社会整体发展夯筑脱贫攻坚长效机制，为长期有效解决区域性整体贫困提供了坚实保障。总结前述各章，可以归纳为以下几个方面：

第一，组织帮扶与内生发展能力有机统一，在帮扶中实现乡村组织的优化升级，为乡村振兴战略推进奠定坚实的组织基础。在组织帮扶过程中，菏泽市实现由市到村"纵到底""不断线"，打通扶贫政策服务群众的"最后一公里"；实现"横到边"，形成协同推进、统筹协调的横向合力；强化农村基层组织尤其是村级党组织建设，打通脱贫攻坚政策落实的"最后一公里"，具体措施包括：积极引导政治素质过硬、致富能力强的村民返乡，优化农村基层组织干部队伍；精准施策，积极壮大村集体经济，确保农村基层组织"有钱办事"；签"双向承诺书"，优化帮扶双方权利义务关系，激发贫困群众内生动力；"一户一档"，构建贫困户稳定脱贫长效机制；"因势利导"，激发村社活力助力脱贫攻坚。这些举措的实施，不仅为高质量完成脱贫攻坚任务提供了坚实的组织保障，还一方面优化了基层组织结构，锤炼了干部队伍，培养了一大批爱农民、解民意、懂农村的基层干部，为实现组织振兴提供了必要的人才储备。另一方面，农村干群关系持续优化，农村社会风气得到净化，群众凝聚力、向心力得以普遍提升，为农村基层组织的持续发育提供了必要的社会基础。

第二，将扶贫产业嵌入于地方实际产业基础之中，结合本地产业发展的比较优势，实现产业扶贫与农村经济结构调整的有机统一。脱贫攻坚以来，菏泽突出政府引领、精准到户、区域统筹和市场导向，聚焦农林产业扶贫、电商扶贫、扶贫车间扶贫模式，以农业产业化理念指导农林产业扶贫，以充分就业的理念推动二三产业扶贫，以产业融合的理念推动农村电商扶贫。同时，菏泽市切实结合各个县区涉农产业发展实际，统筹安排，合理布局，错位竞争，协调并进，形成真正适应各县区发展实际的产业业态，为乡村产业振兴提供了坚实基础，实现产业扶贫与乡村产业振兴的有机统一。

第三，以"扶贫车间"的创新做法为抓手，探索一条群众就地就近就业与能人创业相统一的工作机制，取得经济效益和社会效益的双丰收，为乡村人才振兴打下良好基础。菏泽结合自身传统手工业生产模式，首创了"扶贫车间"就业扶贫模式。随着"扶贫车间"的不断提档升级，菏泽拓展贫困群众的就业渠道，并以此搭建乡村能人创业平台，进而构建能人带动与农民增收的长效机制。依托"扶贫车间"，不仅解决了贫困群众就地就近就业问题，让贫困群众能就业、能发展、能致富，还探索建立了人才培育、支持和带动的有效模式，使能人愿意返乡，能够做事，留得下来，为农村可持续发展培养了一大批优秀人才，为乡村人才振兴打下良好基础。

第四，创建"就地筑村台"迁建扶贫模式，实现黄河滩区生态保护与高质量发展有机统一。党的十八大以来，菏泽聚焦黄河滩区，举全市之力，创造性地以"就地筑村台"为主要迁建模式，不仅圆了滩区群众的百年安居梦，拓展群众脱贫致富路，还就地取用黄河泥沙为主体材料，降低村台建设成本的同时，最大化保持了滩区自然生态。在村台规划建设过程中，不搞一刀切，做到错落有致、特色各异、一台一韵，避免搬迁社区"兵营式""排排房"的样貌，彰显黄河滩区文化内涵，努力把所有村台串联起来，打造为有浓郁黄河风情的集休闲生态观光于一体的旅游胜地。把昔日的黄河滩建设成"产业兴旺、生态宜居、乡风文明、治理有效、生活富裕"的"花果滩"，确保滩区群众既可以搬得出、住得下，又可以发展致富，实现滩区生态保护与高质量发展的有机统一。

第五，设"养老周转房"助老、办"博爱学校"扶幼，实现助老扶幼与乡风文明建设的有机统一。以政府尽职能、社会尽责任、市场尽能力、邻里尽乡情、亲人尽义务、个人尽力量的"六尽"综合保障体系为基础，不断探索特困老人、贫困儿童帮扶模式，也为乡风文明建设提供了可靠载体和长效机制。创养老周转房，以孝善养老带动乡风文明。"养老周转房"不仅破解了贫困老人养老安居难题，通过建房选址"六靠近"，签订"赡养协议"等方式使老人住得好、过得好，还强化了子女尽孝，促进了邻里关心，凝聚了社区爱心。办博爱学校，以护幼扶幼促进乡风文明。通过拓展教育扶贫功能，开办"博爱学校"为特困家庭儿童提供全面帮扶，每个老师重点帮扶几个学生，帮助其养成良好的生活习惯，引导其心理和人格的健康发展，在阻断贫困代际传递的同时也将正能量传推开来。"养老周转房""博爱学校"逐渐成为乡村文明建设的空间载体，实现助老扶幼与乡风文明建设的有机统一。

综上，在脱贫攻坚实践中，菏泽市创造性将产业传统与经济结构发展升级、能人返乡与农村就地就近就业创业、黄河滩区生态保护与高质量发展、助老扶幼与乡村文明建设、组织帮扶与村民内生动力等方面有机统一起来。这些实践创新高质量地完成既定脱贫任务，为全省乃至全国提供了多项重要脱贫经验，还实现脱贫攻坚向乡村振兴战略推进的有机衔接和平稳过渡，为解决区域性整体贫困提供了菏泽样板。

三、解决相对贫困长效机制的先行示范

党的十九大报告提出的"确保到 2020 年中国现行标准下农村贫困人口实现脱贫"的目标即将实现，中国的扶贫事业即将进入一个新的阶段：从重点解决绝对贫困问题向解决相对贫困问题转变[1]。就目前而言，相对贫困的标准判定、治理措施等方面，学术界并没有明确的答案，但认为相对贫困永恒存在并受区域性整体发展水平的影响，却已形成了共识。换言之，通过行之有效的工作机制，实现区域性整体长期、可持续发展，仍是解决相对贫困问题的基本之策。在这方面，菏泽跳出"就扶贫论扶贫"实践困境，将脱贫攻坚有效嵌入于区域整体发展需要中，通

---

① 孙久文、夏添，《中国扶贫战略与 2020 年后相对贫困线划定——基于理论、政策和数据的分析》，《中国农村经济》，2019 年第 10 期。

过诸种具体而有效的实践机制，实现了解决相对贫困长效机制的先行示范。

上文述及，菏泽不仅是一个市级行政区，还具备生存环境恶劣、基础设施薄弱、公共服务滞后、社会形态特殊等区域性整体贫困所具备的共同特征。当然，相对于西部民族地区、边境地区、中部革命老区和山区等区域性整体贫困地区而言，菏泽表现出的区域性既有与前述四大区域相同的一般性特征，也有其特殊性。在脱贫攻坚中，菏泽将习近平总书记对于协调发展的重要论述精神贯穿于工作各个环节，并以协调发展理念为指导，形成嵌套、融会和统合三个工作机制。

第一，立足实际、科学施策，将脱贫攻坚各项工作充分嵌入区域性经济社会发展实际需要，形成嵌套机制。菏泽脱贫攻坚各项工作推进一方面严格遵循习近平总书记和党中央、国务院做出的统一部署，另一方面在各项具体工作中又立足区域实际，科学制定脱贫攻坚各项政策制度，不另起炉灶，将脱贫攻坚各项工作有效嵌入于区域性经济社会整体需求中。如针对农村基层组织存在的"无人办事""无能力办事"和"无钱办事"等区域性发展难题，菏泽在组织帮扶中，出台系列提升村集体经济实力、吸引村庄能人加入村级组织等举措，切实缓解了上述难题。针对农村产业结构亟须优化升级这一区域性发展需求，菏泽在产业扶贫中，注重以农村产业化和产业融合发展为行动理念，以电商扶贫、农林产业扶贫为具体抓手，助力农村经济结构持续优化调整。针对人财物资源大量外流、农村发展后劲不足等区域性发展困境，菏泽首创"扶贫车间"，并将"扶贫车间"作为吸引外出能人返乡创业的平台和本地能人培育的"孵化器"，切实缓解了农村人力资源净流出问题，提升了农村发展后劲，为农村可持续发展提供了必要的人才储备。针对黄河滩区经济发展水平明显滞后、生态环境脆弱这一区域性发展难题，菏泽以"就地筑村台"迁建扶贫为抓手，系统谋划，为黄河滩区生态环境保护构筑新的有力屏障，为黄河滩区经济高质量发展提供了必要基础。针对市场竞争意识相对薄弱、陈规陋习在相当范围内仍然存在等制约区域性发展的文化障碍，菏泽以"养老周转房""博爱学校"以及相关举措为抓手，切实实现了乡风文明，积极引导农村社区内部正能量的形成和发展。由此可知，菏泽脱贫攻坚工作的各项实践，均是以区域性经济社会整体发展实际为基本立足点，将脱贫攻坚工作深嵌于区域性经济社会整体发展需要之中，构筑了有效解决区域性整体贫困的嵌套机制。

第二，合理统筹、大力创新，实现脱贫攻坚工作与区域性经济社会整体发展的其他工作有机融合，形成融会机制。菏泽始终把脱贫攻坚作为全面建成小康社会的刚性目标、底线任务和标志性指标，作为一项必须完成的政治任务，牢牢扛起脱贫攻坚的政治责任。在实践中，菏泽坚持以上率下，高位推进，将全市各个主要行业部门统合起来，全面增强脱贫攻坚合力。而这不仅为打赢脱贫攻坚战奠定坚实的组织和制度保障，还为脱贫攻坚工作与其他方面工作的有效融会提供了体制保障。正如菏泽经验所示，通过对各部门资金流向和政策出台的积极合理统筹，对辖区内各县区的有力协调，做到全区域"一盘棋"，实现了脱贫攻坚各项工作与其他方面工作的有效融会和相互促进。如在产业扶贫中，菏泽市将扶贫产业与其他涉农产业发展相互融合，以扶贫产业促其他涉农产业提档升级，以其他涉农产业发展促扶贫产业经济社会效益的最大化。还比如在保障性扶贫工作中，菏泽以"养老周转房""博爱学校"

等创新性保障扶贫经验做法促乡风文明的积极培树，以乡风文明的积极培树促保障性扶贫长效机制的构建。在迁建扶贫中，菏泽以"就近建村台"这一创新实践促黄河滩区生态环境的积极改善和合理利用，以黄河滩区生态环境的积极改善和合理利用促迁建扶贫实践效益的最大化等等。由此，菏泽脱贫攻坚工作在深嵌于区域性经济社会发展实际需要基础上，实现与其他方面工作的有机融合和相互促进，构筑了有效解决区域性整体贫困的融会机制。

第三，统合"补短板"与"谋长远"，构筑解决区域性整体贫困的长效机制。习近平总书记明确指出，农村贫困人口如期脱贫、贫困县全部摘帽、解决区域性整体贫困，是全面建成小康社会的底线任务，是我们做出的庄严承诺[1]。作为全面建成小康社会的底线任务，脱贫攻坚发挥补齐经济社会发展短板的重要功能。而脱贫攻坚工作不断向纵深发展，以及国家乡村振兴战略对农村发展提出新的战略要求，都要求脱贫攻坚事业既能够圆满完成 2020 年脱贫目标，又能够主动对标乡村振兴战略要求，将"补短板"与"谋长远"结合起来。也只有这样，才能构筑解决区域性整体贫困的长效机制。如菏泽在产业扶贫工作中，率先出台《菏泽市农村扶贫资产管理办法》，为不断增加的村内扶贫资源、资产的监管、盘活和壮大提供长期性制度保障等等。而菏泽脱贫攻坚中实现的上述五个方面的统一，实质即是将补齐经济社会发展短板与谋求区域性经济社会长远发展有效统合起来，构筑解决区域性整体贫困的长效

---

① 习近平，《在东西部扶贫协作座谈会上的讲话》（2016 年 7 月 20 日），《习近平扶贫论述摘编》，中央文献出版社 2018 年版，第 61 页。

机制。

2020 年，菏泽单县、鄄城县被定为山东省解决农村相对贫困长效机制试点县。从目前来看，两个县的已有经验正是对上述三大工作机制的具体运用。如在单县，通过坚持"四融合"，即坚持一二三产业融合，构建农业产业梯次扶贫网；坚持输血、造血和换血相融合，统一外部拉力和产业内生发展能力；坚持群众脱贫致富与壮大村集体收入相融合；坚持本土特色与优化增量相融合；注重实现扶贫产业与地方产业结构的有机融合，将扶贫产业发展嵌入于地方产业结构中，实现扶贫产业发展与地方其他产业的共融共促，从产业方面构建了解决相对贫困的长效机制。同时，在稳定帮扶力度的基础上，充分发挥社区的主体地位，将以社区主导的发展理念引入扶贫开发工作中，贯穿于兜底保障、就业和产业扶贫等各项工作始终，推行以社区为基础发展扶贫项目和满足帮扶对象实际需求的减贫措施。从长远看，通过社区力量的激活，为建立解决相对贫困长效机制夯实了社会基础和组织基础，也为实现 2020 年后常规性、高效化的贫困治理注入了新的动能。

综上，嵌套机制、融会机制和统合"补短板"与"谋长远"的长效机制是菏泽解决区域性整体贫困中三大实践机制。这三种机制既是习近平总书记关于扶贫工作重要论述的实践创新，也是协调发展理念的生动体现。需要说明的是，嵌套机制是后两种机制形成和作用发挥的基础和前提，融会机制是构筑长效机制的必然要求，而长效机制则是嵌套机制和融会机制发挥作用的目标体现。在脱贫攻坚中，三大实践机制共同作用、不可或缺。

四、治理体系和治理能力现代化的市级探索

坚持和完善中国特色社会主义制度、推进国家治理体系和治理能力现代化是关系党和国家事业兴旺发达、国家长治久安、人民幸福安康的重大问题，是以习近平同志为核心的党中央准确把握国内国际两个大局，从政治上、全局上、战略上全面考量，立足当前、着眼长远作出的重大决策。党的十九届四中全会对社会主义制度长期实践中的显著优势和新时代推进国家治理体系和治理能力现代化的基本原则进行了系统梳理，为当前和今后一段时间推进国家治理体系和治理能力现代化提供了根本遵循。基层治理是国家治理的基础性组成部分。国家治理体系和治理能力现代化为基层治理改革提供了基本原则和根本目标，基层治理体系和治理能力现代化又是衡量新时代国家治理改革成效的重要指标。在脱贫攻坚中，菏泽坚持协调发展理念，对实现治理体系和治理能力现代化进行了初步探索，而这构成解决区域性整体贫困的菏泽样板的重要内容。具体来看，在脱贫攻坚中，菏泽从以下几个方面对实现治理体系和治理能力现代化进行了积极探索。

第一，将组织帮扶与基层组织建设尤其是农村基层党组织建设有机结合起来，极大强化农村基层组织发展和服务广大农民的治理能力，为农村各项事业发展提供了坚实政治保障。在组织帮扶中，菏泽在强化钱物给予的同时，重视农村基层组织尤其是农村基层党组织建设：将组织建设作为"一村一策"的内容之一，聚焦被帮扶村在治理能力方面的实际问题，不搞一刀切，实现精准施策；通过激励与约束机制的合理优化，解决农村基层组织长期存在的权责不明确、不对称等棘手问题，使

农村基层组织有动力办事、有能力办好事；大力吸引人才返乡和开展人才培育行动，有效解决农村基层组织人员老化、能力弱化等问题，极大优化农村基层治理结构；签订"双向承诺书"，理顺农村基层组织与广大农民之间的权利义务关系。广大农村干部积极参与到脱贫攻坚伟大事业中，在实践中锤炼了党性、磨练了意志、提升了能力，农村基层党组织战斗堡垒作用得以夯实。党的十九届四中全会明确指出，必须坚持党政军民学、东西南北中，党是领导一切的，坚决维护党中央权威，健全总揽全局、协调各方的党的领导制度体系，把党的领导落实到国家治理各领域各方面各环节。在脱贫攻坚中，菏泽将农村基层组织建设尤其是农村基层党组织建设水平作为衡量组织帮扶成效的重要方面，是切实强化党的基层领导能力并将党的领导落实到治理各领域各方面各环节的生动体现。

第二，将脱贫攻坚各项任务推进嵌入于区域性整体发展实际和发展实际需求，充分调动、激活村庄内各种治理资源，探索一条构筑共建共享共治的社会治理共同体的可行路径。在组织帮扶中，菏泽注重激发贫困村内生动力，培树贫困村发展产业、治理村庄中的自主能力。在此过程中，村庄内部人情、舆论、规则等熟人社会中的治理资源被极大调动，广大村民积极参与到村庄公共事务中，积极建言献策，村庄社会凝聚力得到极大提升；在针对老年人、儿童等特殊贫困群众民生保障政策中，通过建"养老周转房""博爱学校"等举措，不仅解决了贫困群众实际问题，更重要的是还以此为契机，极大扩展村庄社会甚至整个区域社会"孝善敬老""爱幼扶幼"等优秀传统文化的作用空间，弘扬了社会主义核心价值观，夯实了社会治理的文化基础。

党的十九届四中全会明确强调，社会治理是国家治理的重要方面。必须加强和创新社会治理，完善党委领导、政府负责、民主协商、社会协同、公众参与、法治保障、科技支撑的社会治理体系，建设人人有责、人人尽责、人人享有的社会治理共同体。在脱贫攻坚中，菏泽在强化农村基层组织尤其是农村基层党组织建设同时，充分尊重本区域内村庄社会特点和广大农民实际诉求，调动各种积极因素参与社会治理，正是全会要求的建设人人有责、人人尽责、人人享有的社会治理共同体的真实写照。全会还强调，发展社会主义先进文化、广泛凝聚人民精神力量，是国家治理体系和治理能力现代化的深厚支撑。必须坚定文化自信，牢牢把握社会主义先进文化前进方向，激发全民族文化创造活力。在脱贫攻坚中，菏泽充分尊重并积极发挥优秀传统文化的作用，强调文化自信，实现良币驱除劣币。广大农村乡风文明建设有效开展，正能量逐渐占据社会主导地位，为治理体系和治理能力现代化提供了深厚的文化支撑。

第三，通过创新发展模式，创造性地以"就地就近淤筑村台"实现了生态保护与高质量发展的"双赢"，形成新时代生态治理的菏泽经验。一段时间以来，在不少地区，经济社会发展往往以生态环境破坏为代价，如何实现经济社会发展与生态保护双赢，成为新时代生态治理的重中之重、难中之难，也成为治理体系和治理能力现代化的重要衡量标准。在脱贫攻坚中，菏泽通过创新迁建扶贫模式，举全市之力推进"就地就近淤筑村台"，一方面彻底解决了滩区群众住房"三年攒钱、三年垫台、三年盖房、三年还账"难题，给了十四万滩区群众一个稳稳的家。另一方面结合黄河文化和乡村旅游业发展，充分考虑群众基本生活需求，统筹做好社区工程外观和平面概念设计与实施方案编制，不搞一刀切，做到错落有致、特色各异、一台一韵，彰显黄河滩区文化内涵。坚持"边迁建、边脱贫"，引导滩区群众发展特色养殖、乡村旅游、农产品加工等富民产业，确保搬得出、稳得住、逐步能致富。由此，作为黄河入鲁第一市的菏泽，不仅具备抵御"百年一遇"洪水的功能，也为滩区生活生产发展提供了更高的起点。

党的十九届四中全会明确强调，在国家治理体系和治理能力现代化建设过程中，必须践行"绿水青山就是金山银山"的理念，坚持节约资源和保护环境的基本国策，坚持节约优先、保护优先、自然恢复为主的方针，坚定走生产发展、生活富裕、生态良好的文明发展道路，建设美丽中国。菏泽通过创新迁建扶贫模式，充分发挥社会主义体制优势，举全市之力啃下滩区脱贫攻坚的硬骨头，实现生态保护与高质量发展的有机统一，为新时代生态治理提供了生动的菏泽经验。

脱贫攻坚战打响以来，菏泽牢记习近平总书记嘱托，坚决贯彻党中央、山东省委决策部署，攻坚克难，创新工作模式。菏泽不仅完成了脱贫任务，还将脱贫攻坚全过程融入区域整体发展中，坚持协调发展理念，取得解决区域性整体贫困的显著成就：将脱贫攻坚与乡村振兴战略推进有机结合，构筑脱贫攻坚与乡村振兴衔接的综合模式；创新实践路径，将脱贫攻坚各项工作推进嵌入于区域整体发展实际需要中，形成解决相对贫困长效机制的先行示范；积极推进结构调整和要素优化，实现对治理体系和治理能力现代化的积极探索。从这个意义上讲，菏泽脱贫攻坚先进实践经验及其总结，为学术界提供了解决区域性整体贫困的市级样板。寄希望于对这一市级样板的呈现，为脱贫攻坚工作的持续深入推进，为新时代中国广大农村可持续发展，提供经验借鉴和理论参考。

五、挑战与展望

2018 年 5 月，习近平总书记主持召开中央政治局会议，审议《乡村振兴战略规划（2018-2022 年）》和《关于打赢脱贫攻坚战三年行动的指导意见》。2018 年以来，在以习近平同志为核心的党中央坚强领导下，脱贫攻坚与乡村振兴都取得了很大成效。作为关系我国改革发展尤其是广大农村发展的两大重要战略性部署，脱贫攻坚与乡村振兴战略在政策设计上本就具有协调性、兼容性，具体实施中应该做到有效对接、无缝接驳[①]。实践表明，菏泽脱贫攻坚实践正是对两者协调型、兼容性关系的生动体现。

但又需要看到，由于脱贫攻坚与乡村振兴战略的制度内容、施策对象等方面存在固有的客观差异，2020 年后，实现在巩固脱贫攻坚成果中推进乡村振兴，在乡村振兴中有效实现脱贫攻坚巩固提升，仍面临不得不重视的挑战。具体而言，这些挑战表现为以下三个方面：

第一，更有效地处理好局部与整体的关系问题。脱贫攻坚针对的是部分农村地区以及农村中的部分群体，而乡村振兴则强调的是中国整个农村地区的涉及生态、组织、产业、人才、文化等全方位发展，强调推进农业全面升级、农村全面进步和农民全面发展。在脱贫攻坚中，菏泽

---

① 郭晓鸣、高杰，《脱贫攻坚与乡村振兴政策实施如何有效衔接》，《光明日报》，2019 年 9 月 16 日。

创造性地将脱贫攻坚嵌入于区域整体发展布局中，取得了解决区域性整体贫困的显著成就。但因政策实施要求和政策指向存在的客观差异，上述成就的取得是以脱贫攻坚为使力对象取得的。而如何进一步固化脱贫攻坚成果，总结形成更加契合当地农业、农村、农民整体发展需要的体制机制，以实现从局部获得的经验能够在整体中持续发挥作用，需要菏泽广大干部群众继续发扬攻坚克难的精神品质，在新形势、新要求下继续攻坚克难、砥砺前行。

第二，更有效地处理好特殊性与一般性的关系问题。前文述及，脱贫攻坚推进中，施策对象集中于贫困地区、贫困村和贫困群众，政策取向强调特惠性，而乡村振兴施策对象则是农村整体，政策取向强调普惠性①。乡村振兴战略推进中，既需要确保原有特惠性政策力度不降低，又要让更广大农村、农民获得越来越多的人力、物力和财力支持。如何聚焦于 2020 年后地方农村实际发展需要，将特惠性政策与普惠性政策在政策设计、推进实施与绩效评估中实现一致，确保政策实施不冲突、不走样，需要菏泽广大党员干部继续发扬人民至上的担当精神，在新形势、新要求下继续甘于奉献、敢于作为。

第三，更有效地处理好公平与效率的关系问题。毋庸置疑，脱贫攻坚以来，贫困地区各项事业取得长足进步。但在其中，大量涉及产业发展、住房安全、基础设施等方面的福利性政策出台，在贫困群众和非贫困群众、贫困村和非贫困村之间客观出现资源投入不均衡等问题的同

---

① 郭晓鸣、高杰，《脱贫攻坚与乡村振兴政策实施如何有效衔接》，《光明日报》，2019 年 9 月 16 日。

时，还在局部影响了效率。2020 年后，充分发挥市场在资源配置中的决定性作用，不仅是地方可持续性发展的根本保障，更是激活贫困地区和贫困群众自身发展内生动力的重要举措。如何在更高水平上实现公平与效率的有效均衡，需要菏泽广大干部群众充分发挥勇于创新的改革精神，在新形势、新要求下继续披荆斩棘、开拓进取。

2020 年打赢脱贫攻坚战，我国整体消除了绝对贫困和区域性整体贫困，向共同富裕理想再迈进。从长时段看，实现"全体人民共同富裕"是一个历史过程，脱贫攻坚是其阶段性任务。因此，实施乡村振兴战略既是巩固脱贫攻坚成果的必要举措，也是"全体人民共同富裕的必然要求"。当前，在两大战略的政策叠加期、历史交汇期，做好统筹衔接是确保如期实现脱贫攻坚目标、顺利实施乡村振兴战略的关键。菏泽通过攻坚克难、大胆创新，迈出了脱贫攻坚与乡村振兴战略推进有机衔接的坚实步伐。新形势、新要求、新挑战，当然也预示着新机遇、新成就。面向未来，我们有理由相信，在既有显著成就基础上，菏泽完全有能力、有毅力、有信心克服前行中的挑战与困难，继续为我国扶贫工作和乡村振兴战略推进提供经验样本。